rororo computer

Herausgegeben von Ludwig Moos

Der Computer, insbesondere der Macintosh, hat
dem Grafik-Design mit speziellen Programmen
neue Möglichkeiten erschlossen. Um sie kreativ
zu nutzen, hilft die Kenntnis der Tradition wie
des State-of-the-Art im Umgang mit Schriften
und Layouts. Dieser Schnellkurs ist für alle
gedacht, die sich mit grafischer Gestaltung –
vom einfachen Brief bis zur interaktiven
Oberfläche – professionell oder privat auseinandersetzen möchten. Er vermittelt in einfachen
Beispielen das typografische Regelwerk, analy-
siert aber auch komplexe Werbelösungen, um
die beiden wichtigsten Konzepte des Gestaltens
zu verdeutlichen: die architektonische
Beherrschung der Fläche mit Rastern und
Strukturen sowie das intuitive Spielen und
assoziative Experimentieren mit Kontrasten
und Formspannungen.

Cyrus Dominik Khazaeli

Crashkurs
Typo und Layout

Vom Zeilenfall zum
Screendesign

Macintosh Werkstatt

Rowohlt

Originalausgabe
Veröffentlicht im Rowohlt Taschenbuch Verlag GmbH,
Reinbek bei Hamburg, Juni 1995
Copyright © 1995 by Rowohlt Taschenbuch Verlag GmbH,
Reinbek bei Hamburg
Umschlaggestaltung Walter Werner
Layout und Typosystem für *Macintosh Werkstatt*:
Anna Wagner/Guido Englich, Berlin
(Buchgestaltung durch den Autor)
Herstellung Stefan Kopanski
Gesetzt aus der Stone Serif und Stone Sans
auf Apple Macintosh, QuarkXPress 3.31
Druck und Bindung Clausen & Bosse, Leck
Printed in Germany
2490-ISBN 3 499 19815 0

Inhalt

Vorwort
Sind Sie ein Crashkurskandidat?

12–59 Schrift
Dieses Kapitel handelt davon, wie lesbare
Schriften entstanden sind, was alles zu einer
kompletten Schriftfamilie gehört und wie
Schriften unter stilistischen Gesichtspunkten
in Schriftarten eingeteilt werden können. Aktuelle Stilbewegungen werden miteinbezogen.

60–123 Schriftgestaltung
Wie gelangt man zu sinnvollen Abständen
und Proportionen in der Textgestaltung?
Typografische Maßsysteme und Typometer.
Gestalten und Gliedern mit Schriftgraden.
Buchstaben-, Wort- und Zeilenabstand.
Schriftauszeichnungen. Allgemeine Schreibregeln. Initialen. Textausrichtung.

124–195 Schriftgestaltung in QuarkXPress
Dieses Kapitel beschreibt, wie sich die zuvor
vermittelten typografischen Kenntnisse in
QuarkXPress umsetzen lassen. Allgemeiner
Programmüberblick. Das Stilmenü als
Zentrale für die Schriftgestaltung. Eingaben
für Blocksatz und Silbentrennung unter typografischen Gesichtspunkten. Typografische
Voreinstellungen und ihre Auswirkungen auf
das Stilmenü.

Inhalt

196–261 Seitengestaltung mit Formen

In diesem Kapitel wird das freie und kompositorische Arbeiten mit Formen vorgestellt. Diesen Gestaltungansatz findet man vorwiegend im Anzeigenlayout. Es wird eine einfache, aber effektive Entwurfsmethode gezeigt, die von schlichten Form-Fläche-Verhältnissen zu komplexen Layouts fortschreitet. Gestaltungsbeispiele aus dem Titel- und Anzeigenlayout und Dokumentation der Arbeitsschritte.

262–333 Seitengestaltung mit Rastern

Das Ordnen und Strukturieren von Informationen mit Hilfe von Rastersystemen steht im Vordergrund. Diesen systematischen Gestaltungsansatz findet man vorwiegend im Zeitungs- und Zeitschriftenlayout. Von einfachen Rastern wird zu ausgebauten Rastersystemen fortgeschritten. Anwendungsbeispiele von der traditionellen Seitenmontage bis zur computergestützten Zeitschriftengestaltung mit QuarkXPress werden schrittweise dokumentiert.

6

334–357 Signetgestaltung

Von der Brandmarke zum Markenzeichen:
Beurteilungs- und Gestaltungskriterien für
Signets. Verschiedene Entwurfsmethoden
werden vorgestellt, bis hin zum Standardbrief. Gestaltungsbeispiele.

358–375 Screendesign

Die Gestaltung interaktiver Oberflächen orientiert sich weniger an ästhetischen Kriterien
als an einer Strategie der Bedienerführung.
Die Gestaltung sollte sich dabei um Übersichtlichkeit, gute Lesbarkeit und eine einfache Handhabung bemühen. In dieser
Hinsicht werden einige Hinweise gegeben. An
Beispielen wird gezeigt, wie unterschiedlich
Benutzeroberflächen angelegt werden können.

7

376–381 Anhang

Ein paar Bemerkungen zur Unterscheidung
zwischen Grundformen und Rastern in der
Schrift-, Seiten- und Signetgestaltung.

382–384 Index

Vorwort
Sind Sie ein Crashkurskandidat?

Dieses Buch gibt Ihnen die Möglichkeit, sich gezielt, schnell und anschaulich zu informieren. Im Stil eines „Crashkurses" wird in gedrängter Form auf alle wichtigen Bereiche moderner Gestaltung eingegangen. Lange Texte wurden nach Möglichkeit vermieden, auf eine direkte visuelle Darstellung wurde besonders Wert gelegt. Der Inhalt wurde zur besseren Orientierung so gegliedert, daß für einzelne Themenbereiche jeweils eine Doppelseite zur Verfügung steht.

Die zentralen Themen heißen Typografie und Layout. Dazu gehören die Entwicklung und Klassifikation der Schrift, satztechnische Regeln, die Vermittlung von Gestaltungselementen und -methoden sowie das Arbeiten mit Rastersystemen. Weiterhin wird gezeigt, wie Sie Signets entwerfen und beurteilen können. Das letzte Kapitel beschäftigt sich mit konzeptionellen Ansätzen beim Screendesign und gibt Hinweise zur Gestaltung interaktiver Oberflächen.

Das einzige Werkzeug, das im Rahmen dieses Buches vorgestellt wird, ist der Computer. Im Anschluß an die Gestaltungsthemen wird gezeigt, wie der Macintosh bei der praktischen Arbeit in Verlagen und Agenturen zur Anwendung kommt. Dabei wird in einigen Beispielen Schritt für Schritt dokumentiert, wie Zeitschriften, Zeitungen und Kataloge realisiert werden. Ein besonderes Augenmerk gilt dem Programm QuarkXPress. Für den größten Teil der computergestützten Agentur- und Verlagspublikationen wird es seit Jahren eingesetzt.

Dieses Buch ist für alle geschrieben, die sich mit der Gestaltung von Drucksachen in irgendeiner Weise auseinandersetzen müssen oder möchten. Das können absolvierte Grafiker, in Sachen Eigenwerbung tätige Unternehmer, Knastzeitungen konzipierende Knackis oder ganz einfach solche Leute sein, die ihrem Briefverkehr einen professionelleren Anstrich geben wollen. Jeder ist ein potentieller Crashkurskandidat. Denn das Wissen um eine gute und funktionierende grafische Aufmachung gehört sicher bald zum kleinen Einmaleins einer modernen Informationsgesellschaft.

Mag sein, daß dem einen oder anderen ein Überblick über grafische Materialien und Werkzeuge fehlt. Antworten auf diese Fragen findet man in mehreren Handbüchern zur Grafik. Das Collagieren mit Papieren, das Ausprobieren von Druck- und Maltechniken ermöglichen es einem, die Sinnlichkeit und die haptischen Qualitäten diverser Materialien in den Entwurfsprozeß mit einzubringen. Oft entstehen aus solchen Materialexperimenten ganz unverhofft interessante Gestaltungsansätze. Was man dazu benötigt, ist allerdings weniger eine umfassende Anleitung, sondern Zeit, Experimentierfreude und einen hoffentlich noch ungebrochen Spieltrieb.

Schrift

Die Schrift

12... Schriftentwicklung zur Lesbarkeit

20... Textgestaltung und Lesefreundlichkeit

22... Seitengestaltung und Leseführung

Schriftfamilie

24... Schriftschnitte

26... Expertzeichensätze und Sonderzeichen

Schriftklassifikation

28... Die Gliederung nach DIN-Norm

32... Renaissance-Antiqua

34... Barock-Antiqua

36... Klassizistische Antiqua

38... Serifenlose Linearantiqua

44... Serifenbetonte Linearantiqua

48... Moderne Schriften

Anwendungsbeispiele

56... Die klassizistische Antiqua

58... Die Renaissance-Antiqua

Lesbarkeit: das griechische Alphabet
Quadratur der Lautzeichen

Ägyptisch, etwa 4000 v. Chr.

Sumerisch, 3500 v. Chr.

Babylonisch, 3000 v. Chr.

Kretisch, 1500 v. Chr.

Phönizisch, 1200 v. Chr.

Das Zeichen für Stier aus verschiedenen Kulturkreisen. Im phönizischen Alphabet ist aus dem Bildzeichen für den Stier bereits ein Konsonantenzeichen geworden. Es wird „Aleph" ausgesprochen.

Die Entstehungsgeschichte der Schrift hat einen verwickelten und beziehungsreichen Verlauf genommen. Da ihre genaue Beschreibung ein dickes Buch füllen würde, wird sich diese gedrängte Zusammenfassung vor allem auf den Aspekt der Lesbarkeit beschränken. In der Schriftforschung werden mehrere Entwicklungsstadien, wie Bilderschriften, Begriffsschriften und Lautschriften, unterschieden. Das erste ausgebildete Silbenschriftsystem entstand in Phönizien um 1200 vor Christus.

Das phönizische Alphabet
Die Phönizier entwickelten als erstes Volk ein Schriftsystem, in dem alle Konsonanten ihrer Sprache durch 22 einfache Schriftzeichen wiedergegeben werden konnten. Im Einflußgebiet des phönizischen Handels fand dieses Konsonantenalphabet schnell Verbreitung. Die Phönizier gehörten zu den nordsemitischen Volksstämmen, in deren Sprache Vokale weniger häufig vorkamen als in indogermanischen Sprachen. Die 22 Konsonantenzeichen reichten deshalb zur Verständigung aus. Die Griechen, die im Mittelmeergebiet zunehmend den phönizischen Handel verdrängten, leisteten den für das Abendland so wichtigen Beitrag, die phönizische Konsonantenschrift durch Zeichen für Vokale zu erweitern. Diese Entwicklung dauerte bis zur Zeit Solons im 4. Jahrhundert vor Christus.

Das Großbuchstabenalphabet

Griechische Steinschrift aus dem 2. Jahrhundert nach Chr.

Das griechische Alphabet

Die Zeichen der „griechischen Kapitalis" sind aus einfachen geometrischen Figuren wie Quadrat, Dreieck und Kreis und deren Abwandlungen aufgebaut. Sie bilden eine gleichmäßige Kette klarer geometrischer Formen, die durch ihre starke Kontrastwirkung gut voneinander unterscheidbar sind. Obwohl dieses Alphabet von einem entwickelten Formgefühl und einem ausgeprägten Sinn für Proportionen zeugt, gestaltete sich das Lesen insofern etwas schwierig, als noch keine Worttrennungen stattgefunden hatten, so daß man nur in der Lage war, sich den Sinn der Texte „buchstabierend" anzueignen. Das griechische Zeichensystem wurde zur Ausgangsschrift der slawischen Schriftentwicklung und bildete das Stammalphabet aller abendländischen Schriftarten.

Altgriechisch, 900 v. Chr.

Altlateinisch, 500 v. Chr.

Die Griechen übernehmen den phönizischen Buchstaben und nennen ihn „Alpha". Aus diesem Buchstaben ist der Name „Alphabet" entstanden.

Lesbarkeit: das römische Alphabet
Monumente der Macht

Capitalis Monumentalis,
1. Jahrhundert n. Chr.

Die griechische Kapitalis erfuhr ihre bedeutsame Weiterentwicklung und Umbildung zu Beginn des römischen Imperiums, um 100 nach Christus.

Das römische Inschriftenalphabet

In dieser Zeit entstand die „Capitalis Monumentalis", die klassische römische Steinschrift. Ihre Form ergab sich aus zwei verschiedenen Schreibinstrumenten:
Mit einem flachpinselartigen Werkzeug, das breite und schmale Striche, aber auch schwellende Kurven erzeugt, wurden die Buchstabenformen vorgeschrieben. Anschließend wurde mit dem Meißel die Vorzeichnung aus dem Stein geschlagen. Vermutlich sind durch die Meißeltechnik die feinen Abstriche, die „Serifen", an den Buchstabenenden der römischen Monumentalinschrift entstanden.
Obwohl dieses Inschriftenalphabet in seinem Ausdruck immer noch dem formstrengen griechischen Alphabet entsprach, waren entscheidende Fortschritte in bezug auf die Lesbarkeit gemacht worden. Wörter und Sätze wurden teilweise durch feine Interpunktionen getrennt, was das Erfassen von Sinneinheiten etwas erleichterte. Durch die Ausbildung der Serifen wurde zudem das Auge beim Lesen besser geführt, und die Buchstaben bekamen optisch einen besseren Halt innerhalb der bereits ausgebildeten Zeilenordnung.

Ausbildung der Serifen

Neben diesem Inschriftenalphabet sind noch drei weitere Schriften besonders hervorzuheben. Fast zur gleichen Zeit wie die Monumentalis entstand die „Quadrata" als Buchschrift, die das gemeißelte Vorbild in allen Einzelheiten und mit einer eher unnatürlichen senkrechten Federhaltung nachzuahmen versuchte. Aufgrund des enormen Zeitaufwandes fand sie bei anspruchsvollen, gewichtigen und feierlichen Texten Verwendung. Dem allgemeinen Bedürfnis nach einer schneller zu schreibenden Schrift entsprach die „Rustica", die sich durch die schräggestellte Feder besser und flüssiger schreiben ließ. Als schnell zu schreibende Gebrauchsschrift entwickelte sich die „Kursive". Durch das Schnellschreiben wurden die einzelnen Buchstaben in ihren Formen zunehmend abgeschliffen. Besonders bei der späteren Kursive bildeten sich die ersten Ober- und Unterlängen, die zu einer besseren Unterscheidbarkeit der Einzelbuchstaben und damit zu einer besseren Lesbarkeit führten.

Capitalis Monumentalis als Grabinschrift

Capitalis Quadrata, 4. Jahrhundert

Capitalis Rustica, 4. Jahrhundert

römische Kursive

Lesbarkeit: die Karolinger Minuskel
Reformation des Schreibens

Wandlung zu den Unzialbuchstaben

Wandlung zur Halbunzialen

Bei den Halbunzialen verliert das „B" seine obere Rundung, die Buchstaben „A" und „E" nehmen ebenfalls schreibgerechtere, einfachere Formen an. Die Halbunziale hat im Unterschied zur frühen römischen Kursiven, die eine flüchtig geschriebene, abgeschliffene Großbuchstabenschrift war, einen ausgeprägten Kleinbuchstabencharakter.

Die Ausbreitung des Christentums führte zu einem allgemeinen Stilwandel auf allen kulturellen Gebieten. Der romanische Stil mit seinen Rundbögen und Kuppelbauten verdrängte die römische Monumentalarchitektur, und auch in der Schrift setzte sich das „Prinzip der Rundung" durch.

Unziale und Halbunziale

Aus den Formen der römischen Buch- und älteren Kursivschriften enstand die „Unziale". Besonders auffällig ist dieser Formwandel bei den Buchstaben M, N, D und E. Die gerundeten Buchstabenformen begannen in der Weiterentwicklung zur „Halbunzialen" sich einander anzunähern, und durch den lebhaften, dynamischen Schreibduktus standen die Buchstaben nicht mehr vereinzelt für sich. Viele Buchstaben näherten sich durch allmähliche Vereinfachung der Buchstabenformen sowie Ausbildung von Ober- und Unterlängen unserem heute gebräuchlichen Kleinbuchstaben. Die Buchstaben ließen sich wegen ihrer vereinfachten Form schneller schreiben und erfassen als die Großbuchstaben oder „Majuskelformen". Die Ober- und Unterlängen als Unterscheidungsmerkmal in den „Minuskelformen" glichen den Wegfall quadratischer Grundformen zur besseren Zeichenunterscheidung mehr als aus. Mit der weiteren Verbreitung des Christentums ge-

Die Kleinbuchstabenschrift

> oncedatq: propiauf utomfqui
> addecationem huiuf basilicae
> dauoce conueniftif. interceden
> te beato. ilt. &ccenffcif fuif.

langte die lateinische Schrift in alle besiedelten Gebiete und nahm dort ein regional bedingtes Aussehen an. Diese Regionalschriften erschwerten den Schriftverkehr und wurden teilweise ausgesprochen unleserlich.

Karolinger Minuskel aus dem 9. Jahrhundert

Karolinger Minuskel

Gegen Ende des 8. Jahrhunderts begann die Herrschaft der Karolinger, die eine Reihe umfassender Reformen auf kirchlichem, gesellschaftlichem und kulturellem Gebiet nach sich zog. Dabei wuchs auch das Bedürfnis, ein allgemeinverbindliches und gut lesbares Alphabet zu schaffen. In den Schreibklöstern Karls des Großen entstand die „Karolinger Minuskel". Sie besaß einen ausgewogenen Schriftduktus und schuf durch den gleichmäßigen Rhythmus ihrer Rundungen und flüssige Formübergänge gut erfaßbare Wortbilder. Diese waren durch Zwischenräume deutlich voneinander unterschieden, wodurch sich diese Minuskelschrift in ihrer Lesbarkeit wesentlich verbesserte.

Der Buchstabe A der Karolinger Minuskel. In ihr waren fast alle Kleinbuchstaben unseres heutigen Alphabets ausgebildet.

Lesbarkeit: die Renaissanceschriften
Die Anatomie des Alphabets

Wandlung zur gotischen „Textur"

Im deutschen Sprachraum entwickelte sich die Textur zur Schwabacher und Fraktur weiter.

Wie viele andere Renaissancegelehrte versuchte auch William Tory, die Proportionsverhältnisse der römischen Inschriften von der menschlichen Anatomie abzuleiten.

Im Jahre 1163 wurde mit dem Bau der Kathedrale Notre-Dame in Paris begonnen. Sie war Ausdruck des neuen gotischen Stilempfindens, das auch das Schriftbild der Karolinger Minuskel allmählich veränderte.

Gotische Schriften

Die Buchstaben wurden steiler aufgerichtet, enger zusammengestellt und an ihren Enden eckig gebrochen. Das Schriftbild verdunkelte sich und bildete ein einheitliches rautenförmiges Gewebe, dessen vornehmlicher Zweck nicht mehr darin zu bestehen schien, gelesen zu werden, sondern in seinem ernsten und feierlichen Charakter mehr der andächtigen Betrachtung diente. Die einheitliche Gesamtstruktur begann die Buchstabenformen zu dominieren, die sich immer ähnlicher wurden. In bezug auf die Lesbarkeit stellten die gotischen Schriften, vor allem die „Textur", eine Verschlechterung dar.

Renaissanceschriften

In Italien konnten sich der gotische Spitzbogenstil und das gotische Stilempfinden nicht in dem Maße durchsetzen, wie in den anderen europäischen Ländern. Zudem fand dort in der Mitte des 14. Jahrhunderts eine Abkehr von dem Allmachtsanspruch der Kirche und der mittelalterlichen Kunst mit ihren gotischen Stilformen statt. Im Zuge die-

Die Groß- und Kleinbuchstaben

tranſiret. Quid enim dignius tuis meritis impendi poteſt, q̃
ij: qui in ſequenti ęuo hęc aliquando legent cum ędificiori
magnitudinem ornatū intuebunt: quę ętate noſtra tuo auſ
cio confecta ſunt, te Nicolaū eum eſſe intelligant: qui nō r
norem in recuperandis libris, q̃ in reſtituendis mœnibus h
urbi adhibueris curam. Et pfecto licet illa pręclara: & mag

ser geistigen Neuorientierung wurde die Antike wiederentdeckt. Die meisten alten römischen und griechischen Manuskripte waren allerdings nur durch Abschriften aus der Zeit Karls des Großen in der Karolinger Minuskel überliefert. Wegen ihrer hellen und klaren Gestalt wurde die Karolinger Minuskel als römische „Urschrift" betrachtet und bildete neben der Capitalis Monumentalis die entscheidende Vorlage bei der Ausbildung der italienischen Renaissanceschrift. Das eigentlich Neue dieser „Antiquaschrift" war, daß sie auf zwei verschiedenen Alphabeten beruhte: der Capitalis als eigenständigem Großbuchstabenalphabet und der Minuskel als eigenständigem Kleinbuchstabenalphabet. Weil wir beim Lesen „Wortbilder" erfassen, ist die Großschreibung von Substantiven wegen der markanteren Wortkonturen hilfreich. Die Minuskeln haben in der Renaissance zudem feine Serifen bekommen, die das Auge beim Lesen größerer Textmengen weniger ermüden als serifenlose Schriften.

Frühe Renaissance-Antiqua von R. Ratdolt, 1477

A a

Renaissance-Antiqua von Claude Garamond

In den nachfolgenden Schriften hat nur noch ein stilistischer Wandel stattgefunden, der in bezug auf die Lesbarkeit keine Verbesserungen mehr vollbringen konnte.

19

Textgestaltung und Lesefreundlichkeit
Typografie und Leseforschung

Lesefeld und Textbreite
Aus dem durchschnittli-. chen Lesefeld ergibt sich, daß der Satzspiegel beziehungsweise die Spaltenbreite eines Textes nicht wesentlich breiter als 8 cm sein sollte, um gut wahrgenommen zu werden.

Lesebewegung und Wortabstand
Beim Lesen liegen die Fixationen der Lesesprünge häufig zwischen den Wörtern. Bei zu geringem Wortabstand sind die Wörter als Einheiten weniger leicht erfaßbar, ist er zu groß, können weniger Wörter mit einer „Saccade" erfaßt werden.

Schriftwahrnehmung und Schriftstil
Versalschriften lassen keine ausgeprägten Wortkonturen entstehen. Sie benötigen außerdem mehr Druckfläche. Aus diesem Grund sind sie wesentlich schlechter lesbar als Text in gemischter Schreibweise.

Das Lesefeld

Untersuchungen unseres Wahrnehmungsfeldes beim Lesen haben ergeben, daß aus einer Entfernung von 30 Zentimetern, dies entspricht einem durchschnittlichen Leseabstand, ungefähr ein Bereich von 8 Zentimetern in der Horizontalen scharf aufgenommen wird.

Die Lesebewegung

Beim Lesen nehmen wir nicht die einzelnen Buchstaben, sondern ganze Wörter und Wortgruppen auf. Um diese zu erfassen, macht das Auge kleine ruckartige Bewegungen. Als Fachbezeichnung hat sich dafür das französische Wort „saccade" eingebürgert. Geübte Leser können mehrere Wörter auf einmal erfassen. Sie machen größere Augenbewegungen. Der Text wird sozusagen überflogen.

Das Lesen von Schrift

Beim Lesen werden die Wörter vor allem durch ihre unverwechselbare Außenkontur erfaßt. Das Wort „Schrift" erkennen wir zum Beispiel als Wortbild mit einer spezifischen Kontur. Lange Wörter, die uns zudem weniger vertraut sind, wie „Ostzonensuppenwürfel", lassen sich nicht immer mit einer „Fixation" erfassen und müssen noch einmal überlesen werden. Den Großteil der Information für das Erkennen eines Wortes beziehen wir aus den Ober- und Mittellängen.

„Fixationen" und „Saccaden"

8 cm

Beim Lesen erfassen wir Wörter und Wortgruppen durch kurze „Fixationen", darauf springen wir zum nächsten Fixationspunkt. Die größten Sprünge, „Saccaden", machen wir, wenn wir mit dem Auge in die nächste Zeile springen. Das Springen in die nächste Zeile ermüdet unsere Augenmuskulatur am meisten, was nicht heißt, daß wir die Zeilenlänge unendlich in die Breite ziehen sollten.

Der horizontale Bereich, in dem wir scharf sehen, beträgt 8 cm. In diesem Bereich können wir auch einmal eine ganze Zeile mit einem Blick überschauen.

Ostzonensuppenwürfel in Weißweinmarinade

Die Hauptinformation beziehen wir aus dem oberen Bereich einer Schrift.

Schriften sind unterschiedlich gut lesbar. Die Renaissanceschriften sind beispielsweise angenehmer zu lesen als die Futura. Besonders dann, wenn die Futura in einem fetten Schriftschnitt gesetzt worden ist.

Die „fette" Futura ist ausgesprochen schwer zu lesen.

Schriften sind unterschiedlich gut lesbar. Die Renaissanceschriften sind beispielsweise angenehmer zu lesen als die Futura. Besonders dann, wenn die Futura in einem fetten Schriftschnitt gesetzt worden ist.

Die Garamond in einem normalen Schriftschnitt ist wesentlich besser lesbar.

Seitengestaltung und Leseführung
Sehwege durchs Seitenlayout

Seitenwahrnehmung
Der Blick des Betrachters fällt häufig zuerst auf die rechte obere Hälfte einer Doppelseite. Die linke untere Hälfte steht wesentlich seltener unvermittelt im Zentrum der Aufmerksamkeit.
Dies macht sich auch in den unterschiedlichen Anzeigenpreisen bemerkbar, die Zeitschriftenverlage für gleich große Anzeigenflächen innerhalb einer Doppelseite verlangen.

Wahrscheinlich haben Sie die rechtsseitige Graufläche zuerst wahrgenommen.

Die Leseführung

Wenn wir mit den Augen über eine Seite wandern, sind wir nicht weniger bequem und denken nicht weniger ökonomisch, als wenn wir uns auf der Seite zu Fuß fortbewegen müßten. Beim Aufbau einer Seite ist deshalb eine einfache und überschaubare Leseführung eine wichtige Voraussetzung, damit sie gelesen wird. Wer bis zum Textanschluß oder bis zur nächsten textbezogenen Abbildung längere Sehstrecken bewältigen muß, verliert schnell die Lust, und wer auch noch suchen muß, um sich auf einer Seite zurechtzufinden, geht lieber zur nächsten Seite weiter. In der ersten Abbildung ist ein größeres Bild zwischen den laufenden Text geschoben worden, das beim Lesen jedesmal wie ein Hindernis übersprungen werden muß. Innerhalb der zweiten Seitenhälfte dieser Abbildung gestaltet sich das Lesen eher wie ein Hürdenlauf, wobei teilweise durch die Stellung der Bilder nicht deutlich wird, auf welchen Text sie sich beziehen. Im unteren Bildbeispiel ist die Leseführung etwas einfacher und übersichtlicher, was allerdings nicht bedeuten muß, daß auch das Layout immer so einfach wie in der rechten unteren Abbildung gehalten werden muß.

Anwendungsbeispiel

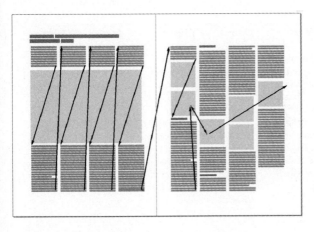
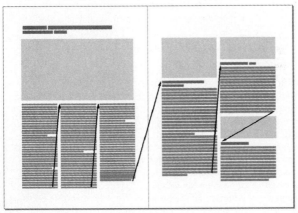

Die Schriftfamilie
Differenzierung nach Schriftschnitten

Schriftbreiten		Schriftstärken		Schriftlagen	
Deutsch	– Englisch	Deutsch	– Englisch	Deutsch	– Englisch
Extraschmal	– Extra Condensed, Thin	Ultraleicht	– Ultralight	Normal	– Regular
Schmal	– Condensed, Compressed, Narrow	Extraleicht	– Extralight	Kursiv	– Italic, Oblique, Slanted
		Leicht, Mager	– Light		
		Buch,	– Roman		
Normal	– Normal, Regular	Normal	Book, Regular		
Breit	– Expanded, Extended	Halbfett	– Semibold, Medium		
Extrabreit	– Extra expanded	Fett	– Bold, Heavy		
		Extrafett	– Extrabold, Heavy, Black		
		Ultrafett	– Black		

Innerhalb einer Schriftfamilie kommen unterschiedliche Strichstärken, Laufweiten und Strichlagen vor. Deshalb wird sie noch einmal in verschiedene „Schriftschnitte" unterteilt. Standardmäßig hat fast jede Familie einen kursiven und einen fetten Schnitt. Allerdings finden sich für ein und denselben Schriftschnitt neben der deutschen und englischen Bezeichnung auch noch mehrere Synonyme. Da die Hersteller und Vertreiber der Schriften sich nicht auf eine bestimmte Bezeichnung geeinigt haben, stehen in den Schriftmenüs der Anwendungsprogramme oft sehr verschiedene Bezeichnungen für denselben Schriftschnitt. Außerdem können Bezeichnungen wie „Heavy" und „Black" für einen gleichen Schriftschnitt stehen.

Zwei Schriftmenüs mit verschiedenen Schriftbezeichnungen

Regular
Compressed
Black

Light
Light Italic
Book
Book Italic
Bold
Bold Italic
Ultra
Ultra Italic

Die Schriftschnitte der Helvetica

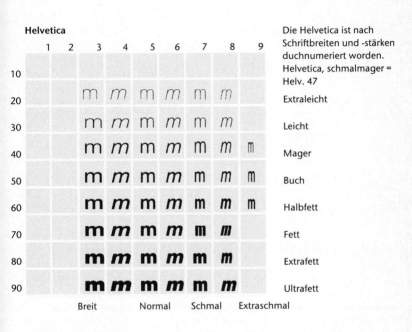

Die Helvetica ist nach Schriftbreiten und -stärken duchnumeriert worden.
Helvetica, schmalmager = Helv. 47

Bei der rechts abgebildeten Futura wird zwischen der Book und der Regular differenziert. Im Zweifelsfalle ist die Book immer noch etwas dünner als die Regular. Die Book ist für den Mengensatz oder eben für Bücher konzipiert. Die Wortzwischenräume laufen bei fetten Schnitten etwas zusammen. Dies wird optisch korrigiert durch das Verbreitern einer Schrift und durch das Anheben ihrer Mittellängen.
Echte Kursivschnitte haben in der Regel einen handschriftlichen Charakter. Zum Vergleich steht eine „digital" schräggestellte Garamond unter einem echten Kursivschnitt. Die schräggestellte Schrift ist optisch nicht korrigiert worden und wirkt deshalb unharmonisch und verzogen.

book
kursiv
regular
kursiv
heavy
bold

kursiv
kursiv

Sonderzeichen
Sonder- und Expertzeichensätze

Expertzeichensatz der Garamond

ABCDEFGHIJKLMOPQRSTUV
WXYZ, ÂÊÁËÈÍÎÏÌÕÓÔÒÖÆŒ
ABCDEFGHIJKLMNOPR
ABCDEFGHIJKLMOPQRSTUVWXYZ
123456789, ¼½⅛⅜⅝¾⅓⅞13456
œæffffififfl, *ffiflffiffl*, QQ&t ✦☙☘

Expertschriften
Wenn man typografisch anspruchsvolle Texte setzen möchte, benötigt man über den herkömmlichen Zeichenvorrat hinaus noch weitere Zeichen und Schnitte. Dafür gibt es umfangreiche Expertzeichensätze. In ihnen finden sich zum Beispiel Bruchziffern, um die in technischen Dokumenten häufig vorkommenden Bruchzahlen setzen zu können. Zu diesen Zeichensätzen gehören eben-

falls die Kapitälchen. Sie sind etwas kleiner als Großbuchstaben und fügen sich in ihrer Strichstärke besser in den Text ein.
Eine weitere Gruppe innerhalb der Expertzeichensätze bilden die Mediäval- oder Minuskelzahlen. Sie besitzen teilweise kleine Unter- und Oberlängen und harmonieren somit optisch ebenfalls besser mit dem Schriftbild. In den ersten drei Reihen des oben

abgebildeten Schriftbeispiels finden Sie zudem sogenannte Titelzeichensätze oder Titelschriften. Im Unterschied zu den normalen Zeichensätzen besitzen Titelschriften mehr Details und sind feiner durchgearbeitet, was erst bei größeren Schriftgraden auffällt.
Die letzten drei Zeichen stellen „Typosignale" dar, die besonders gut zum Schriftbild und Schriftduktus der Garamond passen.

Vom Typo- bis zum Ethnozeichen

Sonderzeichensatz von Herman Zapf

Standardmäßig wird die „Zapf Dingbats" mit jedem Betriebssystem des Macintosh mitgeliefert. Sehr verbreitet sind auch die „Symbol" und die „Carta".

Sonderzeichen
Neben den Expertzeichensätzen gibt es Sonderzeichensätze, in denen kleine Bildzeichen für die unterschiedlichsten Anwendungen verfügbar sind. Für das Verwenden von Sonderzeichen im laufenden Text sind der Phantasie keine Schranken gesetzt. Sie sollten jedoch sinnvoll und sparsam mit diesen Möglichkeiten umgehen. Ein auf Block gesetzter Text läßt sich zum Beispiel auch einmal ohne Absätze und Einzüge gliedern, wenn Sie statt dessen Sonderzeichen verwenden. Sogenannte Typosignale entstammen dem Zeichenvorrat der traditionellen Typografie. Sie wirken teilweise etwas altmodisch und finden nur noch selten Verwendung. Einige Hersteller wie beispielsweise „Fonthause" haben eine große Anzahl zeitgemäß aussehender Bildzeichen zu verschiedenen Themen wie „Holidays", „People", „Food" oder „Animals" entwickelt. Die Sonderzeichenreihe „Ethno Font" gehört auch dazu.

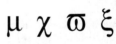

Die Symbol

Die Carta

Ethno Font

Zur Klassifikation von Schriften

Mit der Renaissance-Antiqua war im 14. Jahrhundert ein Schriftsystem entstanden, das sich in seiner Lesbarkeit kaum mehr verbessern ließ. So waren die fertig ausgebildeten Groß- und Kleinbuchstaben dieser Zweialphabetenschrift im folgenden auch nur mehr einem stilistischen Wandel unterworfen. Dieser vollzog sich kontinuierlich über die frühen schreibschriftlich anmutenden Renaissanceformen über die Barock-Antiqua bis hin zur Antiqua des Klassizismus, die nun mehr aus konstruiert wirkenden, statischen Buchstabengebilden bestand. Eine Weiterentwicklung dieser exakt durchgearbeiteten Endformen war kaum noch möglich.

Im 18. Jahrhundert entstanden aus den Antiquaschriften die Egyptienne- und Groteskschriften. Sie werden auch serifenbetonte beziehungsweise serifenlose Linearantiqua genannt, weil sie auf den linearen Grundformen der Antiquaschriften aufbauen. Sie fanden zuerst als „Auszeichnungsschriften" Verwendung. Erst um die Jahrhundertwende wurden die Groteskformen so weit verbessert, daß sie auch für den Mengensatz (das heißt als Grundschrift umfangreicher Publikationen) tauglich waren.

Es hat immer wieder bis in die jüngste Vergangenheit aufwendige und langwierige Versuche gegeben, Groteskschriften wie Egyptienneschriften in ihrem Schriftbild und ihrer Lesbarkeit zu optimieren. Mit der Rotis von Otl Aicher, einem als Lebenswerk angelegten Versuch, stießen diese Verbesserungsbestrebungen im Zuge eines ungebrochenen Fortschrittsglaubens vorerst exemplarisch an ihre Grenzen. Ähnlich wie schon bei den Antiquaschriften scheint ein großer Entwicklungsbogen an sein Ende gelangt zu sein.

Seit Anfang der achtziger Jahre entstehen ganz neue Schriftversuche, in denen Schriften nicht mehr nur als ein Mittel zur Kommunikation, sondern als ein Ausdrucksmedium angesehen werden. Zu den perfektionierten Gebrauchsschriften in ihrer anonymen Zweckmäßigkeit gesellen sich nun Schriften, die dem Zeitgeist und dem Stilempfinden einer neuen Generation verplichtet sind und immer öfter den Computer als zeitgemäßes Entwurfswerkzeug verwenden. Auch wenn sie aufgrund ihrer verminderten Lesbarkeit nicht zu den typischen Gebrauchsschriften gehören und schnell an Aktualität verlieren, da sie in hohem Maße den Stilmoden unterworfen sind, sollten sie im Rahmen einer allgemeinen Klassifikation kurz besprochen werden. Nach Ansicht mancher Autoren machen die Schriftdesigner die Schrift zur „Manipuliermasse für falsch verstandene künstlerische Ambitionen" und zum „semantischen Träger für Ideologien".

Natürlich werden immer wieder neue oder modernisierte Gebrauchsschriften auf den Markt kommen, wobei fraglich bleibt, ob ihnen eine Weiterentwicklung im Sinne einer optimierten Lesbarkeit gelingen wird.

Herman Kapinsky, Glanz und Elend der Schriftverwertung, Page 2/92

Zur Klassifikation von Schriften

Diese „Designerschriften" oder „Schriftexperimente" vermitteln jedoch, ungeachtet aller Kritik an ihnen, den zeitgemäßen und folgerichtigen Ausdruck in der Schriftentwicklung der letzten zwanzig Jahre.

Die Klassifikation von Druckschriften in der DIN-Norm (DIN 16 518) orientiert sich teilweise an historischen Entwicklungsschritten; so findet man dort die Gruppe der Renaissance-Antiqua, der Barock-Antiqua etc. Die Einordnung von Schriften in eine dieser Schriftklassen erfolgt allerdings nach rein stilistischen Kriterien. Auch heute können noch Renaissanceschnitte unter einem neuen Namen überarbeitet oder ganz neu entworfen werden, wie beispielsweise die „Palatino" von Herman Zapf oder die „Sabon" von Jan Tschichold. Im folgenden wird auf die Gruppen genauer eingegangen, deren Schriften heute im modernen grafischen Gebrauch relevant sind. Die gebrochenen Schriften gehören nicht dazu, und die vielen Schreibschriften werden allesamt nur sehr sporadisch eingesetzt, so daß ein genaueres Eingehen auf sie schon aus Platzgründen vermieden wird. Die modernen und zum Teil experimentellen Schriftformen müßten wahrscheinlich unter die Antiquavarianten subsumiert werden. Einige von ihnen werden im letzten Teil aufgeführt. Auch wenn das Verfallsdatum oft schon im Folgejahr ihres Erscheinens liegt, so stellen sie doch den sichtbaren Ausdruck oder die physiognomische Form der geistigen Situation unserer Zeit dar. Eine Beschäftigung mit ihnen ist schon deshalb interessant und wichtig.

Gestaltung hat immer etwas mit Stil zu tun. Anspruchsvolle Gestaltung vollzieht sich in bewußter Auseinandersetzung mit aktuellen ästhetischen Bestrebungen. Es ist unwahrscheinlich, daß jemand so viel Genialität und eigenen Stil besitzt, daß er in der Lage wäre, erfolgreich und unbeschadet dem Stil seiner Zeit zu entgehen.

Die Schrifteinteilung (DIN 16 518)

I   Venezianische Renaissance-Antiqua

II   Französische Renaissance-Antiqua

III   Barock-Antiqua

IV   Klassizistische Antiqua

V   Serifenbetonte Linearantiqua

VI   Serifenlose Linearantiqua

VII   Antiquavarianten

VIII   Schreibschriften

IX   Handschriftliche Antiqua

X   Gebrochene Schriften

XI   Fremde Schriften

Die Renaissance-Antiqua
Venezianische und französische Antiqua

In der venezianischen Renaissance-Antiqua
sind die Strichstärkenunterschiede nur
gering. Die Serifen haben zum Grundstrich
gerundete Übergänge. Die Ansätze bei den
Oberlängen der Kleinbuchstaben sind meist
sehr schräg. Der Buchstabe o besitzt keine
ganz senkrechte Achse.

In den etwas späteren französischen Renaissanceschriften werden die Unterschiede in
den Strichstärken ausgeprägter, und die Achse
des Buchstaben o nähert sich der Senkrechten. Aus dieser Gruppe kommt die heute
noch am meisten verwendete Renaissanceschrift, die „Garamond" von Claude
Garamond (etwa 1480–1561). Gegenüber
den frühen italienischen Schriftformen hat
sie feinere Serifen und ein helleres Schriftbild. Die Garamondschnitte verschiedener
Hersteller weichen oft erheblich voneinander
ab. Sie sollten sich deshalb beim Erwerb
einer Schrift immer auch am Hersteller orientieren.

Die „Bembo", ebenfalls eine französische
Renaissance-Antiqua, hat betont kantige
Serifen. Die „Palatino" von Herman Zapf ist
erst nach dem Zweiten Weltkrieg entstanden.
Zu dieser Gruppe gehören weiterhin die
Centaur, die Sabon von Tschichold,
Schneidler Mediaval, Van Dijk und Meridien.

Garamond von Stempel

Typisch für die Garamond
ist die obere, geschwun-
gene Linie des Kleinbuch-
stabens a, die an einen
Schwanenhals erinnert.
Wie unterschiedlich aus
technischen und ästhe-
tischen Erwägungen
Schriften mit gleichem
Namen ausfallen können,
ist im Vergleich zwischen
der Garamond von ITC
und der Garamond von
Stempel zu sehen.

Garamond

ABCDEFG
abcdefghij

Bembo

ABCDEFG
abcdefghij

Unterscheidungsmerkmale

Wfe
Garamond von Stempel

Wfe
Garamond von ITC

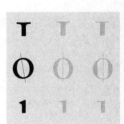

Wfe
Bembo

Wfe
Palatino

HIJKLMNOPQRSTUVWXYZ
mnopqrstuvwxyz

HIJKLMNOPQRSTUVWXYZ
mnopqrstuvwxyz

Die Barock-Antiqua
Caslon, Baskerville, Times und Concorde

Caslon 540

Die Strichstärken der Barock-Antiqua zeigen einen deutlicheren Kontrast. Die Abschlüsse der Oberlängen sind weniger schräg. Zu Anfang des siebzehnten Jahrhunderts findet man technisch vollkommene Barockschriften in Holland. Von ihnen sind die „Janson Text" und die „Fleischmann" heute noch im Gebrauch. Die Engländer importierten zuerst die holländischen Formen und entwickelten sie später stilistisch weiter. Zu den beiden wichtigsten Schnitten zählen die „Baskerville" von John Baskerville (1706–1755) und die „Caslon" von William Caslon (1692–1766). Die Caslon ist eine robust wirkende Schrift mit kräftigen Serifen, die häufig als Titelsatzschrift Verwendung findet.
Die „Times", die Anfang der dreißiger Jahre von Monotype unter Leitung von Stanley Morison für die gleichnamige Zeitschrift herausgebracht wurde, gehört stilistisch zu den Barockschriften. In ihrer engen Zurichtung war sie für den Zeitungssatz konzipiert. An der Times fallen vor allem die feinen und spitzen Serifen auf, die in den Versalien sehr schön wirken. Als Konkurrenzschrift zur Times wurde von Berthold die „Concorde" auf dem Markt positioniert. Die Concorde hat sich trotz der besser aufeinander abgestimmten Buchstaben nicht so recht durchzusetzen vermocht.

Bezeichnend für die Caslon ist der ausladende Buchstabe T und die obere Kehlung am Großbuchstaben A.
Die Baskerville ist etwas feiner und eleganter im Schnitt. Sie ist sehr leicht an dem offenen Kleinbuchstaben g von anderen Schriftschnitten zu unterscheiden.

Caslon 540

ABCDEFG
abcdefghij

Baskerville

ABCDEFG
abcdefghijk

Unterscheidungsmerkmale

TA Garamond

TA Caslon

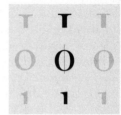

TA Baskerville

g g

TA Times

Caslon und Baskerville

IJKLMNOPQRSTUVWXYZ
mnopqrstuvwxyz

IJKLMNOPQRSTUVWXYZ
mnopqrstuvwxyz

Die klassizistische Antiqua
Bodoni, Didot, Walbaum

Bodoni

In der klassizistischen Antiqua sind die Strichstärkenunterschiede besonders ausgeprägt. Die Serifen sind zierlich und fein. Die Ansätze und Endungen verlaufen waagerecht. Der berühmteste Vertreter dieser Gruppe ist die „Bodoni" von Giambattista Bodoni (1740–1813). Sie besitzt elegant geschnittene Formen und einen klaren, ausgeprägten Gegensatz von Licht und Schatten. Die Noblesse dieser Schrift verlangt nach einem entsprechenden Gebrauch. Für Mengensatz in kleinen Graden ist sie schon aufgrund ihrer eingeschränkten Lesbarkeit denkbar ungeeignet. Die „Didot" von Firmin Didot (1730–1804) besticht durch ihren exakten und feinen Schnitt. Sie ist die Schrift der französischen Aufklärung: intellektuell, gemütsarm, doch brillant in der Durchformung ihrer Buchstaben. In Deutschland findet sich als schönste Schrift die „Walbaum" von Erich Justus Walbaum (1768–1837). Immer sind Schriften auch der seismographische Ausdruck nationaler wie subjektiver Befindlichkeiten. Der heroische Klassizismus französischer Prägung wirkte auf das deutsche Bürgertum, nahm dort jedoch gemildertere und inwendigere Ausdrucksformen an. Die Walbaum ist entsprechend wärmer, gemütvoller und zugleich schlichter als die Didot und Bodoni.

Vergleicht man die Buchstaben der Walbaum mit denen der Bodoni, so fällt auf, daß sie beim groß geschriebenen K oder kleinen t nicht weniger anmutig, aber etwas zurückhaltender und bescheidener ausfallen.

Bodoni

ABCDEFG
abcdefghij

Walbaum

ABCDEFC
abcdefghi

Unterscheidungsmerkmale

Kant
Bodoni

Kant
Walbaum

Kant
Didot

HIJKLMNOPQRSTUVWXYZ
lmnopqrstuvwxyz

HIJKLMNOPQRSTUVWXYZ
klmnopqrstuvwxyz

Serifenlose Linearantiqua
Mit Renaissancecharakter

Bei dieser Gruppe fehlt der serifenförmige
Abstrich. Die erste Untergruppe bilden die
Groteskschriften, die sich in ihren Grundformen noch deutlich an die Renaissance-
Antiqua anlehnen. Dazu gehören die Syntax,
Gill Sans, Frutiger und Formata.
Obwohl die „Gill" von Eric Gill (1882 – 1940)
bereits Ende der zwanziger Jahre entworfen
wurde, wirkt sie auch heute immer noch
modern. Eric Gill war eigentlich Bildhauer,
der zum Nebenerwerb Ladenschilder malte
und dabei von Stanley Morison, dem künstlerischen Leiter von Monotype, entdeckt wurde. Die Gill besitzt ebenso klar und großzügig
wie originell geformte Buchstaben. Typisch
für die Gill sind die Buchstaben R, M, Q und
der Kleinbuchstabe g.
Der „Formata" von Bernd Möllenstedt gingen
zuerst kalligrafische Studien voraus, die Anfang der achtziger Jahre mit Hilfe des Computers zu einer gut lesbaren Schrift überarbeitet wurden. Der konische Verlauf in den
senkrechten Buchstabenformen der voran-
gegangenen kalligrafischen Entwürfe wurde
übernommen. Die ausgefallenen Formmerkmale kommen bei Überschriften besonders
gut zur Geltung.
Adrian Frutiger hat mit der „Frutiger" eine
Groteskschrift herausgebracht, die von den
weichen und schreibschriftlichen Schwüngen
der Renaissance-Antiqua lebt.

e
e

Die Anlehnung an die
Buchstabenfiguren der
Renaissance-Antiqua wird
beim Kleinbuchstaben e
deutlich.

Gill

ABCDEFG
abcdefghij

Formata

ABCDEFG
abcdefgh

Eric Gill

Adrian Frutiger

HIJKLMNOPQRSTUVWXYZ
klmnopqrstuvwxyz

HIJKLMNOPQRSTUVWXYZ
iklmnopqrstuvwxyz

Serifenlose Linearantiqua
Mit klassizistischem Charakter

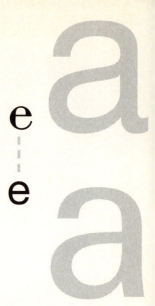

Gegen 1900 wurde die „Akzidenz Grotesk" von Berthold auf den Markt gebracht. Wegen ihrer Anonymität und guten Lesbarkeit war sie für viele typografische Gestalter bis in die sechziger Jahre die Gebrauchsschrift schlechthin. Konkurrenz bekam sie 1957 durch die „Helvetica" von Max Miedinger. Sie entsprach in ihrem neutralen und einheitlichen Erscheinungsbild dem allgemeinen Wunsch nach sachlich-zeitloser Gestaltung. Wegen ihrer engen Zeichenabstände war sie auch in ökonomischer Hinsicht nicht uninteressant, da sich nun mehr Text auf einer Seite unterbringen ließ. Ebenfalls in den fünfziger Jahren wurde von Adrian Frutiger die „Univers" veröffentlicht. Sie wurde als ein Schriftsystem mit systematisch durchnumerierten Schnitten konzipiert. Otl Aicher, der die Univers bei den Olympischen Spielen in München einsetzte, war von ihr beeindruckt, weil sie sich wieder mehr den geschriebenen als den gezeichneten Schriftformen annäherte und wegen der „beherrschten Modulation ihrer Strichstärken". Neville Brody gab der Helvetica als Grundschrift für die Zeitschrift „Face", die in den achtziger Jahren stilprägend war, den Vorzug vor der Univers, weil diese ihm schon zu perfekt und kühl erschien.

Helvetica

ABCDEFG
abcdefgh

Univers

ABCDEFG
abcdefghi

KO
KO

Helvetica

Univers

Die stilistischen Unterschiede zwischen der Univers und der Helvetica werden beim K und beim O besonders gut deutlich.

HIJKLMNOPQRSTUVWXYZ
lmnopqrstuvwxyz

HIJKLMNOPQRSTUVWXYZ
lmnopqrstuvwxyz

Serifenlose Linearantiqua
Mit konstruiertem Charakter

Wenn von konstruierten oder funktiona-
listischen Schriften gesprochen wird, so sind
damit paradoxerweise solche Schriften gemeint, die ihre Hauptfunktion, nämlich lesbar zu sein, oft am wenigsten erfüllen.
Funktionalismus und Konstruktivismus beziehen sich auf das „visuelle Auftreten" einer
Schrift. Es sind ästhetische Kategorien. Zu diesen Schriften gehören die Kabel, Bauhaus,
Avantgarde und Futura.
Die „Futura" ist die am häufigsten verwendete
Schrift. Renner ging, als er 1924 mit den
ersten Entwürfen begann, zwar von geometrischen Grundformen wie Kreis, Quadrat und
Viereck aus, änderte aber diese Grundformen
und glich sie allmählich den vertrauten
Schriftformen zugunsten einer besseren opti-
schen Erfaßbarkeit an. Die Futura entsprach
genau den damaligen Vorstellungen, wie eine
Groteskschrift aussehen muß. Moholy Nagy
schrieb 1926 in diesem Sinne: Eine moderne
Schrift „soll die technischen konstruierten
Formen der Autos und Flugzeuge haben...
ausgehend von der funktionalen, optischen
Erscheinungsform, ohne Verzerrungen und
Schnörkel". Während seiner Lehrtätigkeit als
Leiter der Reklamewerkstatt am Bauhaus
1925–1928 schuf Herbert Bayer die „Bauhaus". Sie war als Universalschrift gedacht,
die historische Formen und individuelle
Künstlerschriften ablösen sollte.

Futura

ABCDEFG
abcdefghi

Bauhaus

ABCDEFG
abcdefgh

Die Futura

ßauhaus

HIJKLMNOPQRSTUVWXYZ
klmnopqrstuvwxyz

HIJKLMNOPQRSTUVWXYZ
jklmnopqrstuvwxyz

Serifenbetonte Linearantiqua
Mit klassizistischem Charakter

Die Schriften dieser Gruppe weisen mehr oder minder betonte Serifen auf. Eine andere Bezeichnung ist „Egyptienneschriften". Innerhalb dieser Gruppe gibt es Schriften, die sich in ihren Strichstärkenunterschieden und ihrer Gestalt an die klassizistischen Antiquaschriften anlehnen. Zu dieser ersten Gruppe gehört auch die „Clarendon", die um 1845 in England herausgebracht wurde. Sie war vor allem als Auszeichnungsschrift für den lexikalischen Gebrauch konzipiert worden und sollte den fetten Antiquaschnitten darin Konkurrenz machen. Die Clarendon gehörte dabei zu den ersten Egyptienneschriften, in denen auch die serifenbetonten Kleinbuchstaben noch gut anzusehen und zu lesen waren. 1850 wurde sie von der Bauerischen Gießerei in ganz Europa verbreitet. Nach dem Zweiten Weltkrieg wurde sie in den fünfziger und sechziger Jahren von deutschen und Schweizer Gestaltern häufig verwendet. Aufgrund ihrer soliden und kräftigen Formen waren die serifenbetonten Schriften gut für den Zeitungsdruck und als Schreibmaschinenschrift geeignet. Zu den wichtigen Schriften, die für die Zeitungsindustrie geschaffen wurden, gehören die „Excelsior" und die „Impressum". Im Vergleich mit der Clarendon sieht man der Excelsior an, daß sie weniger als Auszeichnungsschrift denn als kräftige Schrift für den Zeitungssatz konzipiert worden ist.

Clarendon

ABCDEFO
abcdefghi

Impressum

ABCDEFO
abcdefgh

Clarendon

1. R S

2. R S

R S

Die klassizistischen
Antiquaschriften, wie die
Bodoni (1) oder die
Bookmann (2), bilden die
Vorlage für Egyptienne-
schriften. Die neben-
stehenden a gehören von
oben nach unten zur
Clarendon, Impressum,
Excelsior. Werbebeispiel
von Olaf Leu

HIJKLMNOPQRSTUVWXYZ
klmnopqrstuvwxyz

HIJKLMNOPQRSTUVWXYZ
klmnopqrstuvwxyz

Serifenbetonte Linearantiqua
Mit konstruiertem Charakter

Die serifenbetonten Schriften mit konstruiertem Charakter haben häufig eine einheitlichere Strichstärke und rechtwinklig angesetzte Serifen. Sie sind weit weniger konstruiert, als ihr Aussehen vermuten läßt. Versuche von Joost Schmidt am Bauhaus, eine serifenbetonte Schrift aus einfachen, geometrischen Formen zu konstruieren, mußten aufgrund der verminderten Lesbarkeit aufgegeben werden.

Anfang der dreißiger Jahre wurde von ATF die Rockwell herausgebracht. 1934 nahm auch die englische Monotype unter Leitung von Stanley Morison eine überarbeitete Rockwell in ihr Sortiment auf. Die Rockwell entwickelte sich zu einem amerikanischen Klassiker.

Die Lubalin Graph wurde von Herb Lubalin gemeinsam mit Ed Benguiat 1974 für ITC entworfen. Als Schriftvorlage diente die Avantgarde, die vier Jahre zuvor veröffentlicht wurde und ein großer Erfolg war. Im selben Jahr wie die Lubalin Graph kam auch die American Typewriter zum hundertsten Geburtstag der Schreibmaschine heraus. Sie hat zwar die Anmutung einer Schreibmaschinenschrift, ist jedoch formal überarbeitet und optisch so weit verbessert worden, um als Druckschrift verwendet werden zu können. Erwähnenswert ist noch die Boton von dem französischen Schriftentwerfer Albert Boton, die von Berthold 1986 vorgestellt wurde.

Das klein geschriebene a der Lubalin Graph sieht aus wie eine Futura mit angehängten Serifen. Das kleine a der Rockwell besitzt mit seinen an- und abschwellenden Linienzügen einen weniger konstruierten Charakter.

Rockwell

ABCDEFG
abcdefghi

Lubalin Graph

ABCDEFG
abcdefgh

Schriftentwurf, J. Schmidt

Lubalin
Rockwell

HIJKLMNOPQRSTUVWXYZ
mnopqrstuvwxyz

HIJKLMNOPQRSTUVWXYZ
klmnopqrstuvwxyz

Moderne Schriften
Lifestyle und Postmoderne

Viele der Schriften, die Neville Brody entworfen hat, sind für die Zeitschrift „Face" entstanden, für deren Design er hauptsächlich verantwortlich war. Oft soll für einen Titel ein ganz neuer Schriftstil konzipiert worden sein, der dann auch nur die Buchstaben besaß, die im Titel vorkamen. Dies war zumindest für die Leser enttäuschend, die anriefen und wissen wollten, wo sich diese Schrift erwerben ließe. Später waren seine Schriftentwürfe als Typeface One und Two oder unter einem bestimmten Namen wie Arcadia, Industria etc. erhältlich.

Brodys Schriften der achtziger Jahre besaßen ein „Styling", eine Ästhetik, die man zuvor nur von gutem Design gewohnt war und die entfernt an Formen des Art déco erinnerte. In einer Face-Ausgabe fand sich ein Leitartikel über postmoderne Architektur: „Collapsing new Buildings". In diesen neuen Gebäuden verwiesen postmoderne Formen als „Code" teilweise auch wieder auf das, was in ihnen stattfindet. In ähnlicher Weise wurden bei Brody die Schriftzeichen „recodiert". Neben ihrer Aufgabe, Informationen zu übermitteln, waren sie typografischer Protest gegen die überkommenen Formen des Establishments und Identifikationsvorlagen für eine neue, alternative Jugendkultur.

rcadia

IGNIA

HIJKLMNOPQRSTUVWXYZ
jk lmnopqrstuvwxyz

JKLMNOPQRSTUVWXYZ
jklmnopqrstuvwxyz

Moderne Schriften
Experiment und Dekonstruktion

Das Projekt Fuse (Zündschnur) wurde von Neville Brody und anderen Designern zu Beginn der neunziger Jahre gegründet. Im Rahmen dieses Projekts werden sporadisch von verschiedenen Designern vier bis fünf neu entwickelte Schriften als Schriftpaket zu einem bestimmten Thema vertrieben. Fuse dient allerdings nicht in erster Linie kommerziellen Zwecken, sondern versteht sich als ein Medium zur „Entwicklung und Diskussion neuer Bildsprachen", in denen „die Grenzen des gedruckten Wortes verschoben werden sollen" (John Wozenkroft). Bis 1994 sind neun Ausgaben erschienen. Das Thema der ersten Ausgabe, aus der die beiden hier aufgeführten Schriften stammen, heißt „Invention". Die Fuse-Schriften unterliegen keinen urheberrechtlichen Beschränkungen, die Benutzer werden sogar aufgefordert, das angebotene Schriftdesign zu verändern und weiterzuentwickeln. Zu der „interaktiven" Struktur von Fuse gehört, daß Grafikstudenten an Aufgabenstellungen im Rahmen von „Student-Fuse-Projekten" teilnehmen können. Es fällt schwer, die Fuse-Schriften in einen anderen Kontext einzubringen, aber jede Ausgabe demonstriert aufs neue, daß interessante Schriften und Designlösungen nur durch eine intensive und bewußte Auseinandersetzung mit digitalen Technologien und den Möglichkeiten von Schrift und Sprache entstehen.

State

Canyou

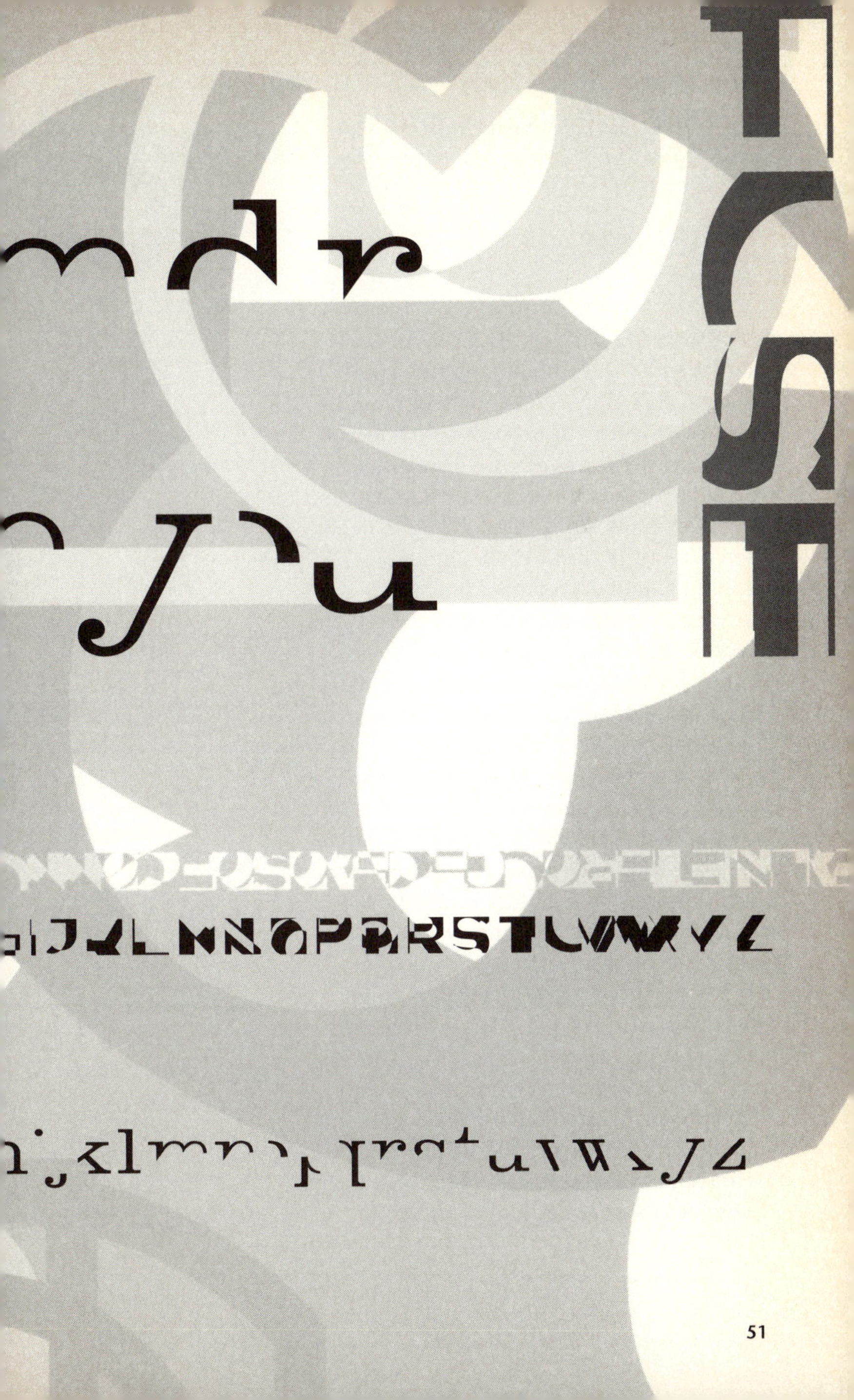

Moderne Schriften
Von Pixel- zu Postscriptschriften

1984 wurde in Berkeley, Kalifornien, von Rudy VanderLans und Zuzana Licko die Zeitschrift „Emigre" gegründet. In Emigre wurden Themen zur Jugendkultur ebenso publiziert wie zur modernen Typografie. Wichtiger als die theoretischen Beiträge sind die Layouts von Rudy VanderLans, in denen sich Punkästhetik mit klassischer Moderne verbindet, und die mit dem Programm Fontografer entworfenen Schriften von Zuzana Licko. Die geringe Auflösung der früher noch nicht postscriptfähigen Drucker wurde bewußt als Ausdrucksmittel eingesetzt. Es entstanden völlig neue „Pixelschriften", welche die schlechten Produktionsbedingungen zugleich kreativ nutzten und reflektierten. Seit seinen Anfängen gehört Emigre zu den einflußreichsten Zeitschriften für neues Design. Viele Schriften, wie die Matrix, Oakland Six, Emperor, Remedy und besonders die Template Gotik, sind zu Klassikern einer alternativen Schriftkultur geworden. Die Template Gotik gehört zur Generation der Postscriptschriften, die konturenscharf am Computer entwickelt und gedruckt werden können. Sie hat seltsam deformierte und überbelichtete Formen. Ähnlich amorph und deformiert geben sich auch die „Keedy" von Jeffery Keedy und die „Blur" von Neville Brody.

Template Gotik

Remedy

HIJKLMNOPQRSTUVWXYZ
klmnopqrstuvwxyz

HIJKLMNOPQRSTUVWXYZ
klmnopqrstuvwxyz

Moderne Schriften
Der Reiz des Häßlichen

Unter allen „Computerschriften" nehmen die OCR-A und die ästhetisierte OCR-B eine besondere Stellung ein. Sie sind nicht nur „mit" dem, sondern speziell „für" den Computer als computerlesbare Schriften entwickelt worden. Der eingeschränkten Schrifterkennung der frühen Computer verdankt die OCR-A ihre deutlichen Formen, die im besten Sinne funktional sind und zugleich expressiv wirken. Weil die OCR-A durch Proportionsgesetze und harmonischen Zeichenausgleich nicht sonderlich tangiert wird, könnte man schließen, daß sie häßlich sein müßte. Sie ist es allerdings viel weniger, als sie vordergründig und auf den ersten Blick erscheint. Dies ist ihr besonderer Reiz. In ihrer Anwendung am Hamburger Schauspielhaus zeigt sie, daß ihren markanten Formen sogar „theatralische Qualitäten" innewohnen. Sie läßt sich typografisch gut „inszenieren", braucht allerdings viel Raum. Zuletzt sollen zwei Schriften erwähnt und aufgeführt werden, die zu den beliebtesten modernen Schriften zählen: die schöne und gut lesbare „Meta" von Erik Spiekermann und die schöne und nicht ganz so gut lesbare „Rotis" von Otl Aicher.

rotis
meta

ABCDEFG
abcdefg

ABCDEF
abcdef

OCR A --- Computerlesbare Schrift

OCR B --- Formverbesserte Fassung

IJKLMNOPQRSTU VWXYZ
ijklmnopqrstuvwxyz

IJKLMNOPQRSTUVWXYZ
ijklmnopqrstuvwxyz

Anwendung der klassizistischen Antiqua
High-Tech und Haute Couture

Das Initial auf der rechten Doppelseite der Zeitschrift „Bazaar" ist in der Bodoni gesetzt worden.

Bei der Schrift handelt es sich um eine „Haute-Couture"-Version der Bodoni. Sie ist speziell für den Headlinebereich oder eben „für besondere Anlässe" konzipiert worden. Als Leseschrift ist diese Version der Bodoni ungeeignet. Die feinen und eleganten Formdetails würden bei 10 pt außerdem kaum mehr wahrnehmbar sein. Die Bodoni der Firma Bauer, die in einem hellen Tonwert auf dieser Seite steht, ist ebenfalls sehr fein in ihrem Schnitt. Es gibt allerdings auch Bodonischnitte, die so konzipiert sind, daß man sie auch noch in kleineren Graden gut lesen kann. Diese Schnitte, wie beispielsweise Compu-

grafik-Bodoni, besitzen nicht mehr den großen Kontrast zwischen den Grundstrichen und den Abstrichen. Die untere Abbildung der Image- und Verkaufsbroschüre für einen Hersteller und Vertreiber von Büromöbeln ist in der Walbaum gesetzt worden. Die Walbaum ist natürlich keine ausgesprochene „High-Tech"-Schrift. Schließlich ist sie zur Goethezeit in Weimar entstanden. Wegen ihres exakt wirkenden, feinen Schnitts ist sie jedoch viel eher für ein Thema geeignet, in dem Technik in ihrer Perfektion vorgestellt wird, als beispielsweise eine Renaissance-Antiqua. Die Firma IBM verwendet die Bodoni schon seit vielen Jahren in ihren Anzeigen. Die Modezeitschrift „Vogue" greift ebenfalls

auf die Bodoni zurück. Die klassizistischen Antiquaschnitte sind meistens eine gute Wahl, wenn Designprodukte auf hochwertigem, glattem Papier vorgestellt werden und man auf eine klassische noble Anmutung der Gestaltung Wert legt.

Zeitschrift: „Bazaar", Sept. 1992, USA

Jedem **Deutschen** stehen 22,4 Sitzgelegenheiten zur Verfügung. Das heißt allen, da ja die andern gleichzeitig nur an einem Ort sitzen können, sind jederzeit **17,02** Milliarden Möglichkeiten offen. Und nachts sogar noch ein paar **100** Millionen mehr. Es gibt eigentlich keinen Grund, einen *Stuhl* zu kaufen. **Der Markt ist gesättigt.**

Katalogseite, „Hightech Warehouse" 1992, Hesse Designagentur

Anwendung der Renaissance-Antiqua
Die Schrift der sympathischen Alternative

Handbuch für den Apple Macintosh

Apple Macintosh 1984

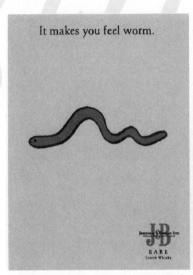

J-&-B-Kampagne von RG Wiesmeier Werbeagentur, 1994

Die Renaissanceschnitte sind nicht nur sehr lesefreundlich, sie haben überhaupt ein freundliches Aussehen. Außerdem geben sie sich nicht so prätentiös wie eine klassizistische Antiqua. Wenn man etwas von der humorvollen oder heiteren Seite nehmen möchte, so sagt man es am besten in der „Bembo" oder der „Garamond". Die Lada-Kampagne von Baader, Lang, Behnken beispielsweise ist in einem Renaissanceschnitt gesetzt worden. Lada: „Frißt wenig, kostet wenig", „Größe XXL, Preis S".
Die Haus- und Anzeigenschrift von Apple ist die „Garamond Condensed". Den Benutzer empfängt bei jedem Starten des Computers erst einmal ein lachender Macintosh.
Die Renaissanceschriften haben natürlich viele Verwendungsmöglichkeiten: Sie stehen für Schreibkultur, Bildung, Humanismus und für die sympathischen Alternativen, die sich nicht das klassizistische Auftreten nobler und etablierter Marken anmaßen können oder möchten.
Die ganz oben abgebildete Versalkonstruktion findet sich in dem Buch „De divinae proportione" von Luca Pacioli, 1509.

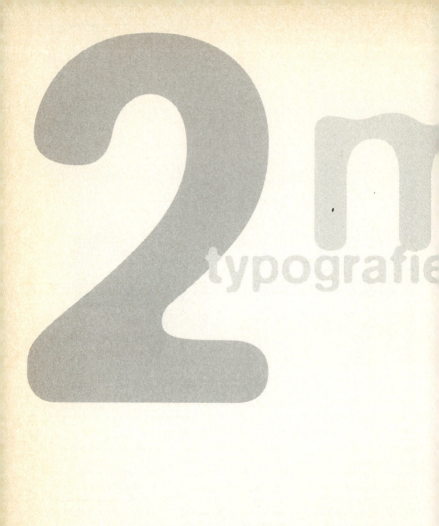

Schriftgestaltung

Schriftgestaltung
64... Typografische Maßsysteme
66... Gliedern, Messen und Gestalten von Schriftgraden

Wortabstand
74... Punzenbreite und Laufweite
76... Laufweite und Wortabstand
78... Individuell korrigierter Wortabstand

Buchstabenabstand
80... Verhältnis von Form und Gegenform
82... Unterschiedliche Buchstabenabstände
84... Unterschneiden und Sperren
86... Unterschneidungstabelle
88... Buchstabenabstände als Ausdrucksmittel

Zeilenabstand
90... Optischer und numerischer Zeilenabstand
92... Zeilenabstand und Schriftmittellänge
94... Zeilenabstand und Grauwert des Textes
96... Zeilenabstand und Spaltenbreite
98... Zeilen- und Randausgleich
100... Zeilenabstand als Ausdrucksmittel

Schriftauszeichnung
102... Konventionelle und unkonventionelle Auszeichnung
106... Schreibregeln

Initialen
110... Initialen im Text und Seitenlayout

Schriftausrichtung
114... Blocksatz
116... Flattersatz und Rauhsatz
118... Mittelsatz
120... Formsatz
122... Satzausrichtung an grafischen Formen

Typografie
Wege zur optimalen Lesbarkeit

Typografie ist die Kunst, richtige Abstände und Proportionen für Texte zu finden. Vornehmliches Ziel der Typografie ist dabei eine lesefreundliche Textgestaltung. Sind beispielsweise die Zeichenabstände oder die Schriftgrößen zu gering, ist die Lesbarkeit eingeschränkt. Sind die Zeichenabstände zu groß, kann die Lesbarkeit ebenfalls beeinträchtigt werden. Der Gesamteindruck einer Drucksache sollte übersichtlich gegliedert wirken und einen möglichst hohen „Lesekomfort" bieten. Die ziemlich eindeutige Zielvorgabe (Lesbarkeit) und das umfangreiche Regelwerk, das einem auf diesem Gebiet zur Verfügung steht, helfen nicht nur einem selbst über die ersten Unsicherheiten hinweg, sie versetzen in zunehmendem Maße auch Programme in die Lage, nach bestimmten Vorgaben brauchbare Proportionen und Abstände zu finden. Laufweitenanpassung, Randausgleich und funktionierende Trennalgorithmen, vor allem also die zeitaufwendigen und monotonen Schritte, die der Arbeit des Typografen ein mittelalterliches Gepräge verliehen haben, wird der Rechner in immer größerem Umfang dem Anwender abnehmen können. Der Computer kann jedoch nicht „sehen", und ein ästhetisches Werturteil wird man ihm auch künftig nicht abverlangen dürfen. Deswegen ist Typografie bei aller unterstützenden Software keine Programmfunktion, sondern eine gestalterische Herausforderung, in der Schriftabstände und Größen genau abgewogen werden sollten.

Auf den folgenden Seiten werden zunächst typografische Maßsysteme und das Gliedern und Mischen von Schriftgrößen besprochen. Anschließend wird von Buchstabenabständen zu Wort- und Zeilenabständen übergegangen. Zwei weitere Themenschwerpunkte sind die Auszeichnungs- und Ausrichtungsmöglichkeiten von Schrift. Absatz- und Spaltenabstände sowie weitere typografische Feinheiten werden im Kapitel „Seitengestaltung mit Rastern" erläutert.

Maßsysteme
Didot- und DTP-Punkt

DTP-Punkt

0,352 mm

Didot-Punkt

0,375 mm

Die beiden wichtigsten typografischen Maßsysteme sind der DTP- und der Didot-Punkt. Bei Vorlagen wird entweder das eine oder andere Maßsystem angewendet. Sie sollten versuchen, sich diesen kleinen Unterschied einzuprägen.

Der Schriftgrad bezeichnet die Größe einer Schrift. Er ergibt sich entweder aus der Versalhöhe oder bemißt sich von der Ober- bis zur Unterlänge einer Schrift. So wie es von Land zu Land verschiedene Währungssysteme gibt, haben sich auch in der langen Geschichte der Typografie unterschiedliche Maßsysteme herausgebildet. Heute werden besonders der Didot- und der DTP-Punkt gleichzeitig verwendet. Der „Didot-Punkt" wurde 1784 von Françoise Ambrois Didot entwickelt und verbreitete sich später in ganz Europa. Er ist der 864ste Teil eines französischen „Pied du Roi", das heißt eines königlichen Fußes (ca. 32,4 cm). Das ergibt ungefähr 0,376 mm. 1973 ist er zur besseren Umrechnung auf 0,375 mm abgerundet worden. Zwölf Didot-Punkte ergeben ein Cicero (4,5 mm), vier Cicero eine Konkordanz (18 mm). Der „DTP-Punkt" wird von den meisten DTP-Programmen verwendet. Er leitet sich vom 72sten Teil eines Inch (= 25,4 mm) ab, einer Einheit aus dem alten amerikanischen Maßsystem. Ein DTP-Punkt entspricht damit ungefähr 0,352 mm. Wegen der zunehmenden Verbreitung computerunterstützter Gestaltung wird sich der DTP-Punkt als Grundlage der Schriftbemaßung wahrscheinlich durchsetzen.

Maßtabelle

Typografische Maßeinheiten

Maßeinheit	Abkürzung	Größenverhältnis
DTP-Punkt	pt	0,352 mm 1/72 Inch
Didot-Punkt	dd	0,376 mm (alt) 0,375 mm (neu)
Cicero	cc	12 Didot-Punkte 4,512 mm (alt) 4,500 mm (neu)
Millimeter	mm	2,85 Pica-Punkte 2,67 Didot-Punkte (neu)
Inch (Zoll)	in	25,4 mm 72 DTP-Punkte

Die wichtigsten Maßan-
gaben und ihre Beziehung
zueinander sind in dieser
Tabelle aufgeführt.

Schriftgrößen

In der Abbildung auf der rechten Seite sind die gängigsten Schriftgrade aufgeführt. Es empfiehlt sich, zur Gliederung von Texten nicht zu viele unterschiedliche Schriftgrade zu verwenden. Die Gliederung für ein Sachbuch könnte sich beispielsweise auf folgende Schriftgrößen beschränken:

24 pt
Das Thema

18 pt
Themenbereiche

14 pt
Kapitelüberschrift
1. Grad

12 pt
Kapitelunterüberschrift
2. Grad

10 pt
Lesetext

Eine der ersten Entscheidungen, die im Entwurfsprozeß getroffen wird, sollte sich auf die Größe der Grundschrift, auch Brotschrift oder Werkschrift genannt, beziehen. Der Schriftgrad der Grundschrift liegt zwischen 8 und 12 Punkt. Die Wahl der richtigen Schriftgröße ist abhängig vom Format, der Textmenge, die untergebracht werden soll, und der optischen Wirkung, die man erzielen möchte. In Kinderbüchern sollte die Grundschrift etwas größer sein: 11 bis 14 Punkt sind angebracht. Für Overhead- und Präsentationsfolien empfiehlt sich eine Grundschrift von 14 bis 16 Punkt.

In Fach- und Sachbüchern haben Überschriften eine gliedernde und ordnende Funktion. Ein Text läßt sich durch Überschriften verschiedener Grade thematisch in immer kleinere Bereiche unterteilen. Eine solche hierarchische Gliederung wird dann problematisch, wenn sie so komplex wird, daß der Leser die Systematik nicht mehr durchschaut, soweit sie überhaupt noch vorhanden ist. In der Werbung sollen Überschriften Aufmerksamkeit erregen und einer Aussage Nachdruck verleihen. Aus diesem Grund können sie manchmal nicht groß genug sein. Konsultationsgrößen beziehen sich in der Buch- und Zeitschriftengestaltung auf kleinere Textmengen wie Marginalien und Fußnoten, die dem Lesetext beigeordnet sind. Ihr Schriftgrad liegt zwischen 6 und 8 Punkt.

Gliederung der Schriftgrade

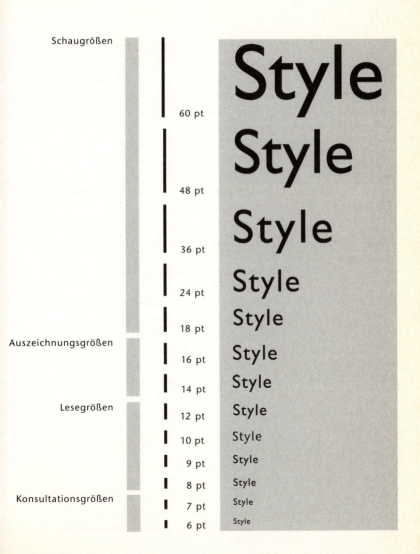

Schriftgrößen
Beschränkung auf das Wesentliche

Eine Alternative zum Verwenden vieler Schriftgrade stellt die Auszeichnung von Text dar. Besonders bei Kapitelüberschriften kann auf eine Schriftgrößenveränderung verzichtet werden, wenn man einen kursiven Schnitt oder Kapitälchen benutzt.

14 pt
1. Das Thema

10 pt
2. Themenbereiche

10 pt
Kapitelüberschrift

10 pt
Lesetext

8 pt
Fußnoten

Wer auf das Arbeiten mit mehreren Schriftgraden verzichten möchte, kann auch den weißen Raum zur Zuordnung und Gliederung verwenden. In der rechten Abbildung ist die Überschrift, die das allgemeine Thema vorstellt, durch ihre Position und den großen Abstand zum übrigen Text gekennzeichnet. Die Kapitelüberschrift ist an den Lesetext herangerückt worden. Die Veranstaltungstermine wurden vom Lesetext etwas abgesetzt. Sie bilden eine eigenständige Texteinheit. Bei der Gestaltung wurde nur ein Schriftgrad verwendet. Er reicht aus, um eine Seite entsprechend den inhaltlichen Vorgaben aufzubauen und dennoch ansprechend zu gestalten. Solche Seiten leben von der gut proportionierten Verteilung der Textflächen und dem Kontrast freigestellter Zeilen zu größeren Textzusammenhängen.
Eine weitere Möglichkeit, auf viele Schriftgrade zu verzichten, besteht im Verwenden von Auszeichnungen wie Kapitälchen, kursiven, fetten und halbfetten Schnitten. Oft reichen schon zwei Schriftgrade aus, um einen Text zu strukturieren. Weiterhin bietet sich ein Wechsel zwischen Antiqua- und Groteskschriften an. In diesem Buch sind die erste und zweite Überschrift in der Stone Sans gesetzt worden, der Lesetext besteht aus der Stone Serif. Bei den Randbemerkungen wurde auf die Stone Sans zurückgegriffen.

Gestaltungsbeispiel

Alfred N. Neuman
Über Computerkünstler

Alfred N. Neuman sowie die hier vorgestellte Seite
sind frei erfunden worden.

Vorträge
Computerkünstler
01. 11. 94, 16 Uhr
Pixelshow
04. 11. 94, 12 Uhr
Multimediamarkt
12. 11. 94, 20 Uhr
Cyberspace
12. 11. 94, 20 Uhr
Interaktive Oberflächen
18. 11. 94, 16 Uhr
Dem Sein auf Spur
01. 12. 94, 20 Uhr

Veranstaltungsort
Hochschule für bildende Künste
Lerchenfeld 2
2000 Hamburg 76

Veranstaltungsdauer
01. 11. -1. 12. 94
Montag bis Freitag 10 - 20 Uhr
Samstag 10 - 12 Uhr

**Virtualität contra
Materialität**

Die Materialgläubigkeit der klassischen Moderne
braucht den Computerkünstler nicht weiter zu
interessiern. Die Virtualität des Computers hat
eine unbestechliche Qualität, die in der
Immaterialität des Denkens seine Entsprechung
findet. Es ist die Interaktion, der Verkehr des
Gedachten mit dem Gedachtem, des Gebildeten mit dem Gebildetem, die Aufhebung der
Schranken und Grenzen, die Weltgemeinschaft
des Wissens, der Zirkelschluß der digitalen
Inteligenz, das Kreisen der Information in
Lichtgeschwindigkeit. Es ist der globale und
kommunikative Datentransfer als solcher, der
als Metaussage, während sich die partikulären
Aussagen in ein weltweites Gespräch verwickeln, es vermag zugleich das Eigentliche unserer
Zeit zum Ausdruck zu bringen. Das Wesentliche liegt im Verkehr, nicht mehr in der konkreten Aussage die immer wieder „verkehrt" werden muß. Und alles was nicht eigentlich
Verkehr, Spiritualität, Virtualität, Immaterialität ist
gehört dem Daseinszustand einer habtischen
Verkehrtheit an.
　Die Materialgläubigkeit der Moderne
braucht den Computerkünstler nicht weiter zu
interessiern. Die Virtualität des Computers hat
eine unbestechliche Qualität, die in der Immaterialität des Denkens seine Entsprechung findet.
Es ist die Interaktion, der Verkehr des
Gedachten mit dem Gedachtem, des Gebildeten mit dem Gebildetem, die Aufhebung der
Schranken und Grenzen, die Weltgemeinschaft
des Wissens, der Zirkelschluß der digitalen
Inteligenz, das Kreisen der Information in
Lichtgeschwindigkeit. Es ist der globale und
kommunikative Datentransfer als solcher, der

als Metaussage, während sich die partikulären
Aussagen in ein weltweites Gespräch verwickeln, es vermag zugleich das Eigentliche unserer Zeit zum Ausdruck zu bringen. Das Wesentliche liegt im Verkehr, nicht mehr in der
konkreten Aussage die immer wieder „verkehrt" werden muß. Und alles was nicht eigentlich Verkehr, Spiritualität, Virtualität, Immaterialität
ist gehört dem Daseinszustand einer habtisch-
en Verkehrtheit an.
　Die Materialgläubigkeit der Moderne
braucht den Computerkünstler nicht weiter zu
interessiern. Die Virtualität des Computers
hat eine unbestechliche Qualität, die in der
Immaterialität des Denkens seine Entsprechung
findet. Die Virtualität des Computers hat eine
unbestechliche Qualität, die in der Immaterialität des Denkens seine Entsprechung findet.
Es ist die Interaktion, der Verkehr des
Gedachten mit dem Gedachtem, des Gebildeten mit dem Gebildetem, die Aufhebung der
Schranken und Grenzen, die Weltgemeinschaft
des Wissens, der Zirkelschluß der digitalen
Inteligenz, das Kreisen der Information in
Lichtgeschwindigkeit. Es ist der globale und
kommunikative Datentransfer als solcher, der
als Metaussage, während sich die partikulären
Aussagen in ein weltweites Gespräch
verwickeln, es vermag zugleich das Eigentliche
unserer Zeit zum Ausdruck zu bringen.

Dieser Bereich könnte für Fußnoten reserviert
sein. Die Materialgläubigkeit der klassischen
Moderne braucht den Computerkünstler nicht
weiter zu interessiern. Die Virtualität des

Computers hat eine unbestechliche Qualität,
die in der Immaterialität des Denkens seine
Entsprechung findet.

Veranstalter

Eine typografische Tradition, die von den Schweizer Typografen Emil Ruder, Anton Stankowsky, Joseph Müller-Bruckmann bis hin zur Ulmer Schule reicht, hat eine Form der Gestaltung geschaffen, die ihren Reiz aus der Beschränkung auf das Funktionale und Wesentliche bezieht. In diesem Sinne hat auch Otl Aicher gearbeitet und gedacht. Wer an dieser Form der Gestaltung interessiert ist, kann Genaueres in seinem Buch „Typographie" nachlesen.

Schriftgrößen
Schriftgrößen als Gestaltungsmittel

Schrift wird von uns auch räumlich erfahren. Große Schriften erscheinen uns viel näher als kleinere Schriftgrade.

Eine extreme Gegenposition zum zuvor gezeigten Gestaltungsansatz stellt das nebenstehende Beispiel dar. Die sehr verschiedenen Schriftgrößen sind nicht nur ein Ordnungsinstrument entsprechend den inhaltlichen Vorgaben, sondern sie sind zugleich ein ausdrucksvolles Gestaltungsmittel. Schriftgrößengefälle in solchen Dimensionen können einer Seite Spannung und Dramatik verleihen, sie können aber auch die Orientierung und die Lesbarkeit so stark behindern, daß die wichtigste Funktion guter typografischer Gestaltung, nämlich Inhalte geordnet und lesbar zu vermitteln, verlorengeht.
Bei einem Thema wie dem künstlerischen Umgang mit neuen Technologien bietet es sich an, typografisch experimenteller vorzugehen, als einem sonst erlaubt ist. Der freie und künstlerische Umgang mit neuen Medien findet seine Visualisierung im freien Umgang mit Typografie als Ausdrucksmedium. Bis zur Unlesbarkeit kompromißlos und frei kann sie nur dort sein, wo sie sich selbst zum Thema hat. Von dieser Freiheit macht sie dann auch gern einen ausgiebigen Gebrauch.

Gestaltungsbeispiel

Alfred N. Neuman

künstler

VORTRÄGE
COMPUTERKÜNSTLER
01. 11. 94, 16 UHR
PIXELSHOW
04. 11. 94, 12 UHR
MULTIMEDIAMARKT
12. 11. 94, 20 UHR
CYBERSPACE
12. 11. 94, 20 UHR
VIRTUELLE WELTEN
18. 11. 94, 16 Uhr
DEM SEIN AUF SPUR
01. 12. 94, 20 UHR

ORT
HOCHSCHULE FÜR BILDENDE KÜNSTE
LERCHENFELD 2
2000 HAMBURG 76

DAUER
VOM 01. 11. 94 BIS 1. 12. 94
MON. BIS FREI: 10-20 UHR
SAM. 10-12 UHR

VIRTUALITÄT CONTRA MATERIE

Die Materialgläubigkeit der klassischen Moderne braucht den Computerkünstler nicht weiter zu interessieren. Die Virtualität des Computers hat eine unbestechliche Qualität, die in der Immaterialität des Denkens seine Entsprechung findet. Es ist die Interaktion, der Verkehr des Gedachten mit dem Gedachtem, des Gebildeten mit dem Gebildetem, die Aufhebung der Schranken und Grenzen, die Weltgemeinschaft des Wissens, der Zirkelschluß der digitalen Inteligenz, das Kreisen der Information in Lichtgeschwindigkeit. Es ist der globale und kommunikative Datentransfer als solcher, der als Metaussage, während sich die partikulären Aussagen in ein weltweites Gespräch verwickeln, es vermag zugleich das Eigentliche unserer Zeit zum Ausdruck zu bringen. Das Wesentliche liegt im Verkehr, nicht mehr in der konkreten Aussage die immer wieder „verkehrt" werden muß. Und alles was nicht eigentlich Verkehr, Spiritualität, Immaterialität ist gehört dem Daseinszustand einer habtischen Verkehrtheit an.
 Die Materialgläubigkeit der Moderne braucht den Computerkünstler nicht weiter zu interessieren. Die Virtualität des Computers hat eine unbestechliche Qualität, die in der Immaterialität des Denkens seine Entsprechung findet. Es ist die Interaktion, der Verkehr des Gedachten mit dem Gedachtem, des Gebildeten mit dem Gebildetem, die Aufhebung der Schranken und Grenzen, die Weltgemeinschaft des Wissens, der Zirkelschluß der digitalen Inteligenz, das Kreisen der Information in Lichtgeschwindigkeit. Es ist der globale und kommunikative Datentransfer als solcher, der als Metaussage, während sich die partikulären Aussagen in ein weltweites Gespräch verwickeln, es vermag zugleich das Eigentliche unserer Zeit zum Ausdruck zu bringen. Das Wesentliche liegt im Verkehr, nicht mehr in der konkreten Aussage die immer wieder „verkehrt" werden muß. Und alles was nicht eigentlich Verkehr, Spiritualität, Virtualität, Immaterialität ist gehört dem Daseinszustand einer habtischen Verkehrtheit an. Die Materialgläubigkeit der klassischen Moderne braucht den Computerkünstler nicht weiter zu interessieren. Die Virtualität des Computers hat eine unbestechliche Qualität, die in der Immaterialität des Denkens seine Entsprechung findet. Die Materialgläubigkeit der klassischen Moderne braucht den Computerkünstler nicht weiter zu interessieren. Die Virtualität des Computers hat eine unbestechliche Qualität, die in der Immaterialität des Denkens seine Entsprechung findet.

 ALFRED N. NEUMAN, SOWIE DAS DIE HIER VORGESTELLTE SEITE SIND FREI ERFUNDEN WORDEN. ALFRED N. NEUMAN, SOWIE DAS DIE HIER VORGESTELLTE SEITE SIND FREI ERFUNDEN WORDEN. ALFRED N. NEUMAN, SOWIE DAS DIE HIER VORGESTELLTE SEITE SIND FREI ERFUNDEN WORDEN. ALFRED N. NEUMAN, SOWIE DIE HIER VORGESTELLTE SEITE SIND

Auch in der Schriftgestaltung gab und gibt es eine „Geschichte des Widerstands". Dazu zählen alternative Formen der Gestaltung, die sich allerdings oft nur in Randbereichen der Informationsvermittlung, wie Hochschulzeitschriften, Theaterplakaten etc., selbstbewußt entfalten konnten. Eine umfangreiche Sammlung aktueller und interessanter Arbeiten zu diesem Thema findet man in dem Buch „typography now" von Rick Poynor.

Typometer
Messen von Textvorlagen

Mit einem Typometer lassen sich in erster Linie der Zeilenabstand und die Schriftgröße einer Vorlage ausmessen. Manche Typometer bestehen aus zwei Hälften, mit denen man wahlweise die Vorlage nach dem Didot- oder Pointmaßsystem ausmessen kann. Beim Ausmessen des Zeilenabstandes werden die Skalenstriche genau mit den Schriftgrund-linien zur Deckung gebracht. Beim Ermitteln der Schriftgröße mit Hilfe der oberen und unteren Begrenzungslinien ist nur eine grobe Orientierung möglich, da die Versalhöhen der für die DTP-Systeme verfügbaren Schriften keiner einheitlichen Norm unterliegen (siehe unten) und bei gleicher Schriftgröße unterschiedlich ausfallen. Zwischen den Begrenzungslinien und den Versalbuchstaben sollte ein minimaler Abstand bleiben.

Beim Messen des Zeilen-abstandes wird folgen-dermaßen vorgegangen: Das Typometer wird auf den betreffenden Text gelegt, und anschließend versucht man, die Schrift-grundlinien der Textzeilen mit einer der Linienreihen des Typometers zur Deckung zu bringen. Dann liest man am Kopf des Typometers den dazugehörigen Wert ab.

Bei dem hier abgebilde-ten Typometer wird die Größe einer Schrift anhand der Versalhöhe ermittelt. Man probiert so lange, bis ein Versal-buchstabe genau in die obere und untere Begren-zung eines Feldes paßt.

Bei einigen Typometern wird die Schriftgröße auch durch das Einpassen von Ober- und Unterlängen in die Feldbegrenzung gemessen.

Inch/Zoll	Zeilenabstand in Pica-Point				Versalhöhen in
1/32	7/14	8/16	9/18	10/20	Pica-Point/mm
					4/1.00 Dp
					5/1.20 Dp
					6/1.50 Dp
					7/1.75 Dp
	5	5	5		8/2.00 Dp
				5	9/2.25 Dp
	10				10/2.50 Dp
		10			11/2.80 Dp
			10		12/3.00 Dp
	15			10	13/3.25 Dp
		15			14/3.50 Dp
	20		15		
				15	15/3.75 Dp
		20			16/4.00 Dp
	25		20		
		25		20	17/4.25 Dp
	30				18/4.50 Dp
			25		
	35	30		25	19/4.75 Dp
			30		20/5.25 Dp
	40	35			
				30	22/5.75 Dp
	45	40	35		24/6.25 Dp
	50			35	
		45	40		26/6.75 Dp

Laufweite
Punzenbreite und Laufweite

nn Punze

Der Buchstabenabstand sollte sich an der Breite des Buchstabeninnenraums (Punze) des Buchstabens n orientieren.

Bei der Wahl einer geeigneten Laufweite orientieren sich die Hersteller von Schriften an der Punzenbreite (Punze = Buchstabeninnenraum). Der Buchstabenabstand oder die Laufweite muß in Zusammenhang mit der Breite des Buchstabeninnenraums gesehen werden. Demzufolge hat jede Schrift eine andere Laufweite. Sehr große Laufweiten führen dazu, daß Texte sehr viel mehr Platz in Anspruch nehmen, als man vielleicht dafür vorgesehen hat. Die Zeitschrift Times hat in den dreißiger Jahren von dem amerikanischen Schriftenhersteller Monotype die „Times" entwickeln lassen, die es ihr ermöglicht, durch ihre geringe Laufweite noch mehr Text auf einer Zeitungsseite zu drukken. Die Haassche Gießerei, die in den fünfziger Jahren die Helvetica herausgebracht hat, benutzte die geringe Laufweite der Helvetica als Verkaufsargument. Bei großen Textmengen war dies ein nicht unwichtiger ökonomischer Grund, sich für diese Schrift zu entscheiden.

Im unteren rechtsseitigen Beispiel ist eine Textzeile in derselben Schrift und mit unterschiedlichen Wort- und Buchstabenzwischenräumen gesetzt worden.Wenn der Text von der optimalen Laufweite abweicht, sieht er mit größerer Laufweite besser aus, als wenn er zu eng gesetzt wird.

Unterschiedliche Laufweiteneinstellungen

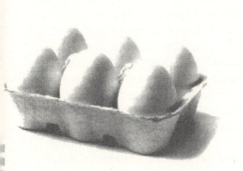

„So sieht das Laufweitenextrem aus: Wenn man zu eng setzt, kommen sich die Buchstaben gefährlich nahe – damit es keinen Bruch gibt, muß man mit Schrift sachte umgehen. Das andere Extrem macht uns die Schreibmaschine vor: Jeder Buchstabe hat dieselbe Breite, und der gleichmäßige Raum dazwischen verhütet Zusammenstöße. Da sich die Buchstaben jedoch nicht gleichen wie ein Ei dem anderen, ist das Ergebnis unharmonisch."
(Spiekermann, Ursache und Wirkung)

Der Raum zwischen Buchstaben	eng
Der Raum zwischen Buchstaben	
Der Raum zwischen Buchstaben	
Der Raum zwischen Buchstaben	sehr eng
Der Raum zwischen Buchstaben	normal
Der Raum zwischen Buchstaben	sehr weit
Der Raum zwischen Buchstaben	
Der Raum zwischen Buchstaben	
Der Raum zwischen Buchstaben	weit

Wortabstand
Schriftspezifische Laufweiten und Abstände

Geviert

Unter einem Geviert versteht man die Höhe eines Schriftkegels. Der Schriftkegel war im Bleisatz oben und unten um das Maß eines Versalakzents größer als die Gesamthöhe der Schrift.

Der Wortzwischenraum sollte immer in Zusammenhang mit der Laufweite oder dem Buchstabenabstand gesehen werden. Bei einer größeren Laufweite muß auch der Wortabstand proportional vergrößert werden, um als solcher erkennbar zu sein. In der unteren Abbildung auf der rechten Seite werden die Punzenbreiten des n in verschiedenen Schriften gezeigt. Die Punzenbreite einer mageren Schrift ist größer als die einer fetten Schrift. Entsprechend können die Laufweite und der Wortabstand eines mageren und breiten Schriftschnittes größer sein als die eines fetten und schmalen Schriftschnittes. Der Wortabstand wird in Geviert gemessen. Das klassische Maß für den durchschnittlichen Wortzwischenraum ist der dritte Teil eines Gevierts. Auch die Schriftgröße wirkt sich auf die Zeichenabstände aus. Kleine Schriftgrade (Konsultationsgrößen) werden mit einem Halbgeviert als normalem Wortzwischenraum gesetzt, damit die Buchstaben optisch nicht „zusammenlaufen". Bei größeren Schriften (Schaugrößen) können die Abstände kontinuierlich verkleinert werden. In bezug auf die Schriftgrößen gilt die gleiche Regel wie bei Zeilenabständen: „Je größer der Schriftgrad, desto enger können die Abstände gesetzt werden."

Schriftkegel

Geviertabstände

**Bei richtig fetten Schriften fällt
der Abstand besser auf !**

Helvetica black
Der Zeichenabstand
wurde verringert.

Sie können enger gesetzt werden als dünne Schriften.

Helvetica ultra
Der Zeichenabstand
wurde gesperrt.

Sie werden den Tag verfluchen, an dem sie dieses Ausschreib

Helvetica Compressed

Sie werden den Tag verfluchen, an de

Helvetica Condensed

Sie werden den Tag verfluchen, a

Helvetica

Sie werden den Tag verfluc

Avantgarde

Eine sehr schmale Schrift
wie die Helvetica Com-
pressed braucht nur etwa
ein viertel Geviert als
Wortabstand; eine sehr
breitlaufende Schrift wie
die Avantgarde benötigt
bis zu einem halben
Geviert, um eine gute
Unterscheidbarkeit der
Wörter zu erreichen.

Gill	Typewriter	Helvetica bold cond.	Bodoni	Garamond	Clarendon	Futura light	Helv. black	Stone Serif
n	n	**n**	n	n	n	n	**n**	n

Je nach Schriftschnitt und
Schriftfamilie fällt die
Punzenbreite anders aus.

Wortabstand
Individuell korrigierter Wortabstand

Textelemente, die für das Erscheinungsbild einer Seite von besonderer Bedeutung sind, wie Kapitelüberschriften, Anreden und Schlagzeilen, sollten individuell korrigiert werden. Dabei ist besonders darauf zu achten, daß die Wortabstände optisch gleich groß sind. Wenn eine Überschrift in einer besonders großen Schrift gesetzt wird, fallen ungleichmäßige Wortabstände noch stärker ins Auge. In den graugefärbten Quadraten sind einige Ausschnitte von Wortabständen zu sehen. Bei der abgebildeten Schrift handelt es sich um die Gill Sans. Sie wurde in dem Illustrations- und Layoutprogramm Illustrator abgesetzt. Die Wortabstände weichen teilweise erheblich voneinander ab. Durch eine unruhige Laufweite und sehr unterschiedliche Wort- und Buchstabenabstände kann man allerdings auch Aufmerksamkeit erzielen und einer nonkonformistischen Haltung Ausdruck verleihen.

In einigen Fällen ist es wichtiger, durch eine Überschrift, die typografisch aus der Rolle fällt, Interesse zu erzeugen, als für eine gute Lesbarkeit zu sorgen. Bei ein oder zwei Zeilen ist das nicht so tragisch. Wer interessiert ist, der wird sie lesen. Bei zwanzig Zeilen sieht das schon etwas anders aus. Die Argumente, so zu verfahren, müssen dann schon sehr gut klingen.

In der rechts abgebildeten Überschrift lassen die Buchstaben T und A bei gleichem numerischen Wortabstand wesentlich mehr optischen Freiraum entstehen als etwa S und L.

Der Abstand zwischen den Buchstaben L und V erscheint deutlich größer als zwischen N und B.

Interpunktionen lassen Wortabstände schon bei kleineren Schriftgraden größer erscheinen.

Textbeispiele

LUST AUF PRALLES LEBEN

LUST AUF PRALLES LEBEN

DEN BALL VER...

DEN BALL VER...

Sie werden den Tag verfluchen, an dem sie die

Sie werden den Tag verfluchen, an dem sie die

Dr. Jürgen Klaus

Dr. Jürgen Klaus

Buchstabenabstand
Das Verhältnis von Form und Gegenform

Der Leerraum zwischen
den Buchstaben bildet
eine Gegenform zur Buch-
stabenform. Er dient dazu,
die Buchstaben optisch
auseinanderzuhalten. Ist
der Abstand zu groß, wird
er als Lücke wahrge-
nommen. Ist er anderer-
seits zu klein, kann man
die Buchstaben nicht
mehr gut genug vonein-
ander unterscheiden, was
die Lesbarkeit erschwert.

Dem Weißraum zwischen
E und I ist ein Grauwert
von 40 % zugewiesen
worden. Ein harmonisches
Schriftbild beruht auch
auf der gelungenen
Durchformung der Buch-
stabenabstände.

Ist der Abstand zu gering,
entsteht aus den Buchsta-
ben E und I eine ganz
neue Form.

Buchstabenabstand
Unterschiedliche Buchstabenabstände

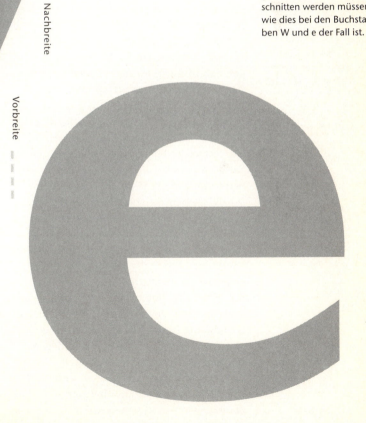

Das gesamte Breitenmaß eines Buchstabens wird Dickte genannt. Dazu gehören auch die in der Schriftzurichtung festgelegten Vor- und Nachbreiten eines Buchstabens. Der Buchstabe W läßt bereits aufgrund seiner spezifischen Form auf beiden Seiten sehr viel Weißraum entstehen. Bei bestimmten Buchstabenverbindungen fallen die Vor- und Nachbreiten so groß aus, daß diese unterschnitten werden müssen, wie dies bei den Buchstaben W und e der Fall ist.

Buchstabenabstand
Unterschneiden und Sperren von Buchstaben

WO ROHE KRÄFTE
SINNLOS WALTEN,
KANN SICH KEIN
GEBILD GESTALTEN

In dem oberen Satz sind
„WO", „WA", „LT" und
„TA" vom Schriftenher-
steller unterschnitten
worden. Bei „LO" oder
„KA" könnte eine eigene
Unterschneidungseinstel-
lung vorgenommen
werden.

Wer eine Schrift für seinen Computer er-
wirbt, bekommt zu jedem Schriftschnitt eine
sogenannte Unterschneidungstabelle
mitgeliefert. Bei der Firma Adobe befinden
sich diese Unterschneidungstabellen als
separate AFM-Dateien (Adobe Font Metrics)
in dem Ordner der Schriftfamilie. In den
Unterschneidungstabellen ist festgelegt
worden, bei welchen Buchstabenverbindungen der Abstand verringert (unterschnitten)
bzw. vergrößert (gesperrt) werden muß.
Individuelle Unterschneidungswerte werden
bei den meisten Firmen nur für die wichtigsten bzw. kritischsten Buchstabenverbindungen festgelegt. Bei dem Schriftschnitt „Gill
Sans" werden beispielsweise die Buchstabenverbindungen „WA" und „LT" mit einem
fünftel Geviert unterschnitten, nicht aber die
Buchstabenverbindung „LO". Wenn einem
der Abstand dieser Buchstaben zu groß ist,
muß man ihn selbst unterschneiden. Quark-
XPress bietet dazu die Möglichkeit, die mit-
gelieferten Unterschneidungstabellen der
Schriftenhersteller zu bearbeiten bzw. zu erweitern. Über die Programmoption *Unterschneidung bearbeiten* kann man einen
eigenen Unterschneidungswert festlegen.
Übrigens lohnt sich das individuelle Verändern von Buchstabenabständen wegen des
hohen Zeitaufwandes nur bei großen Schriftgraden.

Textbeispiele

WALTEN

WALTEN

WALTEN

Beim Ausgleichen von Buchstabenabständen kann es hilfreich sein, das auszugleichende Wort auf den Kopf zu stellen. Unverhältnismäßigkeiten von Buchstabenabständen werden oft erst deutlich sichtbar, wenn man sie sich aus einem ganz neuen Blickwinkel anschaut. Bei dem Wort „WALTEN" lassen „WA" und „LT" zuviel Freiraum.

SINNLOS

SINNLOS

SINNLOS

SINNLOS

Es ist wichtig, den gesamten Weißraum einer Schrift miteinander zu vergleichen. Dazu gehören auch die eingeschlossenen weißen Flächen innerhalb der Buchstaben, wie bei den Buchstaben N und O.
Der Buchstabenabstand bei „LO" ist optisch breiter als der bei „NL". Der Buchstabe O hat allerdings einen großen Buchstabeninnenraum und braucht deshalb etwas mehr Platz zu beiden Seiten.

Buchstabenabstand
Problematische Buchstabenverbindungen

Zu den Zeichen, die optisch viel freien Raum entstehen lassen, gehören besonders die Großbuchstaben A, L, T, V und W. Bei den Kleinbuchstaben sind es f, r, v und y. Der freie Raum dieser Buchstaben läßt Lücken im Satz entstehen, die das Satzbild und somit den Lesefluß erheblich stören. Um das zu verhindern, werden diese Buchstabenverbindungen unterschnitten. Beim Unterschneiden werden die Zeichen aneinander so weit herangerückt, daß die störenden Leerräume verschwinden. Das Unterschneiden von umfangreichen Texten ist allerdings viel zu aufwendig. Für die meisten Schriften stehen deshalb Unterschneidungstabellen zur Verfügung. Der Begriff „Unterschneiden" stammt aus dem Bleisatz. Dort muß in die Buchstabenkegel, auf denen sich die Buchstaben befinden, regelrecht hineingeschnitten werden, um die Buchstaben aneinanderzurücken.

Wörter mit kritischen Buchstabenverbindungen, wie Warteraum, Tee oder Trauben, sollten unterschnitten werden.

Wörter mit kritischen Buchstabenverbindungen, wie Warteraum, Tee oder Trauben, sollten unterschnitten werden.

Die nebenstehende Tabelle ist alphabetisch gegliedert. In der oberen Hälfte sind die Verbindungen zwischen Groß- und Kleinbuchstaben, in der unteren Hälfte sind die wichtigsten Verbindungen unter den Kleinbuchstaben aufgeführt. Was für die Buchstaben a, o, u zutrifft, gilt natürlich im selben Maße auch für ä, ö, ü.

Im linken Textbeispiel sieht man zuerst einen Satz ohne Unterschneidung kritischer Zeichenfolgen und darunter Text mit der durchgeführten Unterschneidung.

Unterschneidungstabelle

						Av	Aw	Ay
Fa	Fe	Fi	Fo	Fr	Fu			
Pa	Pe	Pi	Po					
Ta	Te	Ti	To	Tr	Tu			
Va	Ve	Vi	Vo		Vu			
Wa	We	Wi	Wo		Wu			
Ya	Ye	Yi	Yo	Yr	Yu			

						av	aw	ay
	aj					av	aw	ay
	ej					ev	ew	ey
fa	fe			f, f.				
	oj					ov	ow	oy
va	ve		vo	v,	v.			
wa	we		wo	w,	w.			
ya	ye		yo,	y,	y.			

Buchstabenabstand
Gezieltes Sperren und Unterschneiden

Extreme Veränderungen in der Laufweite können, wenn sie überlegt angewendet werden, Aufmerksamkeit und Spannung erzeugen. Kurze Texte wie Überschriften, die in großen Schriftgraden gesetzt werden, wirken kompakter und ausdrucksvoller, wenn man den Zeichenabstand verringert.
Es können dabei interessante Flächenkontraste zwischen den verschmälerten Zwischenräumen und den Buchstabenformen entstehen. Nicht jede Schrift ist dafür in gleichem Maße geeignet. Die fette Futura, die Gill Sans oder Franklin Gothik eignen sich besser als die Times oder Palatino. Andererseits kann das geschickte Erweitern der Buchstabenabstände einem Layout einen freundlichen und großzügigen Ausdruck verleihen. Sehr stark gesperrte Buchstabenabstände können wiederum Spannung erzeugen, die Buchstaben wirken dann wie mit Gewalt auseinandergezogen. Das rechts abgebildete Plattencover lebt von der kalkulierten Veränderung der Laufweiten. Die fein geschnittenen Buchstaben des unteren Schriftzuges brauchen mehr Raum als der Bandname. Durch die Verlängerung wirkt der untere Schriftzug zudem eleganter und steht in schönem Kontrast zur gedrängten oberen Wortfigur.

Extrem unterschnitten

Extrem gesperrt

Bildbeispiel

Plattencover der Gruppe
„blur", Großbritannien
1992, Art Director Rob
O´Connor

Zeilenabstand
Optischer und numerischer Zeilenabstand

Die Wahl des richtigen Zeilenabstandes gehört zu den wichtigsten Entscheidungen beim Gestalten einer Seite. Mit ihm läßt sich nicht nur die Lesbarkeit entscheidend verbessern, der Text kann rhythmisch gegliedert werden oder wie eine graue Fläche wirken. Da der Zeilenabstand unmittelbar mit der vertikalen Schrifteinteilung in Zusammenhang steht, werden zuerst ein paar kurze Bemerkungen zur Gliederung der Schriftkegelhöhe vorangestellt.

Gliederung der Schrifthöhe

Der Begriff „Kegelhöhe" stammt noch aus dem Bleisatz. Die Kegelhöhe mußte immer noch etwas höher sein als die sichtbare Schrifthöhe. Diese läßt sich unterteilen in Oberlänge, Mittellänge und Unterlänge. Als „Versalhöhe" wird die Höhe der Großbuchstaben bezeichnet. Die Versalhöhe ist meistens etwas kleiner als die Oberlängen der Kleinbuchstaben h oder b. Es gibt jedoch Schriften, die in dieser Beziehung eine Ausnahme machen, wie etwa die Gill Sans.

Optischer und numerischer Zeilenabstand

Grundsätzlich wird zwischen dem „numerischen" und dem „optischen" Zeilenabstand unterschieden. Der „optische Zeilenabstand" wird beim „gemeinen Satz" (Groß- und Kleinbuchstaben) von der Grundlinie zur Mittellänge der nächsten Zeile gemessen. Mit dem optischen Zeilenabstand ist also der optisch wahrnehmbare Zeilenzwischenraum gemeint. Um den numerischen Zeilenabstand zu ermitteln, wird die Distanz von Schriftgrundlinie zu Schriftgrundlinie gemessen. Diese kann man „numerisch" exakt mit einem Typometer ablesen.

Kompresser und durchschossener Satz.

Schließen zwei Zeilen mit ihren Kegelhöhen aneinander an, so wird dieser Satz als „kompreß" bezeichnet. Das Gegenteil von „kompreß" nennt man in der Fachsprache bisweilen noch „splendid", das heißt, zwischen den Zeilen ist ein zusätzlicher Abstand vorhanden. Ein gebräuchlicher, aber ebenfalls veralteter Begriff heißt „Durchschuß". In den gängigsten DTP-Programmen wird durchschossener Satz als „automatischer Zeilenabstand" bezeichnet. Die Grundeinstellung liegt „automatisch" bei 120 % des kompressen Satzes.

Schrifthöhe und Zeilenabstand

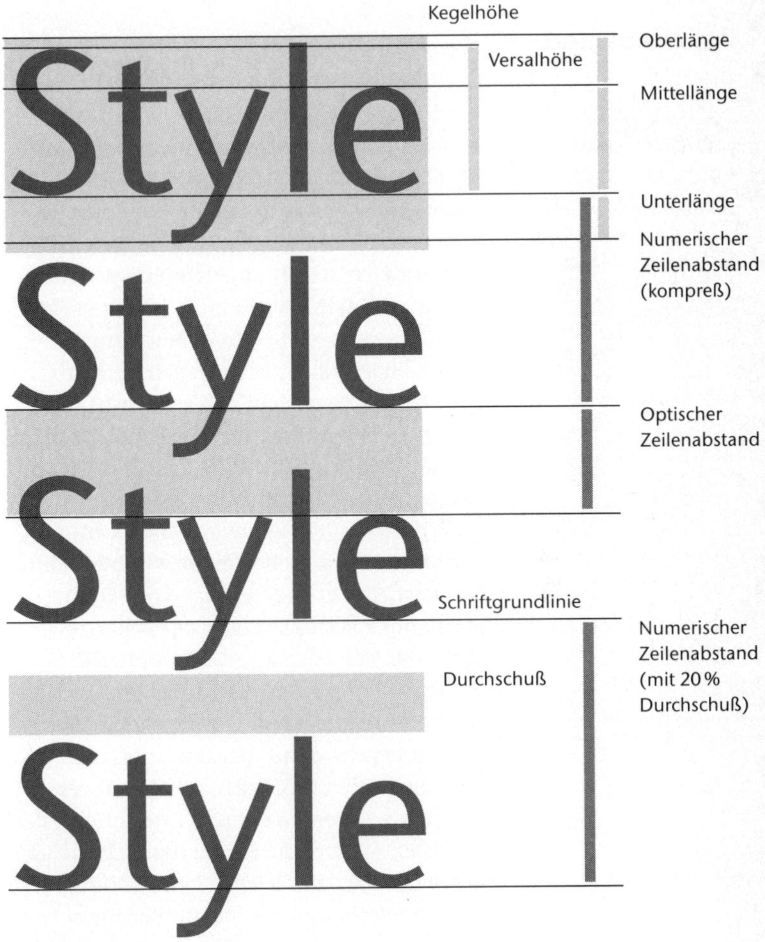

Kegelhöhe

Oberlänge

Versalhöhe

Mittellänge

Unterlänge

Numerischer
Zeilenabstand
(kompreß)

Optischer
Zeilenabstand

Schriftgrundlinie

Numerischer
Zeilenabstand
(mit 20 %
Durchschuß)

Durchschuß

Zeilenabstand
Zeilenabstand und Schriftmittellänge

Zeilenabstand

Zeilenabstand
Zeilenabstand

Der optische Raum zwischen den Zeilen sollte in etwa den Mittellängen der verwendeten Schrift entsprechen.

Wenn man eine Textseite aus einiger Entfernung betrachtet, dann sollte der Text den Eindruck einer grauen Fläche vermitteln. Dies ist der Fall, wenn Schrift und Zeilenabstand in einem ausgewogenen Verhältnis zueinander stehen, das heißt, der optische Zeilenabstand sollte den Mittellängen der verwendeten Schrift ungefähr entsprechen. Ist der Zeilenabstand zu groß, macht er sich beim Lesen als weißer Zwischenraum störend bemerkbar; ist er zu gering, kann man beim Lesen leicht in die nächste Zeile rutschen. Wie auf der rechten Seite zu sehen ist, haben die unterschiedlichen Schriftfamilien bei dem gleichen Zeilenabstand (Schriftgröße 9 pt, Zeilenabstand 11 pt) sehr verschiedene optische Zeilenzwischenräume. Soll deshalb der Zeilenabstand der Futura geringfügig verringert oder der Zeilenabstand der Helvetica vergrößert werden? Beides wäre möglich. Allerdings zeigt sich in solchen Fällen auch die Begrenztheit allgemeiner Regeln, denn meistens muß man nach mehreren Gesichtspunkten urteilen. Durch die extremen Größenunterschiede der Buchstaben wirkt die Futura nämlich unruhiger im Satz als die Helvetica und benötigt daher mehr Raum. Als Schrift für einen langen Lesetext ist die Helvetica deshalb von vornherein etwas besser geeignet.

Die Mittellängen verschiedener Schriften

Helvetica

Der ästhetische Reiz einiger Anzeigen gewinnt dadurch, daß der Anzeigentext als kühler grauer Textstreifen abgesetzt wird. Der ästhetische Reiz einiger Anzeigen gewinnt dadurch, daß der Anzeigentext als kühler grauer Textstreifen abgesetzt wird.

Futura

Der ästhetische Reiz einiger Anzeigen gewinnt dadurch, daß der Anzeigentext als kühler grauer Textstreifen abgesetzt wird. Der ästhetische Reiz einiger Anzeigen gewinnt dadurch, daß der Anzeigentext als kühler grauer Textstreifen abgesetzt wird.

Firma: URW

Garamond

Der ästhetische Reiz einiger Anzeigen gewinnt dadurch, daß der Anzeigentext als kühler grauer Textstreifen abgesetzt wird. Der ästhetische Reiz einiger Anzeigen gewinnt dadurch, daß der Anzeigentext als kühler grauer Textstreifen abgesetzt wird.

Firma: Stempel

Garamond

Der ästhetische Reiz einiger Anzeigen gewinnt dadurch, daß der Anzeigentext als kühler grauer Textstreifen abgesetzt wird. Der ästhetische Reiz einiger Anzeigen gewinnt dadurch, daß der Anzeigentext als kühler grauer Textstreifen abgesetzt wird.

Obwohl die Helvetica und die Futura den gleichen numerischen Zeilenabstand besitzen, fällt der optische Zeilenabstand sehr unterschiedlich aus. Der Grund ist, daß die Mittellänge der Helvetica im Verhältnis zur gesamten Schrifthöhe wesentlich größer ist als bei der Futura. Das hat weiterhin zur Folge, daß die Helvetica bei gleichem Schriftgrad größer wirkt als die Futura.

Abweichende Mittellängen können bei gleichnamigen Schriftfamilien auftreten, wenn sie von unterschiedlichen Herstellern stammen. Der Garamondschnitt von Stempel entspricht in seiner formalen Durcharbeitung und Feinheit noch weitgehend dem Original. Bei der Garamond von URW wurde die Mittellänge angehoben, damit das Satzbild etwas gleichmäßiger wirkt.

Zeilenabstand
Zeilenabstand und Grauwert des Textes

Der Grauwert einer Seite wird vor allem vom Schriftschnitt, der Laufweite und dem Zeilenabstand bestimmt. Je gleichmäßiger der Grauwert ist, desto besser fallen auch Auszeichnungen durch fette und kursive Schriftschnitte auf.

Der ästhetische Reiz einiger Anzeigen gewinnt dadurch, daß der Anzeigentext als einheitlich grauer Textstreifen abgesetzt wird. Der ästhetische Reiz einiger Anzeigen gewinnt dadurch, daß der Anzeigentext als einheitlich grauer Textstreifen abgesetzt wird. Der ästhetische Reiz einiger Anzeigen gewinnt dadurch, daß der Anzeigentext als einheitlich grauer Text abgestetzt wird.Der ästhetische Reiz einiger Anzeigen gewinnt dadur

Der ästhetische Reiz einiger Anzeigen gewinnt dadurch, daß der Anzeigentext als einheitlich grauer Textstreifen abgesetzt wird. Der ästhetische Reiz einiger Anzeigen gewinnt dadurch, daß der Anzeigentext als einheitlich grauer Textstreifen abgesetzt wird. Der ästhetische Reiz einiger Anzeigen gewinnt dadurch, daß der Anzeigentext als einheitlich grauer Textstreife

Der ästhetische Reiz einiger Anzeigen gewinnt dadurch, daß der Anzeigentext als einheitlich grauer Textstreifen abgesetzt wird. Der ästhetische Reiz einiger Anzeigen gewinnt dadurch, daß der Anzeigentext als einheitlich grauer Textstreifen abgesetzt wird. Der ästhetische Reiz einiger Anzeigen gewinnt d

Der ästhetische Reiz einiger Anzeigen gewinnt dadurch, daß der Anzeigentext als einheitlich grauer Textstreifen abgesetzt wird. Der ästhetische Reiz einiger Anzeigen gewinnt dadurch, daß der Anzeigentext als einheitlich grauer Textstreifen abgesetzt wird. Der ästhetische Reiz einiger Anzeigen gewinnt dadurch, daß Anzeigentext als seinheitlich grauer Textstreifen abgesetzt wird. Der ästhetische Reiz einiger Anzeigen gewinnt d

Der ästhetische Reiz einiger Anzeigen gewinnt dadurch, daß der Anzeigentext als einheitlich grauer Textstreifen abgesetzt wird. Der ästhetische Reiz einiger Anzeigen gewinnt dadurch, daß der Anzeigentext als einheitlich grauer Textstreifen abgesetzt wird. Der ästhetische Reiz einiger Anzeigen gewinnt dadurch, daß Anzeigentext als einheitlich grauer Textstreifen a

Der ästhetische Reiz einiger Anzeigen gewinnt dadurch, daß der Anzeigentext als einheitlich grauer Textstreifen abgesetzt wird. Der ästhetische Reiz einiger Anzeigen gewinnt dadurch, daß der Anzeigentext als einheitlich grauer Textstreifen abgesetzt wird. Der ästhetische Reiz einiger Anzeigen gewinnt d

Der ästhetische Reiz einiger Anzeigen gewinnt dadurch, daß der Anzeigentext als einheitlich grauer Textstreifen abgesetzt wird. Der ästhetische Reiz einiger Anzeigen gewinnt dadurch, daß der Anzeigentext als einheitlich grauer Textstreifen abgesetzt wird. Der ästhetische Reiz einiger Anzeigen gewinnt dadurch, daß Anzeigentext als einheitlich grauer Text abgesetz

Der ästhetische Reiz einiger Anzeigen gewinnt dadurch, daß der Anzeigentext als einheitlich grauer Textstreifen abgesetzt wird. Der ästhetische Reiz einiger Anzeigen gewinnt dadurch, daß der Anzeigentext als einheitlich grauer Textstreifen abgesetzt wird. Der ästhetische Reiz einiger Anzeigen gewinnt d

Bildbeispiele

Magazindoppelseite, Merian
Anzeige, Springer und Jacobi

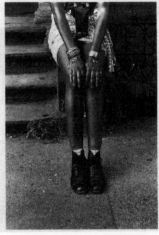

Zeilenabstand
Zeilenabstand und Spaltenbreite

Die Elemente auf einer Seite stehen in einem komplexen Wirkungszusammenhang. Jeder Schriftschnitt hat eine spezifische Laufweite und einen festgelegten Wortabstand. Diese sollten beim Einstellen des Zeilenabstandes berücksichtigt werden. Am Zeilenabstand orientiert sich auch der Spaltenabstand. Ist die Leseschrift für eine bestimmte Publikation gefunden, beeinflußt sie die weiteren typografischen Entscheidungen, wenn man mit geübtem Auge die Buchstaben-, Wort- und Zeilenabstände sowie alle sonst noch relevanten Abstände auf ihre Verhältnismäßigkeit hin untersucht. In gleicher Weise verhält es sich mit dem in Großbuchstaben gesetzten Text. Da sie in den Grundformen sehr viel sperriger als Kleinbuchstaben sind, brauchen Großbuchstaben mehr Zwischenraum. Dementsprechend sollte auch der Zeilenabstand weiter gehalten werden.

Bei langen Zeilen fällt es dem Leser leichter, die anschließende Zeile zu finden, wenn der Zeilenabstand vergrößert wird. Kürzere Zeilen hingegen können enger gesetzt werden. Allerdings spielen auch andere Faktoren eine wichtige Rolle. Im untersten Textbeispiel ist zu sehen, daß die großen Wortabstände sich bereits störend im kompressen Satz bemerkbar machen.

Der Abstand zwischen Versalien ist größer als zwischen Kleinbuchstaben.
Deshalb sollte der Zeilenabstand vergrößert werden, um das Schriftbild in der Vertikalen auszugleichen.

Lange Zeilen mit über fünfzig Buchstaben benötigen mehr Durchschuß. Das Auge verliert sonst schnell die Orientierung.

Für eine normale Zeilenlänge von zirka fünfzig Buchstaben kann man den automatischen Zeilenabstand wählen.

Kurze Zeilen können auch mal ganz ohne Durchschuß auskommen.

Der Wortabstand sollte immer etwas kleiner gehalten werden als der Zeilenabstand.

Textbeispiele

DER ÄSTHETISCHE REIZ EINIGER ANZEIGEN GEWINNT DADURCH, DASS DER ANZEIGENTEXT ALS EINHEITLICH GRAUER TEXTSTREIFEN ABGESETZT WIRD. DER ÄSTHETISCHE REIZ EINIGER ANZEIGEN GEWINNT DADURCH, DASS DER ANZEIGENTEXT ALS EINHEITLICH GRAUER TEXTSTREIFEN ABGESETZT WIRD. DER ÄSTHETISCHE REIZ EINIGER ANZEIG

Der ästhetische Reiz einiger Anzeigen gewinnt dadurch, daß der Anzeigentext als einheitlich grauer Textstreifen abgesetzt wird. Der ästhetische Reiz einiger Anzeigen gewinnt dadurch, daß der Anzeigentext als einheitlich grauer Textstreifen abgesetzt wird. Der ästhetische Reiz einiger Anzeigen gewinnt dadurch, daß Anzeigentext als einheitlich grauer Textstreifen abgesetzt wird. Der ästhetische Reiz einiger Anzeigen gewinnt dadurch, daß der Anzeigentext als einheitlich grauer Textstreifen abgesetzt wird. Der ästhetische Reiz einiger Anzeigen gewinnt dadurch, daß der Anzeigentext als einheitlich grauer Textstreifen abgesetzt wird. Der ästhetische Reiz einiger Anzeigen gewinnt dadurch, daß Anzeigentext als seinheitlich grauer Textstreifen abgesetzt wird.Der ästhetische Reiz einiger Anzeigen da

Der ästhetische Reiz einiger Anzeigen gewinnt dadurch, daß der Anzeigentext als einheitlich grauer Textstreifen abgesetzt wird. Der ästhetische Reiz einiger Anzeigen gewinnt dadurch, daß der Anzeigentext als einheitlich grauer Textstreifen abgesetzt wird. Der ästhetische Reiz einiger Anzeigen gewinnt dadurch, daß Anzeigentext als einheitlich grauer Textstreifen abgesetzt wird. Der ästhetische Reiz einiger Anzeigen gewinnt dadurch, daß der Anzeigentext als einheitlich grauer Textstreifen abgesetzt wird. Der ästhetische Reiz einiger Anzeigen gewinnt dadurch, daß de

Der ästhetische Reiz einiger Anzeigen gewinnt dadurch, daß der Anzeigentext als einheitlich grauer Textstreifen abgesetzt wird. Der ästhetische Reiz einiger Anzeigen gewinnt dadurch, daß der Anzeigentext als einheitlich grauer Textstreifen abgesetzt wird. Der ästhetische Reiz einiger Anzeigen gewinnt da

Je länger die Textspalte ist, desto weiter sollte der Zeilenabstand sein.

97

Zeilenabstand
Individueller Zeilen- und Randausgleich

Manuelle Korrekturen lohnen sich eher bei größeren Schriftgraden und geringeren Textmengen.

Buchstaben mit einer großen Vorbreite, das heißt viel weißem links- und rechtsseitigem Freiraum, wie O und W müssen etwas aus dem Satz herausgestellt werden.

München
Wien
London
Oslo
Paris

München
Wien
London
Oslo
Paris

Unregelmäßigkeiten im Zeilenabstand, selbst bei großen Schriftgraden, macht sich der Leser erfahrungsgemäß nicht bewußt. Er spürt aber manchmal, daß da „irgendwas nicht stimmt". Dies kann allerdings beim unbedarften Laien zu einem noch größeren, weil unerklärlichen Unbehagen führen als beim erfahrenen Gestalter, der die Ursache kennt und weiß, worüber er sich zu ärgern hat. Aus diesem Grund ist es ratsam, wichtige Drucksachen so perfekt wie möglich aufzubereiten, auch wenn man der Ansicht ist, daß dies sowieso niemanden interessiert.

Das manuelle Korrigieren von Texten kann sehr zeitraubend sein, weil jede kleine Veränderung noch einmal optisch überprüft werden muß.

Den linken Rand wichtiger und hevorgehobener Zeilen sollte man nach Möglichkeit optisch korrigieren. Für den rechten Textrand im Blocksatz läßt sich in dem Typografieprogramm QuarkXPress einstellen, wie viele Trennungen in Folge maximal vorgenommen werden dürfen. Denn viele Trennstriche vermitteln den Eindruck, als würde der Blocksatz rechtsseitig nicht gleichmäßig abschließen. Zukünftige Programmversionen werden hoffentlich in der Lage sein, die störenden Trennstriche etwas aus dem Satz herauszustellen, damit der rechte Rand beim Blocksatz optisch als eine Linie abschließt.

Textbeispiele

Bei uns wird leider noch intensiver gequalmt als bei 90% der Konkurrenz

Die Schriftgröße und der Zeilenabstand des nebenstehenden Textes betragen 18 pt. Der zweite Zeilenzwischenraum wirkt allerdings optisch kleiner, weil in ihm häufiger Ober- und Unterlängen vorkommen als in der vorhergehenden Zeile. Deshalb wird der untere Zeilenabstand von 18 pt auf 19,5 pt vergrößert.

Bei uns wird leider noch intensiver gequalmt als bei 90% der Konkurrenz

„Rauchen vermindert ihre Lebenserwartung"

Das Satzbild wirkt geschlossener, wenn man die Anführungszeichen herausstellt.

„Rauchen vermindert ihre Lebenserwartung"

Liegen die Anführungszeichen sehr nah an einem Buchstaben, so kann man den Abstand etwas vergrößern.

„Rauchen vermindert ihre Lebenserwartung"

Zuletzt wurden die Zeilen in ihrer Länge ausgeglichen, damit der Satz noch etwas kompakter und ruhiger aussieht.

„Rauchen vermindert ihre Lebenserwartung"

Zeilenabstand
Zeilenabstand als Ausdrucksmittel

Wo Abstand gehalten wird, kann es nicht zu Konflikten kommen. Das ist auch von den meisten Gestaltern beabsichtigt und liegt im Wesen der Typografie. Sie dient der Vermittlung von Information und sollte sich selbst nur gelegentlich thematisieren und in den Vordergrund stellen. Wenn der Textgestaltung einmal eine wichtigere Rolle zukommt, kann es allerdings interessant sein, durch genau kalkulierte typografische Regelverstöße subtile grafische Qualitäten und Spannungen entstehen zu lassen. Das Heranrücken von Wörtern und ganzen Zeilen bis zum Anschlag kann zu reizvollen Worttexturen führen; aus Zeilen werden eigentümlich autarke Gebilde, die Aufmerksamkeit hervorrufen. Den besseren Arbeiten merkt man die visuelle Kontrolle an, die der Gestalter walten ließ, denn selbst verschobene Zeilenabstände müssen wie absichtlich versetzt wirken, wenn sie uns gefallen sollen. Durch einen größeren Zeilenabstand beginnt sich der geschlossene Textkörper aufzulösen und rhythmisch zu strukturieren. Die kontrastreiche Hell-dunkel-Abfolge von Zeilen mit einem großen Zeilenabstand wird oft im Anzeigenlayout benutzt, um mehrzeilige Anzeigentexte besonders zu betonen und herauszustellen.

Dieses Ineinanderschieben von Zeilen wird abhängig vom Verschiebungsgrad sehr unterschiedlich vom Rezipienten empfunden.
Es kann ein subtiler, radikaler oder chaotischer Eindruck entstehen.

kollidieren
lassen

kollidieren
lassen

kollidieren
lassen

Extrem enge und weite Einstellungen

Zeilen kollidieren lassen...

Aus dem Grauwert eines Textblockes wird durch zunehmend größer werdenden Zeilenabstand eine rhythmische Abfolge von Zeilen. Aus dem Grauwert eines Textblockes wird durch zunehmend größer werdenden Zeilenabstand eine rhythmische Abfolge von Zeilen. Aus dem Grauwert eines Textblockes wird durch zunehmend größer werdenden Zeilenabstand eine rhythmische Abfolge von Zeilen. Aus dem Grauwert eines Textblockes wird durch zunehmend größer werdendem Zeilenabstand eine rhythmische Abfolge von Zeilen. Aus dem Grauwert eines Textblockes wird durch zunehmend größer werdenden Zeilenabstand eine rhythmische Abfolge von Zeilen. Aus dem Grauwert eines Textblockes wird durch zunehmend größer werdenden Zeilenabstand eine rhythmische Abfolge von Zeilen. Aus dem Grauwert eines Textblockes wird durch zunehmend größer werdenden Zeilenabstand eine rhythmische Abfolge von Zeilen.

Aus dem Grauwert eines geschlossenen Textblockes wird durch zunehmend größer werdenden Zeilenabstand eine rhythmisch wirkende Abfolge von Zeilen.

Aus dem Grauwert eines Textblockes wird durch den größerenZeilenabstand eine rhythmische Abfolge von Zeilen.

Aus dem Grauwert eines Textblockes wird eine rhythmische Abfolge

Aus dem Grauwert eines Textblockes wird eine rhythmische Abfolge

Aus dem Grauwert eines Textblockes wird eine rhythmische Abfolge

Aus dem Grauwert eines Textblockes wird eine rhythmische Abfolge

Aus dem Grauwert eines Textblockes wird eine rythmische Abfolge

kann interessantere Dissonanzen erzeugen, als wenn sie nur ...

in Reih und Glied stehen.

In dem nebenstehenden Textbeispiel wurde der Text nach unten hin zunehmend rhythmischer gestaltet. Ist der Zeilenabstand sehr groß, dann kann es sein, daß Zeilen nicht mehr als rhythmische Wiederholung gesehen werden, sondern frei im Raum zu stehen scheinen.

Auszeichnungen
Optische und ästhetische Auszeichnung

Auszeichnungen im Text werden überwiegend zum Hervorheben wichtiger Textstellen verwendet. Im lexikalischen Gebrauch bieten Auszeichnungen dem Leser die nötige Orientierungshilfe. Eine weitere Form der Auszeichnung ist sicher noch manchem aus seiner Schulzeit vertraut. In den dramatischen Werken sprechen die Protagonisten bevorzugt in „Kursiv". Szenenbeschreibungen stehen in einem normalen Schriftschnitt.

Anhand dieser festgelegten Auszeichnungsweisen kann man in begrenztem Maße Rückschlüsse auf den Texttyp ziehen. Eine hilfreiche Unterscheidung in zwei Auszeichnungsarten findet sich in dem Buch „Typographisches Gestalten" von Manfred Simoneit. Dort wird zwischen „ästhetischer" und „optischer" Auszeichnung unterschieden. Zu den ästhetischen Auszeichnungen gehören der kursive Schnitt einer Schrift, Kapitälchen und

mit Einschränkungen auch Großbuchstaben. Sie haben die Eigenschaft, sich eher dezent in das Schriftbild einzufügen. Zu den optischen Auszeichnungen zählen fette Schriftschnitte, Großbuchstaben, Sperrungen und Unterstreichungen. Sie heben sich stärker aus dem Schriftbild heraus.

Textpassagen, *die inhaltlich bedeutsam und für unser Verständnis besonders förderlich sind*, verdienen es, ausgezeichnet zu werden. Stellt man sie allerdings zu sehr in den *Vordergrund*, so kann dies unser ästhetisches Feingefühl und unseren Gerechtigkeitssinn empfindlich stören.

Durch Verwendung des kursiven Schnittes einer Schrift wird das „Graubild des Satzes" und somit der Leserhythmus am wenigsten gestört.

Textpassagen, DIE INHALTLICH BEDEUTSAM UND FÜR UNSER VERSTÄNDNIS BESONDERS FÖRDERLICH SIND, verdienen es, ausgezeichnet zu werden. Stellt man sie allerdings zu sehr in den VORDERGRUND, so kann dies unser ästhetisches Feingefühl und unseren Gerechtigkeitssinn empfindlich stören.

Kapitälchen sind Großbuchstaben in Höhe der Mittellängen von Kleinbuchstaben. Sie gleichen sich in ihrer Strichbreite und ihrem Grauwert den Kleinbuchstaben an.

Konventionelle Auszeichnungsarten

Textpassagen, DIE INHALTLICH BEDEUT-SAM UND FÜR UNSER VERSTÄNDNIS BESONDERS FÖRDERLICH SIND, verdienen es, ausgezeichnet zu werden. Stellt man sie allerdings zu sehr in den VORDERGRUND, so kann dies unser ästhetisches Feingefühl und unseren Gerechtigkeitssinn empfindlich stören.

Durch das Entfallen der Mittellängen wirkt der Zeilenabstand bei Versalien sehr ungleichmäßig und unruhig.

Textpassagen, DIE INHALTLICH BEDEUTSAM UND FÜR UNSER VERSTÄNDNIS BESONDERS FÖRDER-LICH SIND, verdienen es, ausgezeichnet zu werden. Stellt man sie allerdings zu sehr in den VOR-DERGRUND, so kann dies unser ästhetisches Feingefühl und unseren Gerechtigkeitssinn empfindlich stören.

Manchmal läßt sich das Satzbild durch Verkleinerung der Versalien um ein bis zwei Punkt verbessern.

Textpassagen, **die inhaltlich bedeutsam und für unser Verständnis besonders förderlich sind,** verdienen es, ausgezeichnet zu werden. Stellt man sie allerdings zu sehr in den **Vordergrund,** so kann dies unser ästhetisches Feingefühl und unseren Gerechtigkeitssinn empfindlich stören.

Fette Schrift wird neben der kursiven Auszeichnung am häufigsten verwendet. Sie ist dann angebracht, wenn Textstellen sofort auffallen sollen.

Textpassagen, <u>die</u> <u>inhaltlich</u> <u>bedeutsam</u> <u>und</u> <u>für</u> <u>unser</u> <u>Verständnis</u> <u>besonders</u> <u>förderlich</u> <u>sind,</u> verdienen es, ausgezeichnet zu werden. Stellt man sie allerdings zu sehr in den <u>Vordergrund,</u> so kann dies unser ästhetisches Feingefühl und unseren Gerechtigkeitssinn empfindlich stören.

Beim Unterstreichen wichtiger Textpassagen sollte immer darauf geachtet werden, daß die Unterlängen einer Schrift nicht durchgestrichen werden.

Auszeichnungen
Herausstellen und Unterlegen von Texten

In vielen sehr sachlich und streng aufgebauten Seitenlayouts werden Überschriften lediglich durch einen größeren Zeilenabstand zum Lesetext ausgezeichnet. Diese verhältnismäßig behutsame Methode der Betonung von Textelementen kommt am besten zur Wirkung, wenn das Auge nicht durch optisch stark ins Auge fallende Bild- und Gestaltungselemente abgelenkt wird. Wer eine Textzeile auf eine leere Seite setzt, so daß sie im übertragenen Sinn in „die Stille hineinspricht", braucht sie nicht mehr durch einen großen oder fetten Schriftschnitt zu betonen. Sie wird auch so vernommen. Im unten abgebildeten Beispiel tanzt das Wort „Auszeichnung" aus der Reihe. Diese einfache Verschiebung in die weiße Fläche reicht aus, um es vom übrigen Text abzuheben und auszuzeichnen.

Auszeichnungsbeispiel

Bestimmte berufliche „Stellungen" und „Positionen" werden als eine Auszeichnung erfahren. Texten ergeht es ähnlich. Dadurch, daß man sie aus dem Textzusammenhang stellt, erscheinen sie dem Leser als besonders wichtig. Sie werden durch den sie umgrenzenden Weißraum optisch hervorgehoben.

Unkonventionelle Auszeichnungsarten

Eine Bereicherung an Gestaltungsmöglichkeiten stellt das Auszeichnen von Texten nach ganz unkonventionellen und selbsterfundenen Methoden dar. Diese Form der kreativen Betätigung ist unter den Gestaltern in den letzten Jahren sehr beliebt geworden. In unserer heutigen Medienlandschaft, in der sich Zeitschriftenseiten im Schlagabtausch von Schlagzeilen behaupten müssen, will auch der gewöhnliche Lesetext manchmal nicht mehr nachstehen und versucht mit seiner zum Teil übertriebenen Auszeichnungsexzentrik auf sich aufmerksam zu machen. Sieht man darin allerdings eine zeitgemäße typografische Spiegelung unserer stark individualisierten demokratischen Gesellschaft, kann man nicht umhin, diese manchmal unleserliche Form der Auszeichnung sympathisch zu finden.

Auszeichnungsbeispiel

Neben der konventionellen Auszeichnung besteht die Möglichkeit, eigene Methoden der Akzentuierung und Betonung von Textpassagen zu entwickeln. Das unendliche Repertoire an Zeichen und FORMEN, das einem als Grafiker und Typograph zur Verfügung steht kann verwendet werden, um Textpassagen ein maßgeschneidertes und individuelles Outfit zu geben.

Schreibregeln
Deutsche und amerikanische Schreibregeln

Deutsch:
1 000 000,00

Amerikanisch:
1,000,000.00

Wenn einfache und doppelte Anführungszeichen in einem Text vorkommen, sollte man Begriffe in einfache und wörtliche Rede in doppelte Anführungszeichen setzen.

Schreibregeln sind eine mehr oder weniger standardisierte Schreibweise von Begriffen und Zahlen. Die Nichteinhaltung dieser Regeln beeinflußt teilweise die Lesbarkeit beträchtlich. So ist es sinnvoll, wenn der Leser bestimmte Zahlen bereits durch deren Schreibweise als Konto- oder Faxnummer identifizieren kann. Viele Regeln beziehen sich nur auf den deutschen Sprachraum. In Deutschland darf das Komma nur zur Anzeige der Dezimalstellen verwendet werden. Im anglo-amerikanischen Raum verhält es sich genau umgekehrt. Der Punkt wird dort zur Kennzeichnung der Dezimalstellen benutzt. Die Tausendereinheiten hingegen werden mit einem Komma getrennt. Einer der häufigsten Fehler von DTP-Anwendern ist das Benutzen falscher Satzzeichen. Das gilt besonders für den Gebrauch von Anführungszeichen und Textstrichen: Die Regeln für das Setzen der Anführungszeichen sind ebenfalls im anglo-amerikanischen Sprachraum anders als bei uns. Als öffnende und schließende Anführungszeichen gibt es die 'einfachen Anführungszeichen' und die "doppelten Anführungszeichen". In Deutschland ist aber nur die Schreibweise „ ..." bei einfachen und doppelten Anführungszeichen korrekt. Erlaubt sind auch noch diese › ... ‹ und diese »...« französische Schreibweise. Grundsätzlich sollte man nur die französische oder die deutsche Schreibweise verwenden.

Anführungszeichen und Textstriche

Die französischen Anführungs- und Abführungszeichen werden im deutschen Gebrauch mit nach innen gerichteten Spitzen geschrieben.

Die deutschen öffnenden und schließenden Anführungszeichen heißen auch „Gänsefüßchen".

▬

Bei Silbentrennungen steht der Trennstrich jeweils ohne Zwischenraum.

▬

Der Gedankenstrich hat die Länge eines Halbgevierts. Er hält zum Wort etwas Abstand.

Für das Zeichen „-" auf der Schreibmaschine gibt es in der Typografie drei Zeichen: Trennstrich (Divis), Gedanken- und Geviertstrich. Der Gedankenstrich ist identisch mit dem mathematischen Minuszeichen. Der Geviertstrich wird bisweilen als Streckenstrich verwendet, wodurch im Satzbild allerdings unschöne Lücken auftreten. Deshalb ist der Gedankenstrich vorzuziehen.

▬▬

Der längere Geviertstrich steht ohne Abstand.

Schreibregeln
Schreibregeln im Zahlensatz

200 2 000 20 000

Die grundsätzliche Regel lautet, daß in Zahlen, die aus mehr als vier Ziffern bestehen, die letzten drei Ziffern abgetrennt werden müssen. Der Zwischenraum kann zwischen einem Viertel- und einem Achtelgeviert betragen.

3 36 33 36 3 36 69
(0 89) 4 55-67 89

Bei Telefonnummern und Telefaxnummern werden von rechts jeweils zwei Nummern abgetrennt, wenn die Nummer aus mindestens vier Ziffern besteht. Unter Umständen steht dann die erste Ziffer allein. Jeweils die Vor- sowie die Durchwahlnummern werden nach dieser Regel unterteilt. Die Vorwahlnummern können entweder mit einer Klammer oder durch einen Bindestrich abgetrennt werden.

(BLZ 200 500 20)
Kto. 2 456 278

Bankleitzahlen sind immer achtstellig. Die Unterteilung läuft von links nach rechts in zwei Dreiergruppen und einer Zweiergruppe. Die Kontonummer wird von rechts in Dreiergruppen gegliedert. Die Bankleitzahlen werden der Kontonummer vorangestellt. Der Abstand sollte bei Kontonummern und Bankleitzahlen ein Viertelgeviert betragen.

Postgiroamt Köln
2567 45-866

Bei Postgironummern werden die letzten zwei Ziffern durch einen schmalen Zwischenraum abgetrennt. Das betreffende Postgiroamt muß immer angegeben werden.

8 + 9 = 17

Im einfachen Formelsatz soll zwischen den Elementen maximal ein Leerzeichen stehen.

Überblick

DIN-Nummern werden nach der allgemeinen Zeichenregel behandelt. Bei mehr als vier Stellen werden jeweils drei von hinten abgetrennt.

DIN 65 358

Im Deutschen werden die Datumsangaben durch kleine Geviertabstände oder gar nicht unterteilt. Hinter den Tagen und Monaten wird ein Punkt gesetzt. Dies gilt jedoch nicht für die Jahresangabe. Die Datumsschreibweise ist in verschiedenen Ländern unterschiedlich geregelt. Nach einer neuen Norm sollen die Datumsangaben deshalb international mit Trennstrichen von größeren zu kleineren Zeiteinheiten abgesetzt werden. Vor einstelligen Zahlen wird eine Null gesetzt. Diese Schreibweise hat sich bisher noch nicht richtig durchsetzen können.

24. 11. 94
Neue Schreibnorm:
94-07-24

Bei Abkürzungen werden die Zahlen nicht als Zahlwörter, sondern als Ziffern mit einem Leerzeichen als Abstand gesetzt. Wird die Maßeinheit ausgeschrieben, kann die vorhergehende Zahl auch ausgeschrieben werden. Bei Flächenangaben sollte die entsprechende Maßeinheit hinter jeder Zahl stehen. Wenn sprachliche Umschreibungen numerischer Werte, wie der „3te Kandidat", auftreten, wird kein Leerzeichen gesetzt. Gegebenenfalls kann ein kleiner Geviertzwischenraum eingefügt werden.

10 km

zehn Kilometer

10 cm x 10 cm

10te Kilometer

109

Initialen
Anwendung und Funktion von Initialen

Schmückende Ausgestaltung eines Initialbuchstabens von Lucas Kilian

Initialen sind Buchstaben mit schmückendem Charakter, die zur Kennzeichnung eines Absatzanfanges dienen. Sie sind größer als der Lesetext, und sie können in einem anderen Schriftstil und Schriftschnitt gesetzt sein, um Aufmerksamkeit zu erzeugen. Initialen können, wie oben zu sehen, aus dem Text herausgestellt werden.

Gebräuchlicher ist es, sie über mehrere Zeilen in den Text hineinzustellen. Für Puristen ist eine Initiale am Textanfang nicht nötig. Erst innerhalb eines Textes machen Initialen für ihn Sinn, da sie dem Leser dann erst in ihrer Funktion als nötige Orientierungshilfe zum Auffinden des anschließenden Textabschnittes dienen. Andere sehen in der Initialen eine willkommene Gestaltungsmöglichkeit, die ihnen dabei hilft, eine Seite grafisch zu bereichern. Früher wurden Initialen sehr aufwendig gestaltet. Als Zierbuchstaben wurden sie entweder ornamental ausgestaltet, oder man demonstrierte an ihnen die frappierende Ähnlichkeit zu bestimmten Lebewesen. Eine weitere Möglichkeit bestand darin, stilisierte Menschen in buchstabenähnliche Positionen zu bringen. Bot die Initiale früher ein künstlerisches Betätigungsfeld auf kleinstem Raum und befriedigte sie die Lust am Ornament, so geht man heute meist etwas prosaischer an die Gestaltung der Anfangszeile eines Textabschnittes heran.

Einpassen der Initialen in den Text

1.

Aller Anfang ist schwer. Wenn der erste Schritt getan ist, folgen die weiteren Schritte von selbst. Aller Anfang ist schwer. Wenn der erste Schritt getan ist, folgen die weiteren Schritte von selbst .Aller Anfang ist schwer. Wenn der erste Schritt getan ist, folgen die weiteren Schritte von selbst.

Aller Anfang ist schwer. Wenn der erste Schritt getan ist, folgen die weiteren Schritte von selbst. Aller Anfang ist schwer. Wenn der erste Schritt getan ist, folgen die weiteren Schritte von selbst. Aller Anfang ist schwer. Wenn der erste Schritt getan ist, folgen die weiteren Schritte von selbst.

2.

Ohne einen Anfang geht es nicht. Wenn der erste Schritt getan ist, folgen die weiteren Schritte von selbst. Ohne einen Anfang geht es nicht. Wenn der erste Schritt getan ist, folgen die weiteren Schritte von selbst. Aller Anfang ist schwer. Wenn der erste Schritt getan ist, folgen die weiteren Schritte von selbst.

Ohne einen Anfang geht es nicht. Wenn der erste Schritt getan ist, folgen die weiteren Schritte von selbst. Ohne einen Anfang geht es nicht. Wenn der erste Schritt getan ist, folgen die weiteren Schritte von selbst .Aller Anfang ist schwer. Wenn der erste Schritt getan ist, folgen die weiteren Schritte von selbst.

3.

Mancher Anfang ist schwer Wenn der erste Schritt getan ist, folgen die weiteren Schritte von selbst. Ohne einen Anfang geht es nicht. Wenn der erste Schritt getan ist, folgen die weiteren Schritte von selbst. Aller Anfang ist schwer. Wenn der erste Schritt getan ist, folgen die weiteren Schritte von selbst.

Mancher Anfang ist schwer. Wenn der erste Schritt getan ist, folgen alle weiteren Schritte von selbst. Mancher Anfang ist schwer. Wenn der erste Schritt getan ist, folgen alle weiteren Schritte von selbst. Mancher Anfang ist schwer. Wenn der erste Schritt getan ist, folgen alle weiteren Schritte von selbst.

4.

Mancher Anfang ist schwer Wenn der erste Schritt getan ist, folgen die weiteren Schritte von selbst. Ohne einen Anfang geht es nicht. Wenn der erste Schritt getan ist, folgen die weiteren Schritte von selbst. Aller Anfang ist schwer. Wenn der erste Schritt getan ist, folgen die weiteren Schritte von selbst.

Die gestalterische Schwierigkeit beim Arbeiten mit Initialen besteht darin, den Anfangsbuchstaben aus dem Text hervorzuheben, ohne ihn aus dem Textzusammenhang herauszureißen. Dabei sollten drei Punkte besonders beachtet werden:

1. Die Initiale sollte mit dem linken Textrand gleichmäßig abschließen.
2. Wenn die Initiale über mehrere Zeilen geht, muß sie mit der Grundlinie der letzten Zeile optisch auf einer Linie liegen.
3. Der Abstand zwischen dem Text und dem Initialbuchstaben muß so gewählt sein, daß der Text nicht an die Initiale zu stoßen scheint und daß im anderen Fall keine störende Lücke entsteht. Im jeweils rechten Textbeispiel sind diese Korrekturen vorgenommen worden.
4. Eine weitere und einfache Lösung besteht darin, den Buchstaben mit einer Fläche zu unterlegen.

Initialen
Die Initiale im Seitenlayout

ede Größe ist bei der Verwendung von Initialen erlaubt, wenn ihnen neben ihrer lesedienlichen Funktion auch eine exponierte gestalterische Bedeutung zukommt. Nimmt die Initiale seitenfüllende Ausmaße an, sollte jedoch darauf geachtet werden, daß der Lesetext in irgendeiner Form an den Initialbuchstaben anschließt, die Initiale als solche also noch erkennbar ist. In der rechten oberen Abbildung ist die Initiale in einem verhältnismäßig großen Format gesetzt worden, um ein Gegengewicht zum Bild auf der anderen Zeitschriftenseite zu bilden. Wenn sich im Layout bereits viele unterschiedliche grafische Elemente befinden, kann der Gebrauch von Initialen bei den Absatzanfängen als störend empfunden werden. In einem solchen Fall sollten besser Einzüge als alternative Auszeichnungsmöglichkeit verwendet werden. Im unteren Bildbeispiel auf der rechten Seite stellen die kursiv gestellten Initialen eine grafisch reizvolle Belebung in der Gestaltung dar.

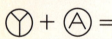

Es können natürlich auch ganz andere Zeichen zur Kennzeichnung eines Absatzanfanges verwendet werden. Bei aufwendig gestalteten Artikeln oder Anzeigen findet man manchmal speziell für den Absatzanfang gestaltete Buchstaben, Bilder oder Signets, die einem Layout ein ganz unverwechselbares Aussehen geben können.

Gestaltungsbeispiele

Vogue-Gespräch 3/93, Art-Direktion: Donald Schneider,
Grafik und Typografie: Michael Darling

Geschäftsbericht 1992 der Holvis Holzstoff AG
Agentur: Weber, Hodel, Schmidt Werbeagentur AG

Satzausrichtung
Ausfüllen von Spalten im Blocksatz

Das Schriftbild eines Textes wird maßgeblich durch die Satzausrichtung bestimmt. Es wird zwischen linksbündigem, rechtsbündigem, auf ganze Spaltenbreite gesetztem Blocksatz sowie an der Mittelachse orientiertem Satz unterschieden. Die häufigsten Ausrichtungsmethoden sind der linksbündige Flatter- und Rauhsatz sowie der Blocksatz. Damit beim Blocksatz die gesamte Spaltenbreite mit Text ausgefüllt werden kann, müssen im Unterschied zu den anderen Ausrichtungsarten die Wort- oder Buchstabenabstände verändert werden. Es gibt drei Möglichkeiten, den Text auf Spaltenbreite zu setzen: 1. Kommt es bei einem Wort zu einem geringen Zeilenüberlauf, kann man die Wortzwischenräume etwas verringern, so daß dieses Wort noch in dieselbe Zeile paßt. 2. Wenn ein Wort getrennt werden kann, wird ein Teil des Wortes in die laufende, der andere Teil in die folgende Zeile gesetzt. 3. Wenn das überlaufende Wort nicht getrennt werden kann, wird es komplett in die nächste Zeile übernommen. Der Wortabstand wird dadurch erweitert. Je länger eine Textspalte ist, das heißt je mehr Buchstaben in eine Zeile passen, desto mehr Möglichkeiten hat man, die unterschiedlichen Zeilenlängen auszugleichen. Breite Textspalten wirken deshalb in ihrem Erscheinungsbild ausgeglichener als sehr schmale Textspalten. Andererseits können zu breite Textspalten die Lesbarkeit beeinträchtigen, weil das Auge nicht so leicht die folgende Zeile findet.

Spaltenbreite und Lesbarkeit

zu breit
gut lesbar
zu schmal

≈ 60 Zeichen

Es gibt allseits bekannte und gut bewährte Mittel, um dem Geschriebenem und Gedachtem ein geordnetes Aussehen zu geben. Der Gestalter kann sich an dem großen Repertoire von Satzausrichtungen, rahmenden Abständen, sowie begrenzenden Linien zur hygienischen und ordnenden Maßregelung bedienen. Besonders beliebt ist das Einblocken frei fließender Gedanken zu Textquadern und deren einheitliche Normierung durch die gleichgeschaltete Laufweite der Buchstaben, die gleichgeschalteten Abstände der Zeilen und die gleichgeschaltete Größe der Schriften. Ist das nun ein Übel? Immerhin wird dadurch eine übersichtliche Ordnung geschaffen. Es gibt allseits bekannte und gut bewährte Mittel, um dem Geschriebenen und Gedachten ein geordnetes Aussehen zu geben. Der Gestalter kann sich an einem großen Rep

In der nebenstehenden Textspalte stehen etwas mehr als 60 Zeichen in einer Zeile. Dies stellt die obere Grenze dar. Breite Textspalten ermüden beim Lesen und erschweren das Auffinden der nächsten Zeile erheblich.

≈ 30 Zeichen

Es gibt allseits bekannte und gut bewährte Mittel, um dem Geschriebenen und Gedachten ein geordnetes Aussehen zu geben. Der Gestalter kann sich an dem großen Repertoire von diversen Satzausrichtungen, rahmenden Abständen, sowie begrenzenden Linien zur hygienischen und ordnenden Maßregelung bedienen. Besonders beliebt ist das Einblocken frei fließender Gedanken zu Textqua-

dern und deren einheitliche Normierung durch die gleichgeschaltete Laufweite der Buchstaben, die gleichgeschalteten Abstände der Zeilen und die gleichgeschaltete Größe der Schriften. Ist das nun ein Übel? Immerhin wird dadurch eine übersichtliche Ordnung geschaffen. Es gibt allseits bekannte und gut bewährte Mittel, um dem Geschriebenen und Gedachten ein geordnet

Im nebenstehenden Text befinden sich zirka 30 Zeichen in einer Zeile. Dies ist die untere Grenze. Die Wortabstände sind sehr ungleichmäßig. Das unruhige Satzbild und der häufige Zeilenwechsel vermindern die Lesbarkeit.
Bei zirka 20 Zeichen wirkt das Schriftbild abwechselnd gestaucht und überdehnt. Die viel zu großen Wortabstände lassen häßliche Lücken in dem Satzbild entstehen.

≈ 20 Zeichen

Es gibt allseits bekannte und gut bewährte Mittel, um dem Geschriebenen und Gedachten ein geordnetes Aussehen zu geben. Der Gestalter kann sich an dem großen Repertoire an diversen Satzausrichtungen, rahmenden Abständen, sowie

begrenzenden Linien zur hygienischen und ordnenden Maßregelung bedienen. Besonders beliebt ist das Einblocken frei fließender Gedanken zu Textquadern und deren einheitliche Normierung durch die gleichgeschaltete Laufweite der

Buchstaben, die gleichgeschalteten Abstände der Zeilen und die gleichgeschaltete Größe der Schriften. Ist das nun ein Übel? Immerhin wird dadurch eine übersichtliche Ordnung geschaffen. Es gibt allseits bekannte und gut bew

Linksbündiger Umbruch

Es gibt allseits bekannte und gut bewährte Mittel, um dem Geschriebenen und Gedachten ein geordnetes Aussehen zu geben. Der Gestalter kann sich an dem großen Repertoire von diversen Satzausrichtungen, rahmenden

Abständen, sowie begrenzenden Linien zur hygienischen und ordnenden Maßregelung bedienen. Besonders beliebt ist das Einblocken frei fließender Gedanken zu Textquadern und deren einheitliche Normierung durch die

gleichgeschaltete Laufweite der Buchstaben, die gleichgeschalteten Abstände der Zeilen und die gleichgeschaltete Größe der Schriften. Ist das nun ein Übel?

Wenn die Spaltenbreite schon so gering ist, sollte man lieber auf den Rauhoder Flattersatz zurückgreifen, da bei ihnen die Zeilen nicht auf Spaltenbreite gesetzt werden müssen.

Satzausrichtung
Flattersatz und Rauhsatz

gelungener Flatterrand

Stufenbildung

Rundungen

Beim Flatterrand sollten deutliche Stufenbildungen und Rundungen vermieden werden. Sie wirken wie beabsichtigt und fallen störend im rhythmischen Zeilenfall auf.

Beim linksbündigen Flattersatz wird die Textspalte von links mit Text ausgefüllt. Wenn die Wörter an den rechten Rand der Textspalte stoßen, werden sie nach Möglichkeit komplett, also ohne Silbentrennungen, in die nächste Zeile umbrochen. Die Zeilenlängen fallen dadurch sehr unterschiedlich aus. Der Zeilenfall im Flattersatz sollte einen abwechslungsreichen und rhythmischen Eindruck vermitteln. Um allzu extreme Längenunterschiede zu vermeiden, kann man die Wörter auch manuell oder durch entsprechende Programmeinstellungen trennen. Die nichtbündige Satzseite wird durch die Trennungen gleichmäßiger aufgefüllt. Dadurch gleicht sich der Flattersatz in seinem Erscheinungsbild zunehmend dem Blocksatz an. Das auslaufende Textende erscheint nunmehr nur noch „aufgerauht". Deshalb spricht man auch vom Rauhsatz. Rechtsbündiger Flattersatz wird verhältnismäßig selten verwendet, weil wir Texte gewöhnlich von links nach rechts lesen. Schließt der Text auf der linken Seite nicht bündig ab, fällt es uns schwer, die nächste Zeile zu finden. Die Lesbarkeit des Textes wird dadurch unnötig erschwert. Im Tabellensatz werden Zahlenkolonnen oft rechtsbündig gesetzt. Bildkommentare oder Bemerkungen zum Lesetext sehen besser aus, wenn sie bündig zum Bild beziehungsweise Text abschließen. In solchen Fällen werden kleinere Textmengen auch einmal rechtsbündig gesetzt.

Gestaltungsbeispiele

Eduard Mörike

Flattersatz

Gesang Weylas

Du bist Orplid, mein Land!
Das ferne leuchtet;
Vom Meere dampfet dein besonnter Strand
Den Nebel, so der Götter Wange feuchtet.

Uralte Wasser steigen
Verjüngt um deine Hüften, Kind!
Vor deiner Gottheit beugen
Sich Könige, die deine Wärter sind.

Ähnlich „natürlich" und wie ein Küstenstreifen mit seinen Landzungen und Buchten sollte auch der Flatterrand beim linksbündigen Satz gestaltet sein. Im freien Rhythmus wechseln sich lange und kurze Sätze ab. Im Gedichtsatz wird immer Flattersatz verwendet. Die Zeilen werden ihrem Sinn gemäß umbrochen.

Im Unterschied zum Blocksatz fällt beim Rauh- und Flattersatz der Spaltenabstand optisch breiter aus. Aufgrund des unruhigeren Zeilenfalls, den diese Satzarten verursachen, ist dies auch durchaus angemessen. Beim Trennen der Wörter sollte darauf geachtet werden, daß nicht zu viele Trennungen die Lesbarkeit beeinträchtigen. Zusammengesetzte Wörter sollten möglichst zwischen ihren beiden Wortstämmen getrennt werden: „Birnen-baum", aber möglichst nicht „Bir-nenbaum".

Rauhsatz

Der Zeilenfall im Flattersatz kann einen abwechslungsreichen und rhytmischen Eindruck vermitteln. Um allzu extreme Längenunterschiede zu vermeiden, kann man die Worte auch manuell oder durch entsprechende Programmeinstellungen trennen. Die nichtbündige Satzseite wird durch die Trennungen besser aufgefüllt. Dadurch nähert sich der Flattersatz in dem Erscheinungsbild mehr dem Blocksatz. Die nichtbündige Seite erscheint sieht nunmehr „aufgerauht" aus. Aus diesem Grund spricht man auch vom „Rauhsatz". Der Zeilenfall im Flattersatz kann einen abwechslungsreichen und rhytmischen Eindruck vermitteln. Um allzu extreme Längenunterschiede zu vermeiden, kann man die Worte auch manuell oder durch entsprechende Programmeinstellungen trennen. Die nichtbündige Satzseite wird durch die Trennungen besser aufgefüllt. Dadurch nähert sich der Flattersatz in dem Erscheinungsbild mehr dem Blocksatz. Die nichtbündige Seite erscheint sieht nunmehr „aufgerauht" aus. Aus diesem Grund spricht man auch vom „Rauhsatz". Der Zeilenfall im Flattersatz kann einen abwechslungsreichen und rhytmischen Eindruck vermitteln. Um allzu extreme Längenunterschiede zu vermeiden, kann man die Worte auch manuell oder durch entsprech-

Satzausrichtung
Auf Mitte gesetzter Satz

Mittelsatz

Zuviel gleich kurze
Zeilen

Zuviel gleich lange
Zeilen

Wer sich entschließt, seinen Text mittig bzw. axial auszurichten, erzielt damit in den meisten Fällen eine repräsentative, vornehme oder würdevolle Wirkung. Allerdings kann diese Form der Satzausrichtung einer Seite zugleich ein recht konservatives und traditionell anmutendes Aussehen geben. Zentralistische und absolutistische Staatsgewalten haben ihren Machtanspruch nicht zuletzt durch die Symmetrie ihrer Prunkbauten, die sich bis in die symmetrische Gestaltung ihrer Verordnungen fortsetzt, untermauert. Alles ist auf eine beherrschende Mitte ausgerichtet. Für die moderne Physik ist das Universum symmetrisch aufgebaut. Vielleicht steckt selbst im unscheinbarsten, jedoch mittig ausgerichteten Text noch ein versteckter Hinweis auf das universelle Ordnungsprinzip der Symmetrie. Axiale Satzausrichtungen wurden für die Inschriften römischer Monumentalbauten ebenso benutzt, wie sie heute noch besonders bei feierlichen und ernsten Anlässen Verwendung finden. Diese Ausrichtungsform sieht man vor allem bei Grabsteinen, Urkunden, Visitenkarten, Einladungskarten etc. Im modernen Layout läßt der asymmetrische Aufbau einer Seite jedoch mehr Gestaltungsmöglichkeiten und Kontraste zu. Er wirkt auch nach achtzig Jahren radikaler und moderner als eine symmetrische Seitengestaltung.

Beispiele

Symmetrie läßt sich in vielen Dingen der Natur wiederfinden.
Blumen, Kristalle und Schneeflocken sind allesamt symmetrisch aufgebaut.
Symmetrie vermittelt den Eindruck von Vollkommenheit. Oft reicht schon die
vertikale und horizontale Spiegelung eines willkürlich entstandenen
Gebildes, um diesen Eindruck zu erreichen.
Symmetrie läßt sich in vielen Dingen der Natur finden. Blumen, Kristalle und
Schneeflocken sind symmetrisch aufgebaut.
Symmetrie vermittelt den Eindruck von Vollkommenheit. Oft reicht schon die
vertikale und horizontale Spiegelung eines willkürlich entstandenen
Gebildes, um diesen Eindruck zu erreichen.
Symmetrie läßt sich in vielen Dingen der Natur finden.
Fast alle Blumen, Kristalle und Schneeflocken sind symmetrisch aufgebaut.
Symmetrie vermittelt den Eindruck von Vollkommenheit. Oft reicht
die vertikale und horizontale Spiegelung eines willkürlich entstandenen
Gebildes, um diesen Eindruck zu erreichen.
Symmetrie läßt sich in vielen Dingen der Natur finden.
Blumen, Kristalle und Schneeflocken sind symmetrisch aufgebaut.
Symmetrie vermittelt den Eindruck von Vollkommenheit. Oft reicht schon die
vertikale und horizontale Spiegelung eines willkürlich entstandenen
Gebildes, um diesen Eindruck zu erreichen.

Einen Text axial zu setzen ist keine simple Angelegenheit, denn nicht nur die linken und rechten Ränder sollten wie beim Flattersatz möglichst abwechslungsreich und rhythmisch gestaltet sein. Auch in der vertikalen Richtung sollte der Text ausgeglichen wirken. Konkret heißt das: Der axiale Text sollte weder aussehen wie ein „Gerippe", noch sollte er allzu „bauchig" wirken. „Schlanke" bis „vollschlanke" Textkörper entsprechen noch am ehesten dem typografischen Schönheitsideal.

Am Anfang war die Symmetrie. Die Grundformen unseres Universums organisieren sich symmetrisch.

Satzausrichtung
Text in Form bringen

I. Es gibt drei unterschiedliche Möglichkeiten, Satz
in Form zu bringen. Im
Zeitschriftenlayout findet
man häufig Formsatz wie
im rechts stehenden
Beispiel. Der Lesetext
umfließt an einer oder zu
beiden Seiten ein frei-
gestelltes Bildelement.
Die Kontur des Bildele-
mentes hat die Priorität.
Der Text muß sich an
dieser Kontur ausrichten.

Wenn eine oder meh-
rere Zeilen eines Textes an
einer bestimmten Form ausgerichtet werden, spricht man von
Formsatz. Wenn eine oder mehrere
Zeilen eines Textes an einer bestimmten Form ausgerichtet werden, spricht
man von Formsatz. Wenn eine oder
mehrere Zeilen eines Textes an einer
bestimmten Form ausgerichtet werden,
spricht man von Formsatz. Wenn eine
oder mehrere Zeilen eines Textes an
einer bestimmten Form ausgerichtet
werden, spricht man von Formsatz.
Wenn eine oder mehrere Zeilen
eines Textes an einer bestimmten
Form ausgerichtet werden,
spricht man von Formsatz.

2. Bei dem rechts abgebildeten Formsatz wurde die Textzeile an einer Linie ausgerichtet. Diese Art der Textgestaltung ist häufig bei Signets, Plaketten, Gütesiegeln und Abzeichen zu sehen.

Formsatz, Formsatz, Formsatz

3. Der Text kann in eine vorgegebene Form einfließen oder selbst eine markante Form annehmen. Diese Art des Formsatzes ist etwas aufwendiger als die anderen beiden Möglichkeiten. Sie kommt relativ selten vor und sollte inhaltlich begründet sein.

Wenn eine oder mehrere
Zeilen eines Textes an
einer bestimmten Form
ausgerichtet werden, so
spricht man von Formsatz.
Wenn eine oder mehrere Zeilen eines Textes an einer
bestimmten Form ausgerichtet
werden, spricht man von Formsatz. Wenn eine oder mehrere
Zeilen eines Textes an einer
bestimmten Form ausgerichtet werden, spricht
man von Formsatz
Wenn eine oder
mehrere Zeilen

Satzausrichtung
Satzausrichtung und grafische Formen

Der Zeilenfall im Flattersatz kann einen abwechslungsreichen, rhyhtmischen Gesamteindruck vermitteln. Um große Längenunterschiede zu vermeiden, kann man die Worte manuell oder durch Programmbefehle trennen. Der Zeilenfall im Flattersatz kann einen abwechslungsreichen, rhyhtmischen Gesamteindruck vermitteln.

Blocksatz, Flattersatz und axial zentrierter Satz lassen sehr unterschiedliche Satzformen entstehen. Der Blocksatz wirkt als kompakte ruhige Graufläche. Der Flattersatz bildet einen rhythmischen Zeilenfall und vermittelt den Eindruck, als wäre er an einer imaginären Linie ausgerichtet. Der axial zentrierte Satz bildet symmetrische und oftmals elegant wirkende Satzgestalten. Wer seine Aufmerksamkeit auf diese ausrichtungsspezifischen und prägnanten Satzkonturen richtet, wird merken, daß diese unterschiedlich gut zu anderen grafischen und bildnerischen Elementen im Layout passen. Neben einer sehr statischen Form wird der Flattersatz mit seinem abwechslungsreichen Rand als gestalterisch notwendige Belebung empfunden. Andererseits verlangen expressive grafische Elemente eher nach einfachen und ruhigen Satzformen. So kann ein im Blocksatz gesetzter ruhiger Textquader einen schönen Kontrast zu einer bewegten Figur bilden. Genausogut kann man mit dem Gestaltungsprinzip der Ähnlichkeit oder Entsprechung arbeiten, um sein Layout einheitlich zu gestalten. Zu der symmetrischen Form des Y paßt die symmetrische Form des axial zentrierten Satzes. Beim L bietet sich eher die linke als die rechte Seite zum Ausrichten von Text an.

Gestaltungsbeispiele

Der Zeilenfall im Flattersatz kann
einen abwechslungsreichen
und rhyhtmischen Gesamteindruck
vermitteln.

Der Zeilenfall im Flattersatz kann einen
abwechslungsreichen, rhyhtmischen
Gesamteindruck vermitteln.
Um allzu extreme Längenunterschiede
zu vermeiden, kann man die Worte
manuell oder durch
Trennbefehle in Programmen trennen.
Die nichtbündige Satzseite
wird durch die Trennungen besser
aufgefüllt. Dadurch nähert
sich der Flattersatz in dem Erscheinungsbild immer mehr dem Blocksatz.

Der Zeilenfall im Flattersatz kann einen abwechslungsreichen und rhyhtmischen Eindruck vermitteln. Um allzu extreme Längenunterschiede zu vermeiden, kann man die Worte auch manuell oder durch entsprechende Programmeinstellungen trennen. Die nichtbündige Satzseite wird durch die Trennungen besser aufgefüllt. Dadurch nähert sich der Flattersatz in dem Erscheinungsbild mehr dem Blocksatz. Die nichtbündige Seite erscheint nunmehr nur noch „aufgerauht". Aus diesem Grund spricht man auch vom „Rauhsatz". Der Zeilenfall im Flattersatz kann einen abwechslungsreichen und ryhtmischen Eindruck vermitteln. Um allzu extre-

Der Zeilenfall im Flattersatz kann
einen abwechslungsreichen
und rhyhtmischen Gesamteindruck
vermitteln. Um extreme
Längenunterschiede zu vermeiden,
kann man die Wortemanuell
trennen.

Schriftgestaltung

QuarkXPress

Programmüberblick

128... Die Montagefläche, Menüfenster und Paletten

138... Stilmenü: Schaltzentrale für Typografie

Zeichenabstand

144... Unterschneiden und Spationieren

146... Maßpalette – Zeichenabstand

Zeilenabstand

148... Voreinstellungen für den Zeilenabstand

150... Absoluter und inkrementeller Zeilenabstand

152... Maßpalette – Zeilenabstand

154... Grundlinienraster und Absatzabstand

156... Absatzeinstellungen und Überschriften

158... Absätze zusammenhalten

Absatzeinzüge

160... Einzugsformen und manuelle Absatzmarkierung

Blocksatz

164... Automatische Silbentrennung

166... Trennungen in Folge

170... Silbentrenn- und Bündigkeitszone

172... Manueller Blocksatzausgleich

174... Weicher Zeilensprung und Trennbibliotheken

Initialen

176... Optisches Einpassen von hängenden Initialen

178... Initialen von Text umfließen lassen

180... Initialen im Text verankern

Relevante Voreinstellungen für das Stilmenü

182... Spationierung

186... Unterschneidung

192... Vorgaben – Typografie

Detailtypografie mit QuarkXPress
Einführung

QuarkXPress 3.3
Das Programmsymbol von QuarkXPress

MS-Word™ Filter

Um Daten, die in anderen Programmen erstellt worden sind, zu importieren, gibt es sogenannte Importfilter im Programmordner von QuarkXPress.

1. Clik'XTension

Für QuarkXPress kann man „XTensions" erwerben. Dies sind Programmteile, die das Leistungsspektrum von QuarkXPress erweitern.

QuarkXPress ist ein komplexes und sehr leistungsfähiges Programm, mit dem umfangreiche Dokumente angelegt werden können. Sie können Texte und Bilder entweder in QuarkXPress erstellen oder sie aus anderen Programmen übernehmen und in QuarkXPress bis zur fertigen Druckvorlage weiterverarbeiten. Im traditionellen Herstellungsprozeß werden die Arbeitsstufen von der Texteingabe bis zur druckfertigen Gestaltung noch auf mehrere Berufsgruppen wie Schriftsetzer, Grafiker, Lithografen und Drucker verteilt. Da QuarkXPress diese Arbeitsbereiche zu großen Teilen in sich vereinigt, kommt man oft nicht umhin, sich das nötige Fachwissen dieser Berufsgruppen anzueignen, um das Programm professionell anwenden zu können. Als vollwertiges Satzprogramm, als das es konzipiert ist, zeichnet es sich besonders durch seine genauen und differenzierten Einstellungsmöglichkeiten aus, mit denen sich das Satzbild eines Dokuments verbessern läßt. Im vorhergehenden Abschnitt dieses Buches wurde das Thema Detailtypografie anhand von Gestaltungsbeispielen behandelt, nun soll gezeigt werden, wie Sie Textformatierungen und Satzkorrekturen mit Hilfe von QuarkXPress selber vornehmen können. Wir wollen uns dabei auf die Möglichkeiten des Programms beschränken, mit denen sich dies am besten bewerkstelligen läßt. Vorteil-

Einführung

haft wäre es, wenn Sie bereits mit den grundlegenden Programmfunktionen vertraut sind. Zur allgemeinen Orientierung werden die Menüs, Fenster und Paletten mit einer kurzen und allgemeinen Erläuterung aufgeführt. Die für das typografische Gestalten wichtigen Programmfunktionen werden anschließend im einzelnen besprochen. Schwerpunktmäßig wird das Menü *Stil* mit den dort abrufbaren Dialogfenstern *Typografie* und *Formate* behandelt. Satzbezogene Einstellungen, die an anderer Stelle des Programms vorgenommen werden können, sind entweder im *Bearbeiten*-Menü abrufbar (*S&B* und *Stilvorlagen*), oder sie wirken sich unmittelbar als Parameter auf die Umsetzung bestimmter Eingaben im Stilmenü aus (Unterschneidung und Spationierung bearbeiten, Vorgaben Typografie). Die Erläuterungen sind hoffentlich ausführlich genug gehalten, so daß Sie auch bei wenig Programmkenntnissen einen Einblick in das detailtypografische Gestalten am Computer erhalten.

Datei XY

Dateien, die in QuarkXPress erzeugt worden sind, werden unter diesem Symbol abgespeichert.

Formular XY

Dateien lassen sich auch als „Formulare" abspeichern. Will man ein Fomular öffnen, wird von QuarkXPress automatisch eine Kopie als „unbenannte" Datei geöffnet. Formulare und die auf ihnen festgelegten Designvorgaben können dadurch nicht mehr überschrieben werden.

Die QuarkXPress-Montagefläche
Textrahmen und Bildrahmen

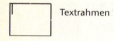
Textrahmen

Bildrahmen

Die simulierte Schreibtischoberfläche in QuarkXPress besteht aus einer Montagefläche und den auf ihr befindlichen Dokumentseiten. Elemente, wie Texte, Linien und Bilder, die augenblicklich nicht gebraucht werden oder die nicht ausgedruckt werden sollen, werden auf die Montagefläche geschoben.

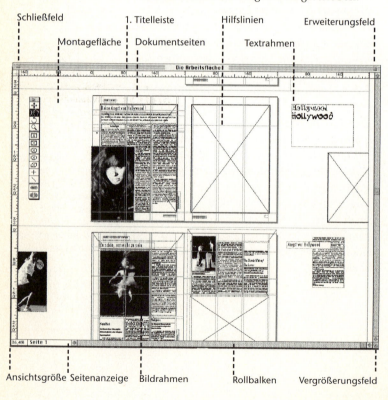

Schließfeld · 1. Titelleiste · Hilfslinien · Erweiterungsfeld
Montagefläche · Dokumentseiten · Textrahmen

Ansichtsgröße · Seitenanzeige · Bildrahmen · Rollbalken · Vergrößerungsfeld

Übersicht des Montagefensters

1. Titelleiste
An der Titelleiste kann das Dokumentfenster verschoben werden.

2. Schließfeld
Durch einmaliges Klicken auf das Schließfeld wird das geöffnete Dokument geschlossen.

3. Eweiterungsfeld
Durch Klicken auf das Erweiterungsfeld wird das Dokumentfenster auf die gesamte Bildschirmgröße erweitert. Bei nochmaligem Klicken wird die vorherige Fenstergröße wiederhergestellt.

4. Vergrößerungsfeld
Im Unterschied zum Eweiterungsfeld dient das Vergrößerungsfeld der stufenlosen Veränderung des Dokumentfensters.

5. Lineale
Lineale können über das Menü *Ansicht* ein- und ausgeblendet werden. Sie können für das Lineal verschiedene Maßsysteme verwenden. Der Nullpunkt beginnt standardmäßig an der linken oberen Ecke, kann jedoch, wenn nötig, frei verschoben werden.

6. Hilfslinien
Aus den Linealen lassen sich Hilfslinien heraus- und wieder zurückziehen, wenn sie nicht mehr gebraucht werden. Sie dienen vor allem der genauen Positionierung von Objekten im Dokument.

7. Rollbalken
Alle im Dokument befindlichen Seiten können mit Hilfe von Rollbalken in das Dokumentfenster hineingeschoben werden.

8. Seitenanzeige
Die Seitenzahl der im Dokument sichtbaren Seite wird in der linken unteren Ecke des Dokumentfensters angezeigt.

9. Ansichtsgröße
Das Prozentfeld gibt an, um wieviel Prozent die Seitenansicht im Dokument vergrößert beziehungsweise verkleinert wurde.

10. Text- und Bildrahmen
QuarkXPress ist ein rahmenorientiertes Programm, das heißt, Bilder befinden sich in Bildrahmen, und Texte befinden sich in Textrahmen. Wenn Sie Texte oder Bilder laden oder einsetzen wollen, müssen Sie erst einmal die entsprechenden Rahmen mit dem Bildrahmen- oder Textrahmenwerkzeug erstellen.

Objektmodus und Inhaltsmodus
Rahmen und Linien werden als Objekte bezeichnet. Um Rahmen auszuschneiden, zu kopieren oder zu verschieben, muß deshalb zuerst das Objektwerkzeug in der Werkzeugpalette aktiviert werden. Die im Rahmen befindlichen Bilder und Texte werden als Inhalt betrachtet. Sie können nur mit dem Inhaltswerkzeug bearbeitet werden.

QuarkXPress-Werkzeuge
Objekt- und Inhaltswerkzeug

Die zentrale und wichtigste Palette, auf die immer wieder zugegriffen werden muß, ist die Werkzeugpalette. Sie besitzt eine Titelleiste, durch die sie beliebig verschoben werden kann. Klicken Sie mit dem Mauszeiger auf ein Werkzeug, um es auszuwählen. Das Objekt-, das Inhalts- und das Zoomwerkzeug bleiben so lange aktiv, bis Sie ein anderes Werkzeug ausgewählt haben. Alle anderen Werkzeuge springen entweder zum Inhalts- oder Objektwerkzeug zurück, je nachdem, welches von beiden zuvor ausgewählt worden war.

Ein grundsätzlicher und wichtiger Unterschied besteht zwischen dem Objekt- und dem Inhaltswerkzeug. Mit ihnen können entweder nur Inhalte oder nur Objekte (Rahmen und Linien) ausgewählt werden. Wenn man nicht ständig zwischen diesen beiden Werkzeugen in der Werkzeugpalette wechseln möchte, kann man im aktivierten Inhaltsmodus auf die Befehlstaste drücken. Aus dem Inhaltswerkzeug wird, solange die Taste gedrückt bleibt, ein Objektwerkzeug, mit dem dann Rahmen und Linien verschoben werden können.

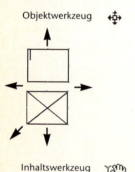

Übersicht der Werkzeuge

1. Objektwerkzeug

Mit dem Objektwerkzeug können Rahmen und Linien bewegt und an ihren Anfassern vergrößert und verkleinert werden. Objekte können samt ihrem Inhalt mit dem Objektwerkzeug kopiert, ausgeschnitten und wieder eingesetzt werden.
Mehrfachauswahlen lassen sich nur mit dem Objektwerkzeug vornehmen.

2. Inhaltswerkzeug

Das Inhaltswerkzeug muß angewählt sein, wenn man Bilder oder Texte als Inhalt in bereits erstellte Bild- und Textrahmen importieren will.
Bewegen Sie das Inhaltswerkzeug über einen Textrahmen, wird aus dem Mauszeiger eine blinkende Einfügemarke, und Sie können Text eingeben, kopieren, löschen etc.
Bewegen Sie das Inhaltswerkzeug über einen Bildrahmen, können Sie das Bild im Rahmen verschieben und verändern.

3. Drehwerkzeug

Das Drehwerkzeug dient zum stufenlosen Drehen von Rahmen und Linien. Rahmeninhalte können nicht gedreht werden.

4. Das Zoomwerkzeug

Mit dem Zoomwerkzeug kann die Ansicht eines Dokuments vergrößert und mit der gedrückten Optionstaste verkleinert werden. Die Schrittweite kann im Menü *Bearbeiten* ➜ *Vorgaben* ➜ *Werkzeuge* eingegeben werden.

5. Textrahmen

Mit diesem Werkzeug werden Textrahmen erstellt, in die Text eingegeben oder geladen werden kann. Ist im Menü *Ansicht* ➜ *Hilfslinien zeigen* aktiviert worden, wird auch ein nicht aktiver Textrahmen durch gepunktete Linien angezeigt. Text- und Bildrahmen haben im aktivierten Zustand jeweils acht Anfasser, mit denen Größe und Format verändert werden können.

6. – 9. Bildrahmen

Es gibt vier Werkzeuge, um Bildrahmen zu erzeugen. Ein leerer Bildrahmen wird gegenüber einem Textrahmen dadurch gekennzeichnet, daß zwei diagonale Linien im Rahmen sichtbar sind. Jede Bildrahmenform kann über *Objekt* ➜ *Rahmenform* in eine der vier Bildrahmenformen umgewandelt werden.

9. Polygonrahmen

Polygonrahmen können aus beliebig vielen Eckpunkten bestehen. Punkte können mit dem ausgewählten Polygonwerkzeug und der gedrückten Befehlstaste hinzugefügt oder gelöscht werden.

10. Linienwerkzeuge

Mit den Linienwerkzeugen können senkrechte, waagerechte und freie Linien gezogen werden.

11. Verkettungswerkzeug

Mit dem Verkettungswerkzeug werden Textrahmen miteinander verbunden, so daß der Text von einem Rahmen zum nächsten fließen kann.

12. Entkettungswerkzeug

Mit diesem Werkzeug werden verkettete Rahmen wieder gelöst.

QuarkXPress-Menüfenster
Die Menüleiste

Das Menü *Ablage*
In fast allen Grafikprogrammen unter dem Macintosh findet sich an erster Stelle ein ähnlich aufgebautes Menü unter dem Namen *Ablage*. Dort können Sie Dokumente neu anlegen, öffnen, schließen, sichern, das Papierformat festlegen und drucken. Zudem können Sie in diesem Menü Text und Bilder in einen vorher erstellten Bild- bzw. Textrahmen importieren.

Das Menü *Bearbeiten*
Die Befehle *Kopieren*, *Ausschneiden*, *Einsetzen* und *Löschen* befinden sich bei allen Macintosh-Programmen an dieser Stelle. Für die typografische Feinarbeit sind besonders die Befehle *S&B* (Silbentrennung und Blocksatz) und *Vorgaben* → *Typografie* interessant. Mit Hilfe von *Stilvorlagen* können Sie mehrere Arbeitsschritte in der Schriftformatierung zu einem Arbeitsschritt, der als Stilvorlage aufrufbar ist, zusammenfassen.

Das Menü *Stil*
Dieses Menü wird im Zentrum unserer detailtypografischen Exkursionen stehen. Der Inhalt dieses Menüs ändert sich je nach dem Objekt, das Sie angewählt haben. Bei einem aktivierten Bild haben Sie beispielsweise die Möglichkeit, Rastereinstellungen vorzunehmen und Farben zu vergeben. Ist eine Linie aktiviert, können Linienattribute vergeben werden. Bei aktiviertem Text findet man in diesem Fenster fast alle Formatierungsmöglichkeiten.

Übersicht der Menüfenster

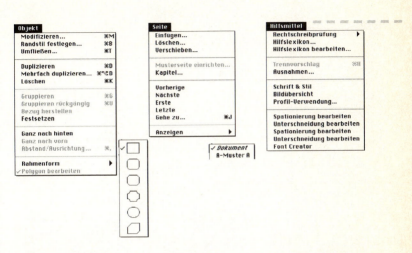

Das Menü *Objekt*
Bilder und Text müssen sich in QuarkXPress immer in einem Rahmen befinden. Dieses Menü enthält Befehle, mit denen Sie Rahmen und Linien modifizieren, duplizieren, gruppieren, ausrichten, festsetzen und löschen können. Sie können Rahmen nach vorn und nach hinten stellen sowie Rahmenformen nachträglich verändern. Da dieses Menü mehr auf Rahmenobjekte als auf Text bezogen ist, werden wir uns nicht so eingehend damit beschäftigen.

Das Menü *Seite*
In diesem Menü können Sie Seiten einfügen, löschen und verschieben, Musterseiten einrichten, Kapitel festlegen und zur nächsten Seite blättern. In QuarkXPress wird grundsätzlich zwischen Muster- und Dokumentseiten unterschieden. Auf Musterseiten werden Designvorgaben festgelegt, die auf die ihnen zugeordneten Dokumentseiten automatisch übertragen werden. Über *Anzeigen* können Sie zwischen Muster- und Dokumentseiten wechseln.

Das Menü *Hilfsmittel*
Das Menü *Hilfsmittel* bietet Funktionen zur Rechtschreibprüfung und zum Einrichten eines Ausnahmelexikons, in welchem Sie eigene Vorschläge für Silbentrennungen speichern können. In Zusammenhang mit *S&B*-Einstellungen wird auf diesen Befehl eingegangen. Mit den Befehlen *Spationierung bearbeiten* und *Unterschneidung bearbeiten* lassen sich Einstellungen zur Laufweite und den kritischen Buchstabenverbindungen vornehmen.

QuarkXPress-Paletten
Die Paletten im Menü *Ansicht*

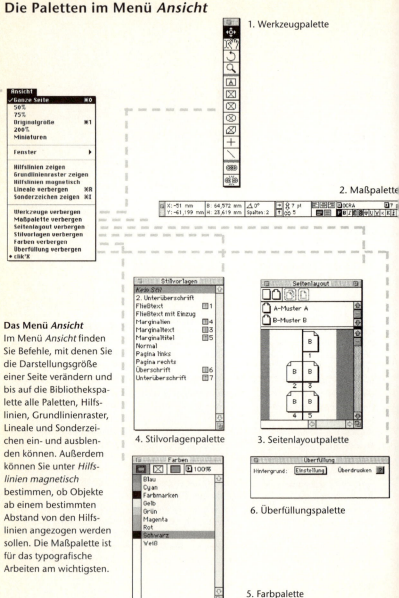

Das Menü *Ansicht*
Im Menü *Ansicht* finden Sie Befehle, mit denen Sie die Darstellungsgröße einer Seite verändern und bis auf die Bibliothekspalette alle Paletten, Hilfslinien, Grundlinienraster, Lineale und Sonderzeichen ein- und ausblenden können. Außerdem können Sie unter *Hilfslinien magnetisch* bestimmen, ob Objekte ab einem bestimmten Abstand von den Hilfslinien angezogen werden sollen. Die Maßpalette ist für das typografische Arbeiten am wichtigsten.

1. Werkzeugpalette
2. Maßpalette
3. Seitenlayoutpalette
4. Stilvorlagenpalette
5. Farbpalette
6. Überfüllungspalette

Übersicht der Paletten

Paletten

Die Paletten werden unter dem Menü *Ansicht* sichtbar bzw. unsichtbar gemacht. Es sind bewegliche Fenster, die Sie in Ihrem Dokument ständig geöffnet lassen können. Paletten ermöglichen ein schnelles und komfortables Arbeiten, da man Einstellungen durch kurzes Anklicken sofort aufrufen kann. Außerdem geben sie Auskunft über die Einstellungen der augenblicklich aktivierten Elemente. Die Maßpalette zeigt zum Beispiel den Schriftstil und die Schriftgröße einer aktivierten Schrift an. Die Farbpalette gibt Auskunft über die aktuelle Objekt- oder Rahmenfarbe.

1. Werkzeugpalette

Die Werkzeugpalette bleibt in der Regel immer eingeblendet, da sie ständig gebraucht wird.

2. Maßpalette

In der Maßpalette sind die Befehle aus den Menüfenstern *Stil* und *Objekt → Modifizieren* zum Teil sofort aufrufbar. Sie ist in zwei Bereiche eingeteilt. Die Einstellungen der linken Hälfte beziehen sich auf Objekte (Rahmen und Linien), die Einstellungen der rechten Hälfte beziehen sich auf Rahmeninhalte wie Bilder und Texte.

3. Seitenlayoutpalette

Befehle, die im Menü *Seite* stehen, können auch über die Seitenlayoutpalette ausgeführt werden. Durch Doppelklicken auf eine der entsprechenden Seitenminiaturen kann zwischen Dokumentseiten und Musterseiten bequem hin- und hergewechselt werden.

4. Stilvorlagenpalette

Als Stilvorlage können Sie Textformatierungen zusammenfassen und speichern. Diese können dann schnell über die Stilvorlagenpalette aufgerufen werden.

5. Farbpalette

Mit Hilfe der Farbpalette können Farben für Rahmen, Rahmeninhalte, Linien und Texte vergeben werden. Rahmen lassen sich außerdem mit radialen und linearen Farbverläufen füllen.

6. Überfüllungspalette

In der Überfüllungspalette kann angegeben werden, ob Farbflächen ausgespart oder überdruckt werden sollen. Anders als in den Überfüllungseinstellungen unter *Vorgaben → Programm* können auch individuelle Überfüllungswerte für markierte Objekte vergeben werden.

Von den hier aufgeführten Paletten wird auf den folgenden Seiten die Maßpalette an verschiedenen Stellen genauer behandelt. Die Seitenlayout- und die Stilvorlagenpalette werden im Kapitel „Rastergestaltung" ausführlicher besprochen.

QuarkXPress-Bibliothekspalette
Bibliotheken anlegen und verwenden

Anlegen und Öffnen einer Bibliothek
Die Bibliothekspalette wird im Unterschied zu den anderen Paletten unter *Ablage → Neu* angelegt. Es öffnet sich ein Dialogfenster, über das Sie die Bibliothek als separate QuarkXPress-Datei sichern können. Die Bibliothek erscheint als bewegliche Palette im Dokument. Nach dem Schließen kann sie wie ein QuarkXPress-Dokument geöffnet werden. Es können beliebig viele Bibliotheken gesichert werden. Das Bibliothekssymbol, das auf der Festplatte erscheint, ist rechts oben abgebildet.

Übersicht der Paletten

Bibliothek

Die Aufgabe von Bibliotheken

Bibliotheken können mit Bildern, Texten und diversen grafischen Elementen gefüllt werden. Das Arbeiten mit Bibliotheken ist besonders dann sinnvoll, wenn Designelemente in einer Publikation öfter auftauchen und nicht immer wieder neu erstellt werden sollen. Im Hamburger Stadtmagazin „Szene" befinden sich Tips und Veranstaltungshinweise an unterschiedlichen Positionen.
Sie sollten sich deshalb idealerweise in einer Bibliothek befinden, um von dort jederzeit an die gewünschte Position im Dokument geschoben werden zu können.

Das Arbeiten mit Bibliotheken

Um eine Bibliothek mit Elementen zu füllen, werden diese mit der gedrückten Maustaste auf die Bibliothek geschoben. Der Verschiebepfeil verwandelt sich kurzfristig in eine „Brille", wenn er sich über der Bibliothek befindet. Anschließend kann die Maustaste losgelassen werden, und das verschobene Element erscheint in der Bibliothek in einem quadratischen Kasten. (Es ist ebenfalls möglich, Elemente aus der Zwischenablage in die Bibliothek einzufügen.)
Die Bibliothekselemente beziehungsweise Einträge können mit der gedrückten Maustaste verschoben und umsortiert werden. Möchte man Bibliothekselemente in ein Dokument einfügen, werden sie einfach aus der Bibliothek herausgezogen. Ein Element kann beliebig oft ins Dokument gezogen werden. Wenn Elemente nicht mehr benötigt werden, können sie entfernt werden, indem man sie durch einmaliges Anklicken aktiviert und mit der Returntaste löscht.

Verwalten von Einträgen

Durch Doppelklicken auf einen Eintrag öffnet sich ein Fenster, in welchem ein Name für den Eintrag vergeben werden kann. Unter der Titelleiste der Bibliothekspalette läßt sich über ein Pull-down-Menü der Eintrag dann über diesen Namen aufrufen. Dies macht dann Sinn, wenn sich sehr viele Elemente in der Bibliothek befinden (maximal 2000 Einträge sind möglich). Es besteht auch die Möglichkeit, mehreren Elementen denselben Namen zu geben. Unter dem angewählten Namen erscheinen dann alle subsumierten Elemente gleichzeitig in der Bibliothekspalette.

Befindet sich das Bild von den „Kleinen Strolchen" in einer Bibliothek, kann es von dort beliebig oft in beliebig viele Dokumente geschoben werden.

QuarkXPress-Stilmenü
Die Schaltzentrale für Schriftgestaltung

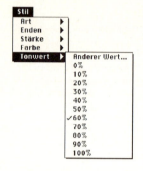

Der wechselnde Fensterinhalt des Stilmenüs
Der Inhalt des Stilmenüs ändert sich, je nachdem ob ein Text, ein Bild oder eine Linie aktiviert wurde. In der ersten Abbildung ist ein Bild aktiviert worden. Im Stilmenü lassen sich Raster- und Tonwerteinstellungen für das aktivierte Bild vornehmen. In der zweiten Abbildung des Stilmenüs können für eine aktivierte Linie Attribute vergeben werden. Die letzte und für uns interessanteste Abbildung bezieht sich auf aktivierten Text.

Schriftgestaltung im Stilmenü
Der zentrale Anlaufpunkt für das typografische Arbeiten ist das Stilmenü. Es ist in drei Abschnitte unterteilt. Wichtig für uns sind vor allem die ersten beiden Bereiche, die durch eine horizontale Linie unterteilt sind.

Das Typografie-Dialogfenster
Der Bereich Typografie dient dazu, Zeichenattribute wie Schriftgröße, Schriftstil, Schriftbreite etc. zu vergeben, die sich nur auf die aktivierten Textpassagen beziehen. Die Befehle dieser oberen Hälfte sind im Dialogfenster *Typografie* zusammengefaßt worden.

Das Formate-Dialogfenster
Der zweite Bereich im Stilmenü bezieht sich auf ganze Absätze. Ein Absatz ist im laufenden Text durch einen Zeilensprung am Absatzanfang und am Absatzende gekennzeichnet. In diesem Abschnitt des Stilmenüs können Absatzformate wie Einzüge, Ausrichtung, Abstand nach und Abstand vor eingestellt werden. Die Menüoptionen wiederholen sich teilweise in dem Fenster *Formate*. Außerdem lassen sich noch Linien, Tabulatoren und Stilvorlagen einrichten. Stilvorlagen werden im Kapitel „Rastergestaltung" ausführlicher besprochen.

Das Typografie- und das Formatefenster

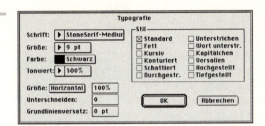

Dieses Dialogfenster faßt die Befehle im ersten Abschnitt des Stilmenüs zusammen.

Dieses Dialogfenster umfaßt die wichtigsten Einstellungen für die Gestaltung von Absätzen.

Einige Eingabemöglichkeiten des Typografie- und des Formatefensters finden sich auch in der Maßpalette. Über die Maßpalette kann man Einstellungen etwas schneller vornehmen als über die beiden Dialogfenster.

Detailtypografie mit dem Stilmenü
Die Themen und ihr Bezug zum Stilmenü

Einige Einstellungsmöglichkeiten im Stilmenü und in den dort abrufbaren Dialogfenstern sind nicht weiter kommentarbedürftig, da ihre Funktion intuitiv erfaßt werden kann. So gestaltet sich etwa das Anwählen von Schriften in QuarkXPress, wie auch in anderen Programmen, denkbar einfach. Fragt man sich allerdings: „Welche Schrift ist für meine Gestaltungsabsicht am passendsten?", so ist ein Basiswissen über die Klassifikation von Schriften nach bestimmten Stilmerkmalen hilfreich. Das Anwählen von Schriftgraden im Seitenfenster des Stilmenüs dürfte den Anwender auch nicht vor unüberwindliche Probleme stellen. Schwieriger gestaltet sich da schon die Frage: „Welchen Schriftgrad soll ich für ein anstehendes Projekt verwenden?" Unser Interesse soll nun den Bereichen gewidmet sein, in denen sich detailtypografisches Grundwissen mit teilweise vertrackten Programmfunktionen vermischt. Die Schaltzentrale für detailtypografische Entscheidungen bildet dabei das Stilmenü, auch wenn sich einige Programmoptionen aus Gründen der Ergonomie an mobiler Stelle, wie beispielsweise in der Maßpalette, wiederholen. Auf den drei folgenden Seiten wird ein kurzer Überblick über die Abfolge der Themen, die alle um das Stilmenü kreisen, gegeben.

Visuelle Orientierungshilfe

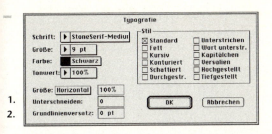

Die einzelnen Abschnitte behandeln folgende Themen:

1. Seite 144...
Unterschneiden und Spationieren. Quark-XPress-Maßsystem und Maßeinheiten.

2. Seite 148...
Zeilenabstand und Grundlinienraster. Grundlinienversatz. Abstandseingaben für Absätze, Einstellungen zum Absatzumbruch.

3. Seite 160...
Einzugsformen zur Absatzmarkierung. Manuelles Einstellen von Einzügen.

4. Seite 164...
Blocksatzeinstellungen, Trennbibliotheken, manueller Blocksatzausgleich.

5. Seite 176...
Erstellen von Initialen. Optische Korrekturen am Initial. Verankern und Umfließen von Initialen.

Grundeinstellungen für das Stilmenü
Typografische Vorgaben und Unterschneidungstabellen

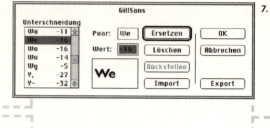 7.

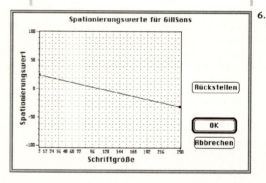 6.

Das Wechselspiel typografischer Einstellungen
Wenn unter *Vorgaben* → *Typografie* Einstellungen für die Grundlinienrasterweite vorgenommen werden, so orientiert sich das Stilmenü an diesen Voreinstellungen. In ähnlicher Weise vehält es sich mit den Optionen *Spationierung bearbeiten* und *Unterschneidung bearbeiten*. Durch diese beiden Optionen werden das Verhältnis kritischer Buchstabenverbindungen und die Laufweitenanpassung bei der Vergabe von Schriftgraden im Stilmenü grundlegend festgelegt.

6. Seite 182...
In diesem Fenster wird die Laufweite einer Schrift in Abhängigkeit von verschiedenen Schriftgrößen festgelegt.

7. Seite 186...
Dieser Abschnitt behandelt das Anlegen von Unterschneidungstabellen für einzelne Schriftschnitte. Dabei werden die Abstände bestimmter Buchstabenverbindungen für einen Schriftschnitt festgelegt. Das Erscheinungsbild einer Schrift läßt sich dadurch „ästhetisieren". Verbesserungen an den Unterschneidungstabellen gehören zu den schwierigsten und aufwendigsten Operationen in QuarkXPress.

Visuelle Orientierungshilfe

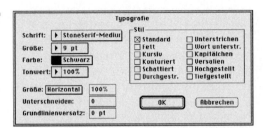

8. Seite 192...
Die Einstellungen, die unter *Vorgaben → Typografie* vorgenommen werden, bestimmen zum Beispiel das Verhalten der Schrift, wenn sie am Grundlinienraster ausgerichtet wird, die Größe des Versatzes für *Tiefgestellt* und *Hochgestellt* und den Prozentwert für *Kapitälchen* im Stilmenü.

8.

Stilmenü – Zeichenabstände
Orientierung am Geviertsystem

00

QuarkXPress orientiert sich beim Geviert immer an der Breite von zwei Nullen der verwendeten Schrift. Im Dialogfenster *Typografische Vorgaben* hat man die Möglichkeit, vom QuarkXPress-Geviert auf das Standard-Geviert zu wechseln.

Wert: 1 =
$1/200$ Geviert

Der Wert 1 entspricht in QuarkXPress $1/200$ Geviert. In anderen Anwendungen ist der Wert 1 auf $1/100$ und $1/1000$ Geviert bezogen.

QuarkXPress bietet mehrere Einstellungsmöglichkeiten an, um Abstände einzelner Buchstaben und ganzer Textabschnitte zu verändern. Die Maßeinheit, in der Abstände gemessen werden, ist das Geviert. Das Geviert ist eine typografische Maßeinheit, die in Abhängigkeit von der jeweiligen Schriftgröße steht. Ein Geviert entspricht der Gesamthöhe der jeweils verwendeten Schrift. Diese Höhe entspricht in der Breite in etwa zwei Nullen des jeweiligen Zeichensatzes. Eine Einheit in QuarkXPress entspricht $1/200$ Geviert. Demzufolge entspricht der Wert 0,1 $1/2000$ Geviert, der Wert 0,01 $1/20000$ Geviert. Die Zeichenabstände in QuarkXPress lassen sich sehr genau verändern. Der maximale Geviertabstand kann zwischen den Werten −500 und 500 liegen. Die Darstellung der Funktionen Unterschneiden und Spationieren wechselt in den betreffenden Fenstern und Menüs ständig: je nachdem ob die Einfügemarke zwischen zwei Zeichen blinkt (= Unterschneiden) oder ob mehrere Zeichen aktiviert sind (= Spationieren), wird die eine oder die andere Funktion angezeigt. Mit beiden Funktionen lassen sich Zeichenabstände verringern (negative Werte) und vergrößern (positive Werte).

Unterschneiden und Spationieren

Unterschneiden
Wenn die Einfügemarke zwischen zwei Zeichen gesetzt wird, kann man eine Unterschneidung vornehmen. Der Befehl *Unterschneiden* ist im Stilmenü und im Dialogfenster *Typografie* anwählbar. Beim Unterschneiden wird der Abstand zwischen jeweils zwei Zeichen verändert.

Spationieren
Beim Spationieren verhält es sich etwas anders. Nicht nur der Abstand zwischen zwei Zeichen, sondern der gesamte Zeichenabstand eines aktivierten Textes kann gleichmäßig erweitert und verringert werden. Von der Spationierung sind die Buchstaben und Wortabstände eines aktivierten Textes gleichermaßen betroffen.

So sieht das Stilmenü aus, wenn die Textmarke zwischen zwei Zeichen gesetzt wird.

So sieht das Stilmenü aus, wenn mit der Textmarke mehrere Zeichen aktiviert werden.

Maßpalette – Zeichenabstände
Arbeiten mit der Maßpalette

Anwendungsbeispiele

Für das schnelle Unterschneiden und Spationieren ist die Maßpalette besonders gut geeignet. Klickt man mit dem Mauszeiger auf die beiden nach links und rechts gerichteten Pfeile, kann man den Abstand in 10er-Schritten erhöhen (rechter Pfeil) oder verringern (linker Pfeil). Wenn der Wert jeweils nur um einen Schritt ($^1/_{200}$ Geviert) verringert werden soll, muß beim Klicken die Wahltaste gedrückt werden. Im Bleisatz wurden zum Korrigieren der Zeichenabstände „Spatien" (Metallstäbe) zwischen die Zeichen geschoben, oder es wurde direkt in den Schriftkegel hineingeschnitten.

| X: 0,58 mm | B: 64,139 mm | ⊿ 0° | → | ⇕ 12 pt |
| Y: -50 mm | H: 98 mm | Spalten: 2 | ↑ | ⇔ 0 |

o n i e r e n

Spatien

Stilmenü – Zeilenabstand
Voreinstellungen für den Zeilenabstand

Bei Angaben zur Schriftformatierung etwa in Belichtungsformularen werden neben dem Schriftstil üblicherweise auch Schriftgröße und Zeilenabstand in folgender Weise angegeben:

Gill 10/12

Als Schrift soll die Gill mit 10 Punkt Schriftgröße und 12 Punkt Zeilenabstand verwendet werden.

```
┌─Zeilenabstand──────────────┐
│ Auto Zeilenabstand: 20%    │
│ Modus: Schriftsatz         │
│ ☐ Zeilenabstand erhalten   │
└────────────────────────────┘
```

Es gibt allseits bekannte und gut

bewährte Mittel, um dem Geschriebenen und Gedachten ein geordnetes Aussehen zu geben.

1. Zeilenabstand erhalten

Es gibt allseits bekannte und gut

bewährte Mittel, um dem Geschriebenen und Gedachten ein geordnetes Aussehen zu geben.

2. Umfließungsabstand 1pt

Einstellungsmöglichkeiten

Nachdem wir uns im Kapitel „Detailtypografie" ausführlich mit verschiedenen Kriterien zur Wahl des richtigen Zeilenabstandes beschäftigt haben, werden wir nun sehen, wie sich dies in QuarkXPress praktisch bewerkstelligen läßt. Die Einstellung des Zeilenabstandes läßt sich an mehreren Stellen vornehmen. Sie können über *Stil → Zeilenabstand* oder über *Stil → Formate* den Zeilenabstand numerisch eingeben. Noch etwas bequemer ist es, ihn durch Klicken auf die Pfeile in der Maßpalette zu verändern.

Vorgaben zum Zeilenabstand

Es lassen sich Vorgaben zum Zeilenabstand unter *Vorgaben → Typografie* festlegen. Standardmäßig ist dort *Schriftsatz* eingestellt. In diesem Fall wird der Abstand von Grundlinie zu Grundlinie gemessen. Einige Textverarbeitungsprogramme messen den Zeilenabstand von Oberlänge zu Oberlänge. Um die Kompatibilität zu diesen Programmen zu gewährleisten, kann *Textverarbeitung* eingestellt werden. Bei der Einstellung *Zeilenabstand erhalten* behält eine Zeile, die unter ein zu umfließendes Objekt fällt, den eingestellten Zeilenabstand (1). Ist diese Option nicht aktiviert, orientiert sich die Textzeile mit ihrer Oberlänge am eingestellten Umfließungsabstand des Objekts (2).

Automatischer Zeilenabstand

QuarkXPress unterscheidet zwischen drei Formen der Angabe von Zeilenabständen:
1. automatischer Zeilenabstand
2. absoluter Zeilenabstand
3. inkrementeller Zeilenabstand

Automatischer Zeilenabstand
Der automatische Zeilenabstand errechnet sich aus der Schriftgröße (= 100%) des angewählten Zeichens plus eines festgelegten Prozentsatzes. Unter *Vorgaben* → *Typografie* sind in QuarkXPress 20% voreingestellt. Bei einer Schriftgröße von 10 pt ergibt dies einen automatischen Zeilenabstand von 12 pt.
Der automatische Zeilenabstand im Vorgabenfenster kann jederzeit durch einen anderen Prozentwert überschrieben werden. Es ist auch möglich, einen inkrementellen (hinzuaddierten) Wert einzugeben, wobei die jeweilige Maßeinheit miteingegeben werden muß, wenn eine andere Maßeinheit als Punkt gewählt wird. Bei einer Eingabe von +2 mm errechnet sich der Zeilenabstand dann aus der jeweiligen Schriftgröße plus 2 mm. Um den automatischen Zeilenabstand anzuwenden, müssen Sie „auto" in das Dialogfenster eingeben, das sich im Menü *Stil* unter *Zeilenabstand* öffnet, oder Sie können „auto" in die Maßpalette eintragen. Der automatische Zeilenabstand orientiert sich immer an dem größten Schriftgrad in einer Zeile.

Unabhängig davon, welche der drei Einstellungen Sie vornehmen, wird der Zeilenabstand in QuarkXPress standardmäßig von Grundlinie zu Grundlinie gemessen.

✿ **Gestaltungstip**

Wenn Sie verschiedene Schriftstile innerhalb eines Textes verwenden, sollten Sie den automatischen Zeilenabstand durch einen absoluten Zeilenabstand überschreiben.
Schriften fallen trotz gleicher numerischer Größenangaben in ihrer Größe unterschiedlich aus. Dies hat zur Folge, daß auch der automatische Zeilenabstand nicht einheitlich ist.

149

Stilmenü – Zeilenabstand
Absoluter und inkrementeller Zeilenabstand

Absoluter Zeilenabstand
Wenn Sie mit Zeilenabständen arbeiten wollen, die sich nicht an der Schriftgröße orientieren, können Sie in das Dialogfenster *Zeilenabstand* oder in der Maßpalette einen „absoluten" Wert eingeben. Dieser kann zwischen 0 pt und 1080 pt liegen.

Inkrementeller Zeilenabstand
Der inkrementelle Zeilenabstand wird ähnlich wie der automatische Zeilenabstand zu dem größten Schriftgrad einer Zeile hinzugerechnet. Deshalb kann ein großer Schriftgrad eine ganze Zeile auseinanderdrücken (siehe unten). In das *Stil → Typografie*-Dialogfenster oder in die Maßpalette wird ein Wert mit der gewünschten Maßangabe und einem davorgesetzten Pluszeichen eingegeben.

❀ **Gestaltungstip**
Solange Sie sich noch nicht eindeutig auf eine Schriftgröße festgelegt haben, ist es sinnvoll, *auto* angewählt zu lassen, damit sich bei Schriftgrößenänderungen der Zeilenabstand anpaßt.

Es gibt allseits bekannte und gut bewährte Mittel, um dem Geschriebenem und Gedachtem ein geordnetes Aussehen zu geben. Der Gestalter kann sich an dem großen Repertoire von diversen Satzausrichtungen, rahmenden Abständen, sowie begrenzenden Linien zur hygienischen und ordnenden Maßregelung bedienen. Besonders beliebt ist das Einblocken frei fließender Gedanken zu Textquadern und deren einheitliche Normierung durch gleiche Buchstabenlaufweiten, gleiche Abstände der Zeilen und gleiche Größen der Schriften. Immerhin wird dadurch ein übersichtliche Ordung geschaffen

Es gibt allseits bekannte und gut bewährte Mittel, um dem Geschriebenem und Gedachtem ein geordnetes Aussehen zu geben. Der Gestalter kann sich an dem großen Repertoire von diversen Satzausrichtungen, rahmenden Abständen, sowie begrenzenden Linien zur hygienischen und ordnenden Maßregelung bedienen. Besonders beliebt ist das Einblocken frei fließender Gedanken zu Textquadern und deren einheitliche Normierung durch gleiche Buchstabenlaufweiten, gleiche Abstände der Zeilen und gleiche Größen der Schriften. Immerhin wird dadurch eine übersichtliche Ordnungsgefüge geschaffen. Es gibt allseits bekannte Mittel, um dem Geschriebenen und Gedachten ein einh

Zeilenabstand und Grundlinienversatz

Hauptüberschrift

Zweite einleitende Überschrift 6 pt

Diese Zeile ist am Grundlinienraster mit einer Schrittweite von 12pt ausgerichtet. Der Zeilenabstand beträgt ebenfalls 12pt. Diese Zeile ist am Grundlinienraster mit einer Schrittweite von 12pt ausgerichtet. Der Zeilenabstand beträgt ebenfalls 12pt. Diese Zeile ist am Grundlinienraster mit einer Schrittweite von 12pt ausgerichtet. Der Zeilenabstand beträgt ebenfalls 12pt. Diese Zeile ist am Grundlinien-

Grundlinienversatz
Bei Eingabe eines positiven Wertes wird die Schrift von der Grundlinie um den entsprechenden Betrag nach oben versetzt, bei Eingabe eines negativen Wertes wird sie nach unten versetzt. Der Grundlinienversatz kann den dreifachen Wert der angewählten Schriftgröße betragen. Bei einer Schriftgröße von beispielsweise 10pt können Sie den Text um maximal 30pt von der Grundlinie verschieben. Wird die Größe von verschobenen Zeilen nachträglich verändert, wird der Grundlinienversatz proportional daran angepaßt.

❦ Gestaltungstip

Umfangreiche Gestaltungsprogramme bieten dem Anwender die Möglichkeit, ganz eigene Arbeitsmethoden zu kultivieren. Der eine bevorzugt es zum Beispiel, Überschriften in einen eigenen Textrahmen zu setzen, den er flexibel hin und her schieben kann. Will man den gesamten Text weitgehend am Grundlinienraster ausgerichtet lassen, können abweichende Zeilenabstände durch die Option *Grundlinienversatz* erzeugt werden. Dies ist beim oben abgebildeten Beispiel geschehen. Die einleitende 2. Überschrift ist um 6 pt nach unten versetzt worden.

Maßpalette – Zeilenabstand
Arbeiten mit der Maßpalette

Zeilenabstände lassen sich schnell und bequem über die Maßpalette verändern. Klickt man auf den unteren vertikalen Zeiger, verringert sich der Zeilenabstand um $^1/_{20}$ Geviert, klickt man auf den oberen Zeiger, wird der Abstand entsprechend vergrößert. Bei gedrückter Wahltaste werden Veränderungen in $^1/_{200}$-Geviert-Schritten ausgeführt. Wenn Sie die Zeilen mit der Zeilensprungtaste umbrechen, können Sie für jede Zeile einen anderen Zeilenabstand eingeben. Diese Vorgehensweise ist vor allem bei großen Schriftgraden und „kompressen" Zeilenabständen sinnvoll. Im kompressen Satz auf der rechten Seite ist entsprechend verfahren worden. Bei großen Zeilenabständen sind solche differenzierten Korrekturen nicht nötig. Ein etwas altmodisches Wort für die mit großem Abstand gesetzten Zeilen ist „splendid". Noch schneller lassen sich Abstände über die Tastatur verändern. Die Tastenkombination ⌘ + ⇧ + L vergrößert den Zeilenabstand in $^1/_{20}$-Geviert-Schritten. Mit der zusätzlich gedrückten ⌥-Taste vergrößert man die Abstände in $^1/_{200}$-Geviert-Schritten. Verringern läßt sich der Zeilenabstand, wenn die Tastenkombination ⌘ + ⇧ + K gedrückt wird.

(33)

35,5

33

32,5

32,5

33

35,5

32,5

152

 kompress

 splendid

| Wo rohe Kräfte sinnlos walten, kann sich kein Gebild gestalten | Wo rohe Kräfte sinnlos walten, kann sich kein Gebild gestalten |

35

Stilmenü – Absatzabstände
Abstandseingaben für Absätze

Sie können zur Gliederung von Absätzen Abstände nach Zeilensprüngen festlegen. Die eingegebenen Werte werden zu dem normalen Zeilenabstand hinzugezählt.

Abstand vor
Wenn Sie für die erste Zeile eines neuen Absatzes einen Wert in *Abstand vor* eingeben, wird der vorhergehende Absatz um diesen Wert weggerückt.

Abstand nach
Wenn Sie für die letzte Zeile eines Absatzes *Abstand nach* eingeben, wird der nachfolgende Absatz um diesen Wert weggerückt. Haben Sie bereits für die erste Zeile des nachfolgenden Absatzes *Abstand vor* eingegeben, dann addieren sich beide Werte.

Grundlinienraster
Jedes Dokument in QuarkXPress hat ein Grundlinienraster, dessen Schrittweite und Startpunkt Sie unter *Vorgaben → Typografie* einstellen können. Wenn Sie markierte Absätze dem Grundlinienraster zuordnen, hat dessen Weiteneinstellung die Priorität vor den Zeilen- und Absatzeinstellungen. Haben Sie einen Zeilenabstand von 12 pt, das Grundlinienraster aber eine Schrittweite von 14 pt, wird der Zeilenabstand auf 14 pt gesetzt.

Grundlinienraster und Absatzabstände

Am Grundlinienraster (12 pt) ausgerichtet

Dieser Absatz wurde am Grundlinienraster von 12 pt ausgerichtet. Für die letzte Zeile ist ein *Abstand nach* von 6 pt gewählt worden.

Dies ist die erste Zeile des neuen Absatzes. Sie hat eine Grundlinienrasterzeile von 12 pt übersprungen, das heißt, sie ist um 12 pt verschoben worden.

Am Grundlinienraster (6 pt) ausgerichtet

Dieser Absatz wurde an einem Grundlinienraster von 6 pt ausgerichtet. Für die letzte Zeile ist *Abstand nach* von 6 pt gewählt worden.

Dies ist die erste Zeile des neuen Absatzes. Dieser Absatz ist um 6 pt nach unten verschoben worden.

Nicht am Grundlinienraster ausgerichtet

Dieser Absatz wurde nicht am Grundlinienraster ausgerichtet. Für die letzte Zeile ist ein *Abstand nach* von 6 pt gewählt worden.

Dies ist die erste Zeile des neuen Absatzes. Der Absatz ist um 6 pt nach unten verschoben worden.

Entspricht die Schrittweite des Grundlinienrasters dem Zeilenabstand des Lesetextes (12 pt) und ist dieser am Grundlinienraster ausgerichtet, machen kleinere Abstandseinstellungen (6 pt) für Absätze wenig Sinn, da der Text für den nächsten Absatzanfang eine Grundlinienzeile überspringt.

Setzt man, wie im nebenstehen Beispiel, die Schrittweite des Grundlinienrasters auf 6 pt, so rückt der neue Absatz um die eingegebenen 6 pt nach unten. Hätte man allerdings bei *Abstand nach* 7 pt eingegeben, würde wieder eine ganze Grundlinienzeile übersprungen werden.

Wer das Kollidieren von Grundlinieneinstellungen mit individuellen Absatz- und Zeilenabständen ganz vermeiden will, muß die Einstellung *Am Grundlinienraster ausrichten* deaktivieren. Über die Folgen können Sie sich auf der folgenden Seite informieren.

Stilmenü-Absatzabstände
Abstandseingaben für Überschriften

Diese Zeilen haben einen Zeilenabstand von 2 pt.

Die Zeilen haben einen Zeilenabstand von 12 pt.

Diese Zeilen haben einen

Zeilenabstand von 13 pt.

Ist der Zeilenabstand größer als das Grundlinienraster, wird jeweils eine Grundlinienrasterzeile übersprungen. 13 pt Zeilenabstand ergeben, wie oben zu sehen ist, 2 × 12 pt Grundlinienrasterabstand. Bei 2 pt Zeilenabstand werden sie auf die 12-pt-Schrittweite des Grundlinienrasters gestreckt.

Das Grundlinienraster sorgt dafür, daß Texte in einem Dokument „Register halten", das heißt, Schriftgrundlinien der Textzeilen liegen auf der gleichen Höhe. Auf dieser Doppelseite richten sich der rechts stehende Blocksatz und dieser Lesetext am gleichen Grundlinienraster aus. Durch die Ausrichtung an den Grundlinien wird selbst bei eingeschobenen Zwischenüberschriften der Zeilenfall des Lesetextes nicht versetzt. Ist die Schrittweite des Grundlinienrasters zu fein gewählt (zum Beispiel 6 pt), erschwert dies das Arbeiten erheblich. In einem solchen Fall sollte man auf das Anpassen des Grundlinienrasters etwa auf kleinere Absatzabstände verzichten. Eine Alternative zu Absatzabständen sind Einzüge oder Initialen. Sie kennzeichnen ebensogut einen neuen Absatz. Außerdem bleibt der Text als kompakte ruhige Fläche erhalten. Viele Absatzabstände zergliedern die Textfläche und ergeben ein unruhiges und ungeordnetes Satzbild. Anders verhält es sich bei Überschriften sowie Zwischenüberschriften, die sich zwischen Absätzen befinden. Zwischenüberschriften können oberhalb und unterhalb der Textabschnitte unterschiedlich viel Raum haben. Sie müssen außerdem nicht am Grundlinienraster ausgerichtet werden. In diesen Fällen kann man mit Abstandseingaben in dem *Formate*-Dialogfenster arbeiten.

Anwendungsbeispiele

Hauptüberschrift

Zweite einleitende Überschrift

Diese Zeile ist am Grundlinienraster mit einer Schrittweite von 12 pt ausgerichtet. Der Zeilenabstand beträgt ebenfalls 12 pt. Diese Zeile ist am Grundlinienraster mit einer Schrittweite von 12 pt ausgerichtet. Der Zeilenabstand beträgt ebenfalls 12 pt. Diese Zeile ist am Grundlinienraster mit einer Schrittweite von 12 pt ausgerichtet. Der Zeilenabstand beträgt ebenfalls 12 pt. Diese Zeile ist am Grundlinienraster mit einer Schrittweite von 12 pt ausgerichtet. Der Zeilenabstand beträgt ebenfalls 12 pt.

Diese Zwischenüberschrift wurde nicht am Grundlinienraster ausgerichtet

Diese Zeile ist am Grundlinienraster mit einer Schrittweite von 12 pt ausgerichtet. Der Zeilenabstand beträgt ebenfalls 12 pt. Diese Zeile ist am Grundlinienraster mit einer Schrittweite von 12 pt ausgerichtet. Der Zeilenabstand beträgt ebenfalls 12 pt. Diese Zeile ist am Grundlinienraster mit einer Schrittweite von 12 pt ausgerichtet. Der Zeilenabstand beträgt ebenfalls 12 pt. Diese Zeile ist am Grundlinienraster mit einer Schrittweite von 12 pt ausgerichtet. Diese Zeile ist am Grundlinienraster mit einer Schrittweite von 12 pt ausgerichtet.

Die zweite Überschrift ist aus der Grundlinienausrichtung herausgenommen worden. Sie hat zur Hauptüberschrift einen *Abstand vor* von 18 pt und zum Lesetext einen *Abstand nach* von 6 pt. Der Zeilenabstand der zweiten Überschrift beträgt 12 pt. Zusammen ergeben 18 pt + 6 pt + 12 pt = 36 pt. Deshalb liegen zwischen der Hauptüberschrift und der ersten Zeile des Lesetextes genau drei Rastergrundlinien.

Die Zwischenüberschrift hat einen *Abstand vor* von 6 pt zum vorhergehenden Absatz und einen *Abstand nach* von 3 pt zum folgenden Absatz. Der Zeilenabstand der drei Zeilen beträgt 13 pt. Zusammen ergeben 6 pt + 3 pt + 3 × 13 pt = 48 pt. Die oberen und unteren Lesetextzeilen sind deshalb genau vier Grundlinienrasterzeilen voneinander entfernt.

Stilmenü – Absätze zusammenhalten

Hurenkinder und Schusterjungen

Aus Gründen der Lesbarkeit und besserer Optik sollte man Umbruchfehler, die als „Schusterjungen" und „Hurenkinder" bezeichnet werden, vermeiden.

1. Als „Schusterjunge" bezeichnet man die erste Zeile eines neuen Absatzes, die ganz am Spaltenende steht.

2. „Hurenkind" wird die letzte Zeile eines Absatzes, die schon in die nächste Satzspalte hineinläuft, genannt.

Beide Begriffe stammen noch aus dem „Setzerjargon" und werden verwendet, weil für sie keine alternativen Begriffe verfügbar sind. Man darf sich gleichermaßen von den Umbruchfehlern wie von deren Bezeichnungen gestört fühlen.

In QuarkXPress kann man im *Formate*-Dialogfenster nach dem Anwählen der entsprechenden Absätze Umbruchformate bestimmen, mit denen Umbruchfehler vermieden werden.

Mit nächstem P zusammenhalten

Wenn diese Option in dem *Formate*-Dialogfenster angewählt ist, wird ein einzelner Zeilenabsatz nicht von dem vorhergehenden Absatz in der gleichen Spalte getrennt.

Zeilen zusammenhalten

Beim Aktivieren dieser Option wird ein erweiterter Dialog gezeigt. Dort können Sie mit der Option *Alle Zeilen mit P zusammenhalten* den betreffenden Absatz als untrennbare Einheit festlegen, der beim Spaltenumbruch nur komplett umbrochen werden kann.

Start und Ende

Sie können in den Eingabefeldern zu *Start* und *Ende* festlegen, wie viele Zeilen am Anfang eines Absatzes in die vorhergehende und wie viele Zeilen am Ende eines Absatzes in die nächste Spalte umbrochen werden sollen. Wenn diese Werte nicht eingehalten werden können, bricht QuarkXPress den Absatz komplett in die nächste Spalte oder Seite um.

Bildbeispiele

Hurenkinder

Der Gestalter kann sich an dem großen Repertoire von diversen Satzausrichtungen, rahmenden Abständen, sowie begrenzenden Linien zur hygienischen und ordnenden Maßregelung bedienen. Besonders beliebt ist das Einblocken frei fließender Gedanken zu Textquadern und deren einheitliche Normierung durch gleiche Buchstabenaufweiten, gleiche Abstände der Zeilen und gleiche Größen der Schriften.

Der Gestalter kann sich an dem

großen Repertoire von diversen Satzausrichtungen und begrenzenden Linien zur hygienischen und ordnenden Maßregelung bedienen. Besonders beliebt ist das Einblocken frei fließender Gedanken zu Textquadern und deren einheitliche Normierung durch gleiche Abstände der Zeilen und gleiche Größen der Schriften. Immerhin wird dadurch eine übersichtliche Ordnungsgefüge geschaffen. Es gibt gut bewährte Mittel, um dem Geschriebenen und Gedachten ein geord-

netes Aussehen zu geben.

Der Gestalter kann sich an dem großen Repertoire von diversen Satzausrichtungen, rahmenden Abständen, sowie begrenzenden Linien zur hygienischen und ordnenden Maßregelung bedienen. Besonders beliebt ist das Einblocken frei fließender Gedanken zu Textquadern durch gleiche Buchstabenaufweiten,

Waisenkinder, Schusterjungen

Der Gestalter kann sich an dem großen Repertoire von diversen Satzausrichtungen, rahmenden Abständen, sowie begrenzenden Linien zur hygienischen und ordnenden Maßregelung bedienen. Besonders beliebt ist das Einblocken frei fließender Gedanken zu Textquadern und deren einheitliche Normierung durch gleiche Buchstabenaufweiten, gleiche Abstände der Zeilen und gleiche Größen der Schriften.

Der Gestalter kann sich an dem großen Repertoire von diversen Satzausrichtungen und begrenzenden Linien zur hygienischen und ordnenden Maßregelung bedienen. Besonders beliebt ist das Einblocken frei fließender Gedanken zu Textquadern und deren einheitliche Normierung durch gleiche Abstände der Zeilen und gleiche Größen der Schriften. Immerhin wird dadurch eine übersichtliche Ordnungsgefüge geschaffen. Es gibt gut bewährte Mittel, um dem Ge-

schriebenem und Gedachtem ein geordnetes Aussehen zu geben.

Der Gestalter kann sich an dem großen Repertoire von diversen Satzausrichtungen, rahmenden Abständen, sowie begrenzenden Linien zur hygienischen und ordnenden Maßregelung bedienen. Besonders beliebt ist das Einblocken frei fließender Gedanken zu Textquadern durch gleiche Buchstabenaufweiten,

Start und *Ende*: 2 Zeilen, wobei der 2. Absatz in die zweite Spalte umbrochen wurde.

Der Gestalter kann sich an dem großen Repertoire von diversen Satzausrichtungen, rahmenden Abständen, sowie begrenzenden Linien zur hygienischen und ordnenden Maßregelung bedienen. Besonders beliebt ist das Einblocken frei fließender Gedanken zu Textquadern und deren einheitliche Normierung durch gleiche Buchstabenaufweiten, gleiche Abstände der Zeilen und gleiche Größen der Schriften.

Der Gestalter kann sich an dem großen Repertoire von diversen Satzausrichtungen und begrenzenden Linien zur hygienischen und ordnenden Maßregelung bedienen. Besonders beliebt ist das Einblocken frei fließender Gedanken zu Textquadern und deren einheitliche Normierung durch gleiche Abstände der Zeilen und gleiche Größen der Schriften. Immerhin wird dadurch eine übersichtliche Ordnungsgefüge geschaffen. Es gibt gut bewährte Mittel, um dem Geschriebenen und Gedachten ein geordnetes Aussehen zu geben.

Der Gestalter kann sich an dem großen Repertoire von diversen Satzausrichtungen, rahmenden Abständen, sowie begrenzenden Linien zur hygienischen und ordnenden Maßregelung bedienen. Besonders beliebt ist das Einblocken frei fließender Gedanken zu Textquadern durch gleiche Buchstabenaufweiten,

Alle Zeilen mit P zusammenhalten. Jeder Absatz steht in einer Textspalte.

Stilmenü – Einzüge
Absatzmarkierung durch Einzüge

Es gibt allseits bekannte und gut bewährte Mittel, um dem Geschriebenem und Gedachtem ein geordnetes Aussehen zu geben.
 Der Gestalter kann sich an dem großen Repertoire von diversen Satzausrichtungen, rahmenden Abständen, sowie begrenzenden Linien zur hygienischen und ordnenden Maßregelung bedienen.

Blocksatz mit automatischem Zeilenabstand

Es gibt allseits bekannte und gut bewährte Mittel, um dem Geschriebenem und Gedachtem ein geordnetes Aussehen zu geben.
 Der Gestalter kann sich an dem großen Repertoire vonverschiedenen Satzausrichtungen, rahmenden Abständen, sowie begrenzenden Linien zur hygienischen und ordnenden Maßregelung bedienen.

Flattersatz mit großzügigem Zeilenabstand

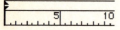

Textlineal über dem jeweils aktivierten Textrahmen

Einzugsregeln

Eine schlichtere Form der Absatzmarkierung, als Initialen sie darstellen, sind Einzüge.

Dabei wird die erste Zeile um ein bestimmtes Maß eingezogen, um einen neuen Absatz zu kennzeichnen. Ein brauchbarer Wert für die Größe des Einzugs ist ein Geviert. Die Ausgangszeile des Vorabsatzes sollte nicht kürzer sein, als der verwendete Einzug lang ist.

Beim Betrachter entsteht sonst der Eindruck, als ob eine Leerzeile zwischen zwei Absätze geschoben worden wäre. Im Blocksatz fallen Einzüge eher ins Auge als im Flattersatz. Wenn zudem im Flattersatz Text mit viel Zeilenzwischenraum verwendet wird, hebt sich der Weißraum eines kurzen Einzuges nicht mehr deutlich vom Textbild ab. In diesem Falle wirken Einzüge eher störend, da sie das Satzbild noch unruhiger erscheinen lassen und als deutliche Absatzmarkierung kaum zu gebrauchen sind. Generell gilt, daß Einzüge am wirkungsvollsten sind, wenn der Text den Eindruck einer ruhigen grauen Fläche vermittelt, wie bei Satz mit automatischem Zeilenabstand. Wenn Sie *Stil* → *Formate* wählen, wird über dem Textrahmen des angewählten Textes ein Textlineal angezeigt. Sie können Einzüge auch mit dem Textlineal durch das Verschieben der dreieckigen Marken einstellen.

Verschiedene Einzüge

Erste Zeile

In Absätzen kann die erste Zeile eingezogen werden, um die inhaltliche Gliederung in Sinnabschnitte für den Leser anschaulich zu machen. Um die erste Zeile einzuziehen, gibt man einen positiven Wert in das Feld *Erste Zeile* ein.

Linker Einzug:	0 mm
Erste Zeile:	0 mm
Rechter Einzug:	0 mm

Linker Einzug

Zur Hervorhebung eines wichtigen Sinnabschnittes wird gelegentlich auch einmal ein Absatz als Ganzes linksbündig eingezogen. Bei einer Eingabe in das Feld *Linker Einzug* werden alle Zeilen des aktivierten Absatzes links eingezogen.

❀ **Gestaltungstip**

In vielen Fällen reicht bereits eine auslaufende Zeile, um das Ende eines Absatzes und damit den Anfang eines neuen Absatzes zu markieren.

Die Bauhaussiedlung in Törten bestand aus eingeschössigen, einfachen Einfamilienwohnhäusern. Im ersten Bauabschnitt wurden 1926 die ersten Wohnhäuser errichtet. 1927 folgten weitere 100 Häuser. Ein Jahr später wurden nocheinmal 156 Häuser gebaut. Die Hauptverantwortung für die Planung und Realisierung der Siedlung lag bei Walter Gropius, dem Leiter des staatlichen Bauhauses in Dessau.

Linker Einzug:	3 mm

Die Bauhaussiedlung in Törten bestand aus eingeschössigen, einfachen Einfamilienwohnhäusern. Im ersten Bauabschnitt wurden 1926 die ersten Wohnhäuser errichtet. 1927 folgten weitere 100 Häuser. Ein Jahr später wurden nocheinmal 156 Häuser gebaut. Die Hauptverantwortung für die Planung und Realisierung der Siedlung lag bei Walter Gropius, dem Leiter des staatlichen Bauhauses in Dessau.

Erste Zeile:	3mm

Stilmenü – Einzüge
Absatzmarkierung durch Einzüge

Es gibt allseits bekannte und gut bewährte Mittel, um dem Geschriebenen und Gedachten ein geordnetes Aussehen zu geben.
Der Gestalter kann sich an dem großen Repertoire von diversen Satzausrichtungen, rahmenden Abständen, sowie begrenzenden Linien zur hygienischen und ordnenden Maßregelung bedienen.

Hängender Einzug

Linker Einzug: 3 mm
Erste Zeile: -3 mm

Hängender Einzug
Soll ein „hängender Einzug" erzeugt werden, legt man einen positiven Wert für *Linker Einzug* fest, erst dann kann man einen negativen Wert für *Erste Zeile* festlegen, um diese aus dem eingezogenen Absatztext herauszustellen. Der negative Wert für *Erste Zeile* kann nicht größer sein als der eingegebene positive Wert in *Linker Einzug*.

Die Bauhaussiedlung in Törten bestand aus eingeschossigen, einfachen Einfamilienwohnhäusern. Im ersten Bauabschnitt wurden 1926 die ersten Wohnhäuser errichtet. 1927 folgten weitere 100 Häuser. Ein Jahr später wurden nocheinmal 156 Häuser gebaut. Die Hauptverantwortung für die Planung und Realisierung der Siedlung lag bei Walter Gropius, dem Leiter des staatlichen Bauhauses in Dessau.

Rechter Einzug
Bei einem rechten Einzug wird der Text um den eingetragenen Abstand von rechts eingerückt.

Linker Einzug: 3 mm
Erste Zeile: -3 mm
Rechter Einzug: 3 mm

Die Bauhaussiedlung in Törten bestand aus eingeschossigen, einfachen Einfamilienwohnhäusern. Im ersten Bauabschnitt wurden 1926 die ersten Wohnhäuser errichtet. 1927 folgten weitere 100 Häuser. Ein Jahr später wurden nocheinmal 156 Häuser gebaut. Die Hauptverantwortung für die Planung und Realisierung der Siedlung lag bei Walter Gropius, dem Leiter des staatlichen Bauhauses in Dessau.

Manuelle Absatzmarkierung

Manuelle Texteinzüge

Sie können die Texteinzüge auch über das Verschieben der dreieckigen Marken auf dem Textlineal eingeben.

1. Wollen Sie einen hängenden Einzug erstellen, dann müssen Sie erst einmal die Marke für *Linker Einzug* nach rechts schieben. Die Marke für den Einzug *Erste Zeile* läuft automatisch mit.
2. Anschließend wird die Marke für die erste Zeile wieder auf den Nullpunkt zurückgeschoben.

Zusätzlicher Textabstand

Ist mit dem Befehl *Modifizieren* im Menü *Objekt* für den zu bearbeitenden Text bereits ein Textabstand zum Textrahmen eingegeben worden, wird der Einzug erst ab dem Textabstand gemessen. Der Textabstand bezieht sich gleichermaßen auf die linke und die rechte Seite eines Textrahmens.

1. Marke: *Erste Zeile*
2. Marke: *Linker Einzug*

1. Schritt:
linker Einzug

2. Schritt:
hängender Einzug

Textabstand: 3 mm

Die Bauhaussiedlung in Törten bestand aus eingeschössigen, einfachen Einfamilienwohnhäusern. Im ersten Bauabschnitt wurden 1926 die ersten Wohnhäuser errichtet. 1927 folgten weitere 100 Häuser. Ein Jahr später wurden nocheinmal 156 Häuser gebaut. Die Hauptverantwortung für die Planung und Realisierung der Siedlung lag bei Walter Gropius, dem Leiter des staatlichen Bauhauses in Dessau.

Bearbeiten – Blocksatz /Silbentrennung
S&B im Objektmenü

S&B-Einstellung im Menü *Bearbeiten*

S&B-Dialogfenster

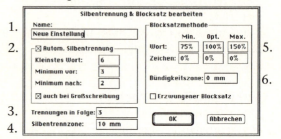

S&B-Bearbeitungsfenster

Mit der *S&B*-Option können Sie für einen oder eine Reihe von Absätzen Blocksatz- und Silbentrennungseinstellungen festlegen. Diese werden unter einem eigenen Namen gespeichert und können dann jederzeit im Stilmenü Absätzen zugewiesen werden. Sie rufen den *S&B*-Befehl im Menü *Bearbeiten* auf. Es öffnet sich zunächst das Dialogfenster *S&B*. Für alle Dokumente, die Sie öffnen, gibt es bereits eine Standard-Silbentrennung und eine Standard-Blocksatzeinstellung. Der Name *Standard* kann nicht verändert werden.

Automatische Silbentrennung

Sie können nun auf *Bearbeiten* klicken, um die Einstellungen unter *Standard* zu verändern, oder auf *Neu*, um eigene Einstellungen unter einem neuen Namen zu sichern. Wir wollen nun unser besonderes Augenmerk darauf lenken, welche typografischen und gestalterischen Auswirkungen die Eingaben in *S&B* nach sich ziehen. Mit Klicken auf *Neu* öffnet sich ein noch unbenanntes Dialogfenster, in dem Sie Eingaben für Blocksatz- und Silbentrenneinstellungen vornehmen können.

1. In das Feld *Name* wird ein neuer Name für die vorzunehmende Einstellung eingegeben.

2. Wird das Feld *Automatische Silbentrennung* angekreuzt, führt das Programm nach dem darunter eingegebenen Trennalgorithmus Trennungen durch. Diese Festlegung beeinflußt nicht die manuelle Silbentrennung durch eingegebene Trennstriche. In das Feld *Kleinstes Wort* wird die Anzahl der Buchstaben eingegeben, die ein Wort mindestens haben muß, damit es getrennt werden darf. Über die Eintragungen in *Minimum vor* und *Minimum nach* wird festgelegt, wie viele Buchstaben mindestens vor und nach dem Trennstrich stehen müssen. Wenn Wörter mit Großschreibung am Wortanfang ebenfalls getrennt werden sollen, muß *auch bei Großschreibung* angekreuzt sein.

❀ **Gestaltungstip**

Sie können eine *S&B*-Einstellung speziell für Überschriften anlegen und dann die automatische Silbentrennung deaktivieren, da in den meisten Fällen Worttrennungen in Überschriften störend aussehen.

❀ **Gestaltungstip**

☒ Autom. Silbentrennung	
Kleinstes Wort:	6
Minimum vor:	3
Minimum nach:	3
☒ auch bei Großschreibung	

Bei größeren Spaltenbreiten mit mehr als vierzig Zeichen in einer Textzeile müssen nicht mehr so viele Worttrennungen vorgenommen werden, um ein ausgeglichenes Satzbild zu erzeugen. In einem solchen Fall können Sie in den Einstellungen für *Minimum nach* und *Minimum vor* einen höheren Wert eingeben. Wörter werden dann nicht mehr so häufig unschön getrennt.

Bearbeiten – Blocksatz und Silbentrennung
Trennungen in Folge

Trennungen in Folge:

unbegrenzt

3. In dem Feld *Trennungen in Folge* legen Sie fest, wie viele Zeilen maximal hintereinander getrennt werden dürfen. Die Zahl 0 entspricht dem Eintrag *unbegrenzt*. Manuell eingefügte Trennstriche werden von dieser Einstellung mitberücksichtigt.

❀ **Gestaltungstip**

Die rechte Randlinie des Blocksatzes bildet, bedingt durch die vielen Trennstriche, keinen geraden Abschluß. Um dies zu vermeiden, sollte man die Anzahl für Trennungen auf maximal drei in Folge beschränken. Dies ist im zweiten Textbeispiel geschehen.
Einige Programme können Trennstriche und Interpunktionen automatisch ein wenig aus dem Satzbild herausstellen. In QuarkXPress ist dies nicht möglich. Man kann sich dadurch behelfen, daß man bei geringen Textmengen den Text zuerst linksbündig setzt und ihn dann auf eine einheitliche optische Satzbreite sperrt.

Trennungen unbegrenzt:

Es gibt allseits bekannte und gut bewährte Mittel, um dem Geschriebenen und Gedachten ein geordnetes Aussehen zu geben. Der Gestalter kann sich an dem großen Repertoire von diversen Satzausrichtungen, rahmenden Abständen, sowie begrenzenden Linien zur hygienischen und ordnenden Maßregelung bedienen. Besonders beliebt ist das Einblocken frei fließender Gedanken zu Textqua-dern und deren einheitliche Normierung z.B. durch die gleichgeschaltete Buchstabenlaufweite, die gleichgeschalteten Distanzen der Zeilen und die gleichgeschaltete Größe der Schriften. Immerhin wird dadurch eine übersichtliche Ordnung geschaffen. Es gibt allseits bekannte und gut bewährte Mittel, um dem Geschriebenen und Gedachten ein geordnetes Aussehen zu geben. Der

Maximal drei Trennungen in Folge:

Es gibt allseits bekannte und gut bewährte Mittel, um dem Geschriebenen und Gedachten ein geordnetes Aussehen zu geben. Der Gestalter kann sich an dem großen Repertoire von diversen Satzausrichtungen, sowie begrenzenden Linien zur hygienischen und ordnenden Maßregelung bedienen. Besonders beliebt ist das Einblocken frei fließender Gedanken zu Textquadern und deren einheitliche Normierung durch gleiche Buchstabenlaufweiten, gleiche Abstände der Zeilen und gleiche Größen der Schriften. Immerhin wird dadurch eine übersichtliche Ordnung geschaffen. Es gibt allseits bekannte und gut bewährte Mittel, um de, Geschriebenem und Gedachtem ein geordnetes Aussehen zu geben. Der Gestalter kann sich an ein

Die Trennstriche wurden aus dem Satz gestellt:

Es gibt allseits bekannte und gut bewährte Mittel, um dem Geschriebenen und Gedachten ein geordnetes Aussehen zu geben. Der Gestalter kann sich an dem großen Repertoire von diversen Satzausrichtungen, rahmenden Abständen, sowie begrenzenden Linien zur hygienischen und ordnenden Maßregelung bedienen. Besonders beliebt ist das Einblocken frei fließ-ender Gedanken zu Textquadern und deren einheitliche Normierung durch gleiche Buchstabenlaufweiten, gleiche Abstände der Zeilen und gleiche Größen der Schriften. Jedenfalls wird dadurch eine übersichtliche Ordnung geschaffen. Es gibt allseits bekannte und gut bewährte Mittel, um dem Geschriebenem und Gedachtem ein geordnetes Aussehen zu geben. Der Gestalter kann

Silbentrennzone

4. Die Silbentrennzone bezieht sich nur auf Text, der im Flattersatz gesetzt wurde. Mit der Einstellung wird festgelegt, wann die Silbentrennung erfolgen soll. Wenn man einen Wert größer als 0 mm eingibt, wird eine sogenannte Silbentrennzone eingerichtet. QuarkXPress trennt in diesem Fall ein Wort nur dann, wenn das vorhergehende Wort außerhalb der Silbentrennzone liegt und sich das in der Silbentrennzone befindliche Wort an irgendeiner Stelle trennen läßt. Wird eine Null eingegeben, wird das Wort nicht getrennt, sondern in die nächste Zeile umbrochen, wenn es nicht mehr in die vorhergehende Zeile paßt.

5. Im Blocksatz werden die Zeichen und Wörter in ihren Abständen verändert, damit alle Zeilen in einer Textspalte die gleiche Länge haben und bündig abschließen. Der Wortabstand legt fest, wie weit oder eng Wörter im Blocksatz zueinander stehen dürfen. Der Wert *Opt.* ist der Prozentwert für den normalen Wortabstand. Ist ein korrekter Blocksatz mit diesem Wert nicht möglich, wird der Spielraum zwischen Minimum und Maximum ausgenutzt, wobei der Wortabstand niemals kleiner wird als der Wert des Minimums. Das Maximum kann, wenn notwendig, überschritten werden.

Silbentrennzone:

`0 mm`

Über die Einstellungen in der Silbentrennzone lassen sich nur schwer vorhersehbare Ergebnisse erzielen. Bei nicht so umfangreichen Texten empfiehlt es sich, die Silbentrennung auf den Wert 0 zu setzen und Trennungen am Flattersatz selbst vorzunehmen.

Für den Wortabstand kann als Minimum kein kleinerer Wert als 0% und als Maximum kein größerer Wert als 500% eingegeben werden.

Bearbeiten – Blocksatz und Silbentrennung
Variabler Buchstaben- oder Wortabstand?

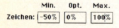

Für den Zeichenabstand kann bei *Min.* kein kleinerer Wert als −50% und bei *Max.* kein größerer Wert als 100% angegeben werden.

✿ **Gestaltungstip**

Die Eingaben für *Min.* sollten nur geringfügig von der standardmäßigen *Opt.*-Einstellung abweichen. Der Satz sieht besser aus, wenn man den Spielraum für *Max.* vergrößert. Die Wortabstände vertragen eher eine Verringerung des Abstands als einzelne Zeichen, da diese sowieso schon sehr nah beieinanderliegen.

Die Prozenteingaben des Zeichenabstandes beziehen sich auf ein halbes Geviert (=100%). Beim Blocksatz wird nach Möglichkeit der Wert, der in *Opt.* eingegeben wurde, verwendet. Ist dies nicht möglich, wird der Spielraum zwischen *Min.* und *Max.* ausgeschöpft. Der Zeichenabstand wird nicht kleiner als der Minimalwert, der Maximalwert kann allerdings vom Programm überschritten werden. Welche Einstellung wirkt sich am günstigsten auf das Satzbild aus? Dies ist zu einem gewissen Grad abhängig von der Schriftart, Satzbreite etc. Im allgemeinen erscheint ein veränderter Wortabstand jedoch weniger störend im Satzbild als ein veränderter Zeichenabstand. Bei einem veränderten Zeichenabstand machen die Wörter schnell einen überdehnten oder im umgekehrten Fall einen gestauchten Eindruck. Grundsätzlich sollte der Text in seinen Abständen eher erweitert als verringert werden. Auf der rechten Seite sehen Sie einige Einstellungen und ihre Auswirkungen auf das Satzbild. Ihre Eingaben verwendet das Programm manchmal nur zur unverbindlichen Orientierung. Wie am dritten Textbeispiel zu sehen ist, hat QuarkXPress dort entgegen den Vorgaben auch den Wortabstand verändert, um den Text auf gleiche Zeilenlänge setzen zu können.

Unterschiedliche *S&B*-Einstellungen

Maximaler Wortspielraum

Es gibt allseits bekannte und gut bewährte Mittel, um dem Geschriebenen und Gedachten ein geordnetes Aussehen zu geben. Der Gestalter kann sich an dem großen Repertoire von diversen Satzausrichtungen, rahmenden Abständen, sowie begrenzenden Linien zur hygienischen und ordnenden Maßregelung bedienen. Besonders beliebt ist das Einblocken frei fließender Gedanken zu Textquadern und deren einheitliche Normierung durch gleiche Buchstabenlaufweiten, gleiche Abstände der Zeilen und gleiche Größen der Schriften. Immerhin wird dadurch eine übersichtliche Ordnung geschaffen. Es gibt allseits bekannte und gut bewährte Mittel, um Geschriebenem und Gedachtem ein geordnetes Aussehen zu geben. Der Gestalter kann sich an ein

	Min.	Opt.	Max.
Wort:	0%	100%	400%
Zeichen:	0%	0%	0%

Maximaler Zeichenspielraum

Es gibt allseits bekannte und gut bewährte Mittel, um dem Geschriebenen und Gedachten ein geordnetes Aussehen zu geben. Der Gestalter kann sich an dem großen Repertoire von diversen Satzausrichtungen, rahmenden Abständen, sowie begrenzenden Linien zur hygienischen und ordnenden Maßregelung bedienen. Besonders beliebt ist das Einblocken frei fließender Gedanken zu Textquadern und deren ein-heitliche Normierung durch gleiche Buchstabenlaufweiten, gleiche Abstände der Zeilen und gleiche Größen der Schriften. Immerhin wird dadurch eine übersichtliche Ordnung geschaffen. Es gibt allseits bekannte und gut bewährte Mittel, um Geschriebenem und Gedachtem ein geordnetes Aussehen zu geben. Der Gestalter kann sich an ein

	Min.	Opt.	Max.
Wort:	100%	100%	100%
Zeichen:	-50%	0%	100%

Ungünstige Einstellung

Es gibt allseits bekannte und gut bewährte Mittel, um dem Geschriebenen und Gedachten ein geordnetes Aussehen zu geben. Der Gestalter kann sich an dem großen Repertoire von diversen Satzausrichtungen, rahmenden Abständen, sowie begrenzenden Linien zur hygienischen und ordnenden Maßregelung bedienen. Besonders beliebt ist das Einblocken frei fließ-ender Gedanken zu Textquadern und deren einheitliche Normierung durch gleiche Buchstabenlaufweiten, gleiche Abstände der Zeilen und gleiche Größen der Schriften. Immerhin wird dadurch eine über-sichtliche Ordnung geschaffen. Es gibt allseits bekannte und gut bewährte Mittel, um Geschriebenem und Gedachtem ein geordnetes Aussehen zu geben.

	Min.	Opt.	Max.
Wort:	100%	100%	100%
Zeichen:	-50%	0%	0%

Passable Einstellung

Es gibt allseits bekannte und gut bewährte Mittel, um dem Geschriebenen und Gedachten ein geordnetes Aussehen zu geben. Der Gestalter kann sich an dem sehr großen Repertoire an diversen Satzausrichtungen, rahmenden Abständen, wie begrenzenden Linien zur hygienischen und ordnenden Maßregelung bedienen. Besonders beliebt ist das Einblocken frei fließender Gedanken zu Textqua-dern und deren einheitliche Normierung durch gleiche Buchstabenlauf-weiten, gleiche Abstände der Zeilen und gleiche Größe der Schriften. Immerhin wird eine übersichtliche Ordnung geschaffen. Es gibt allseits bekannte und gut bewährte Mittel, um Geschriebenem und Gedachtem ein geordnetes Aussehen zu geben.

	Min.	Opt.	Max.
Wort:	65%	100%	135%
Zeichen:	-3%	0%	6%

Bearbeiten – Blocksatz und Silbentrennung
Bündigkeitszone und erzwungener Blocksatz

Bündigkeitszone:

`0 mm`

☐ **Erzwungener Blocksatz**

Wenn Sie auf das letzte Icon klicken, wird die letzte Absatzzeile eines Blocksatzes auf ganze Spaltenbreite gezwungen. Die *S&B*-Einstellungen, die für den Text eingestellt sind, werden ignoriert.

6. Die Bündigkeitszone beginnt beim rechten Spaltenrand. Je höher der Wert für die Bündigkeitszone ist, desto kürzere Zeilen werden auf ganze Spaltenbreite ausgedehnt. Die Bündigkeitszone bezieht sich auf die letzte Zeile eines Absatzes. Damit sie angewendet wird muß in der *Formate*-Dialogbox noch *Erzwungener Blocksatz* aktiviert sein, und die Zeilensprungtaste muß nach der letzten Absatzzeile gedrückt werden. Ist *Erzwungener Blocksatz* angekreuzt worden, jedoch die Bündigkeitszone auf 0 gesetzt, wird die letzte Zeile nicht auf Spaltenbreite gesperrt. Damit sich das Wechselspiel der Einstellungen für die Anwender in QuarkXPress noch etwas komplexer gestaltet, gibt es ferner die Möglichkeit, *Erzwungener Blocksatz* über die Maßpalette einzugeben.

Bündigkeitszone:

`0 mm`

☒ **Erzwungener Blocksatz**

Es gibt allseits bekannte und gut bewährte Mittel, um dem Geschriebenen und Gedachten ein geordnetes Aussehen zu geben. Der Gestalter kann sich an dem großen Repertoire von diversen Satzausrichtungen, rahmenden Abständen, sowie begrenzenden Linien zur hygienischen und ordnenden Maßregelung bedienen.

Besonders beliebt ist das Einblocken frei fließender Gedanken zu Textquadern und deren einheitliche Normierung durch gleiche Buchstabenlaufweiten, gleiche Abstände der Zeilen und gleiche Größen der Schriften. Immerhin wird dadurch eine übersichtliche Ordnungsgefüge geschaffen.

Bündigkeitszone:

`25 mm`

☒ **Erzwungener Blocksatz**

Es gibt allseits bekannte und gut bewährte Mittel, um dem Geschriebenen und Gedachten ein geordnetes Aussehen zu geben. Der Gestalter kann sich an dem großen Repertoire von diversen Satzausrichtungen, rahmenden Abständen, sowie begrenzenden Linien zur hygienischen und ordnenden Maßregelung bedienen.

Besonders beliebt ist das Einblocken frei fließender Gedanken zu Textquadern und deren einheitliche Normierung durch gleiche Buchstabenlaufweiten, gleiche Abstände der Zeilen und gleiche Größen der Schriften. Immerhin wird dadurch ein halbwegs übersichtliches Ordnungsgefüge g e s c h a f f e n .

Anwendung der *S&B*-Einstellungen im Stilmenü

Nachdem die Einstellungen gesichert wurden, können Sie diese über das Menü *Stil* → *Formate* den jeweiligen Absätzen zuweisen. Im *Formate*-Dialogfenster findet sich links unten ein Eingabefeld für *S&B*. Auf jeden neuen Textrahmen und Text wird erst einmal die *S&B*-Einstellung *Standard* angewendet. Wenn Sie Blocksatzeinstellungen, mit denen bereits Texte formatiert wurden, nachträglich verändern, werden diese Texte neu formatiert.

In der PAGE-Ausgabe vom November 94, Seite 68–69, sind Blocksatzeinstellungen unter Zuhilfenahme der AFM-Dateien von Schriften abgeleitet worden. Diese können im Pulldown-Menü der unteren Abbildung als *Page-Blocksatzeinstellungen* aufgerufen werden.

❇ **Gestaltungstip**

Das Sperren der letzten Absatzzeile sieht nicht besonders ästhetisch aus (siehe linke Seite). Besser ist es, wenn die letzte Zeile frei ausläuft und dadurch optisch verdeutlicht, daß dort der Absatz abschließt. Wenn man die letzten Absatzzeilen etwas kürzer hält, kann man auf Initialen und Einzüge zur Absatzmarkierung verzichten.

Die 61% beziehen sich auf $1/6$ Geviert. Die Prozenteinstellung für den Zeichenabstand in QuarkXPress orientiert sich an $1/4$ Geviert.

Hilfsmittel – Manueller Blocksatzausgleich
Weshalb manueller Blocksatzausgleich?

Setzen Sie die Einfügemarke vor das Wort, um den Trennvorschlag abzufragen (Tastenkombination: ⌘ + H). Der Trennvorschlag richtet sich dabei auch nach der in *S&B* eingegebenen Trennmethode sowie ihren eigenen eingefügten Trennvorschlägen.

Wenn Sie einen Trennvorschlag sichern wollen, müssen Sie das betreffende Wort mit Trennstrichen an den zu trennenden Stellen eingeben.

Trennvorschläge und Trennausnahmen
Neben den *S&B*-Einstellungen muß man immer wieder „von Hand" Korrekturen am Satz vornehmen. Dies liegt daran, daß die meisten DTP-Programme nicht für jedes Wort Trennvorgaben besitzen. Sie können in einem solchen Fall eigene Trennvorschläge in einer „Hilfsbibliothek" abspeichern. Dazu müssen Sie im Menü *Hilfsmittel* → *Ausnahmen* anwählen. Ihre Trennvorschläge werden von QuarkXPress beim Satzumbruch berücksichtigt. Es gibt immer wieder Textstellen, bei denen aus Gründen der Lesbarkeit der Umbruch manuell verändert werden muß. Es kann beispielsweise passieren, daß „Hin-terhalt" so getrennt wird. Dieses Wort ist jedoch besser lesbar, wenn man es folgendermaßen trennt: „Hinter-halt". Eine weitere und bereits ziemlich verantwortungsvolle Form der Satzkorrektur besteht darin, untrennbare und ästhetisch störende Textpassagen so umzuformulieren, daß der Satz besser umbrochen werden kann, die eigentliche Textaussage aber nicht verändert wird. Wer sich dies als „Grafiker" zutraut, sollte nach vorheriger Absprache mit den Entscheidungsträgern keine falsche Bescheidenheit an den Tag legen.

Der „weiche" Trennstrich

Weicher Trennstrich, flexible Leerzeichen

Wenn Sie einige Textpassagen selber trennen möchten, gehen Sie folgendermaßen vor: Die Einfügemarke wird dorthin gesetzt, wo das Wort getrennt werden soll. Dann gibt man einen „weichen" Trennstrich ein (+ Trennstrich). Der weiche Trennstrich wird bei einem erneuten Umbruch, wenn das Wort in der Satzmitte steht, wieder gelöscht. Soll ein Wort nicht getrennt werden, wird der weiche Trennstrich vor das betreffende Wort gesetzt. Wenn zwei oder mehrere Wörter beim Satzumbruch gemeinsam in die folgende Zeile gesetzt werden sollen, haben Sie die Möglichkeit, ein „nichtumbrechendes flexibles Leerzeichen" einzugeben. Dazu müssen Sie mit der Einfügemarke zwischen die betreffenden Wörter gehen und die Tastenkombination ⇧ + ⌥ + Leertaste drücken.

Flex. Leerzeichen:

50 %

Bei einem flexiblen Leerzeichen können „flexibel" unter *Vorgaben* ➜ *Typografie* Schriftweiten zwischen 10 % und 400 % eingegeben werden. Die Schriftweite von 50 % entspricht in etwa dem normalen Wortabstand. Dieses Leerzeichen heißt „flexibel", weil Sie selbst einen Wert für die Größe des Leerzeichens eingeben können.

Es gibt allseits bekannte und gut bewährte Mittel, um dem Geschriebenen und Gedachten ein geordnetes Aussehen zu geben. Der Gestalter kann sich an dem ziehmlich großen Repertoire von diversen Satzausrichtungen, rahmenden Abständen, sowie begrenzenden Linien zur hygienischen und ordnenden Maßregelung bedienen. Besonders beliebt ist das Einblocken frei fließender Gedanken zu Textquadern und deren einheitliche Normierung durch gleiche Buchstabenlaufweiten, gleiche Abstände der Zeilen und gleiche Größe der Schriften. Immerhin wird dadurch ein übersichtliches Ordnungsgefüge geschaffen.

Es gibt allseits bekannte und gut bewährte Mittel, um dem Geschriebenen und Gedachten ein geordnetes Aussehen zu geben. Der Gestalter kann sich an dem ziehmlich großen Repertoire von diversen Satzausrichtungen, rahmenden Abständen, sowie begrenzenden Linien zur hygienischen und ordnenden Maßregelung bedienen. Besonders beliebt ist das Einblocken frei fließender Gedanken zu Textquadern und deren gleiche Buchstabenlaufweiten, gleiche Abstände der Zeilen und gleiche Größe der Schriften. Immerhin wird dadurch ein übersichtliches Ordnungsgefüge geschaffen.

Im oberen Textbeispiel sind die Wörter „Satzausrichtungen" und „Maßregelungen" nicht nach ihrer besten Lesbarkeit umbrochen worden. Durch Eingabe eines weichen Trennstriches wurde der Umbruch im unteren Beispiel verändert.

Manueller Blocksatzausgleich
Weicher Zeilensprung, Sperren und Unterschneiden

Auf der gegenüberliegenden Seite ergeben die schmucklosen Quaderformen der Bauhauswohnung und der schlichte Normcharakter des Blocksatzes einen Gesamteindruck von puritanischer Strenge.

Weicher Zeilensprung
Soll ein Wort komplett von der nächsten Zeile übernommen werden, setzt man die Einfügemarke vor das Wort und drückt die Tastenkombination Shifttaste + Zeilensprungtaste. QuarkXPress sieht in diesem Zeilensprung keinen neuen Absatzanfang.

Für Perfektionisten
Sie haben die Möglichkeit, eine absolute Kontrolle auf die Abstände im Blocksatz auszuüben. Diese Methode ist allerdings so extrem aufwendig, daß sie sich nur in solchen Fällen empfiehlt, in denen ein kleiner und bedeutender Text so perfekt wie möglich gesetzt werden soll. Löschen Sie alle Leerzeichen, die im Text vorkommen. Dann gehen Sie mit der Einfügemarke zwischen die Wörter und rücken diese mit Hilfe des *Stil* → *Unterschneiden*-Befehls oder durch Klicken auf die Abstandspfeile in der Maßpalette auseinander. Mit dieser Methode können Sie das Verhältnis von Zeichen- und Wortabstand von Wort zu Wort individuell bestimmen.

Im unten aufgeführten Beispiel wurden variierende Unterschneidungswerte zwischen den Wörtern über die Maßpalette eingegeben.

Esgibtallseitsbekanntundgut bewährteMittel,umdemGeschriebenenundGedachteneingeordnetes Aussehenzugeben.DerGestalter kann sichandemgroßenRepertoirevon diversenSatzausrichtungen,rahmendenAbständen,sowiebegrenzenden Linienzurhygienischenundordnenden Maßregelungbedienen.

Es gibt allseits bekannte und gut bewährte Mittel, um dem Geschriebenen und Gedachten ein geordnetes Aussehen zu geben. Der Gestalter kann sich an dem großen Repertoire von diversen Satzausrichtungen, rahmenden Abständen, sowie begrenzenden Linien zur hygienischen und ordnenden Maßregelung bedienen.

Gestaltungsbeispiel

Bauhaussiedlung Dessau-Törten + Blocksatz

Die Bauhaussiedlung in Törten bestand aus eingeschossigen, einfachen Einfamilienwohnhäusern. Im ersten Bauabschnitt wurden 1926 die ersten Wohnhäuser errichtet. 1927 folgen weitere 100 Häuser. Ein Jahr später wurden noch einmal 156 Häuser gebaut. Die Hauptverantwortung für die Planung und Realisierung der Siedlung lag bei Walter Gropius, dem Leiter des staatlichen Bauhauses in Dessau. Die zentrale Idee seines Projektes bestand darin, in Hinblick auf die dringende Wohnungsnot und die angespannte finanzielle Lage, das Bauprojekt durch Rationalisierung der Baustellenarbeit und Standardisierung der Materialien ohne den sonst üblichen finanziellen Aufwand zu verwirklichen. Die Bauhauswerkstätten hatten in Törten eine bereits möblierte Musterwohnung errichtet, deren genormtes Mobiliar vom Bauhaus bestellt werden konnte.

Stilmenü – Hängende Initialen
Optisches Einpassen von Anfangszeichen

☒ Hängende Initialen
Anzahl Zeichen: `1`
Anzahl Zeilen: `3`

Anzahl Zeichen: `1`

Anzahl Zeilen: `3`

D ie Initialen sind vergrößerte Anfangsbuchstaben am Absatzanfang. Sie helfen dem Leser beim Auffinden zusammenhängender Sinnabschnitte im laufenden Text. I

▶ StoneSans-Mediun ▶ 140%

D ie Initialen sind vergrößerte Anfangsbuchstaben am Absatzanfang. Sie helfen dem Leser beim Auffinden zusammenhängender Sinnabschnitte im laufenden Text.

Initialen sind vergrößerte Anfangsbuchstaben am Absatzanfang. Sie helfen dem Leser beim Auffinden zusammenhängender Sinnabschnitte im laufenden Text.

Klickt man auf *Hängende Initialen* im *Formate*-Dialogfenster, erscheint im erweiterten Fenster ein Feld, in dem Eingaben zur Initiale vorgenommen werden können.

1. Mit der Anzahl der Zeichen legen Sie fest, wie viele Buchstaben in der ersten Zeile eines Absatzes zur Initiale gemacht werden sollen. Üblicherweise wird nur der erste Buchstabe verwendet.

2. Die Größe der Initiale wird durch die Anzahl der Zeilen bestimmt. Eine Initiale, die sich über drei Zeilen erstreckt, ist automatisch größer als eine Initiale, die über zwei Zeilen in den Text hineingesetzt wird. Es sind maximal acht Zeilen möglich.

Die Größe wird nach dem Erstellen der Initiale in Prozent angezeigt und kann nachträglich durch Werte zwischen 10% und 400% in 0,1%-Schritten verändert werden. Verändert man den Prozentwert, so wird die Initiale nach oben vergrößert. Sie wird dadurch aus dem Text herausgestellt. Will man sie beim Vergrößern jedoch in den Text hineinstellen, muß statt dessen die Anzahl der Zeilen, über die sich die Initiale erstrecken soll, erhöht werden.

Gestaltungsbeispiel

Beim Einpassen der Initiale sollten drei Punkte besonders beachtet werden:
1. Initialen sollten mit dem linken Textrand optisch abschließen.
2. Sie sollten auf der Grundlinie der Textzeile liegen und eine optische Linie bilden.
3. Sie sollten einen weder zu engen noch zu weiten rechten Abstand zum angrenzenden Lesetext haben.

Zu Punkt 1: Einen ungleichmäßigen linken Textrand kann man über das *Formate*-Dialogfenster ausgleichen. Dort kann die erste Zeile eines Absatzes durch einen negativen Wert für *Erste Zeile* und einen positiven Wert für *Linker Einzug* ein wenig herausgestellt werden. Alternativ läßt sich ein Leerzeichen vor die Initiale setzen. Durch Unterschneidung wird die Initiale aus dem Text gerückt.

Zu Punkt 2: Die Initiale wird aktiviert und über *Grundlinienversatz* mit einem negativen Punkteintrag nach unten versetzt.

Zu Punkt 3: Ist die Initiale gesetzt worden, so ist es anschließend nicht mehr möglich, den angrenzenden Lesetext durch Leerzeichen oder Unterschneidungen ab- bzw. heranzurücken. Man kann sich behelfen, indem man zwischen Lesetext und Initiale einen weißen Buchstaben setzt. Vor diesem Zeichen kann spationiert und unterschnitten werden, wodurch sich der Abstand des Textes zur Initiale mitverändern läßt.

Vergrößerte Anfangsbuchstaben am Absatzanfang werden Initialen genannt. Sie helfen dem Leser beim Auffinden zusammenhängender Sinnabschnitte im laufenden Text.

1. Schritt

Linker Einzug:	0,8 mm
Erste Zeile:	-0,8 mm

Vergrößerte Anfangsbuchstaben am Absatzanfang werden Initialen genannt. Sie helfen dem Leser beim Auffinden zusammenhängender Sinnabschnitte im laufenden Text.

2. Schritt

Vergrößerte Anfangsbuchstaben am Absatzanfang werden Initialen genannt. Sie helfen dem Leser beim Auffinden zusammenhängender Sinnabschnitte im laufenden Text.

3. Schritt
Vor „Initialen" wurde ein weißer Buchstabe eingefügt und unterschnitten.

StoneSans-Mediun 105%

Vergrößerte Anfangsbuchstaben am Absatzanfang werden Initialen genannt. Sie helfen dem Leser beim Auffinden zusammenhängender Sinnabschnitte im laufenden Text.

Objektmenü – Initialen
Anfangszeichen von Text umfließen lassen

Der Befehl *Hängende Initialen* läßt sich nur auf Text anwenden. Wenn Sie eine in QuarkXPress erstellte Grafik oder ein importiertes Bild als Initiale für einen Absatzanfang verwenden wollen, haben Sie die Möglichkeit, sie an den Absatzanfang zu schieben und dort vom Text umfließen zu lassen. Die zu umfließende Initiale muß sich auf einer Ebene befinden, die über dem zu umfließenden Text liegt. Nachdem sie aktiviert wurde, wählt man im Menü *Objekt ➔ Umfließen* an. Im Pull-down-Menü des Dialogfensters *Umfließen* kann entschieden werden, ob der Text die Initiale ignorieren soll: Modus *Nicht*, oder ob der Text am Rahmen entlangfließen soll: Modus *Rahmen*.

Im Modus *Kontur manuell* legt das Programm um die Kontur des Rahmeninhaltes – also um die eigentliche Initiale – einen unsichtbaren Umfließungsrahmen, der sich nicht weiter bearbeiten läßt. Ist der Modus *Kontur manuell* angewählt worden, erscheint der Umfließungsrahmen, der sich um die Kontur des Bildinhalts legt, als gepunktete Linie mit Anfassern, die sich manuell verändern lassen. Wird der Rahmeninhalt verändert, ändert sich ebenfalls die veränderbare Umfließungskontur. Wird er gelöscht, bleibt sie bestehen. *Kontur manuell* und *Kontur automatisch* sind übrigens nur für Bildrahmen anwählbar.

Anwendungsbeispiele

Wenn Sie an einem der Anfasser ziehen, können Sie dadurch den Umfließungsabstand des Textes verändern. Mit dem ausgewählten Objektwerkzeug und der gedrückten Befehlstaste können Punkte durch Klicken auf den Umfließungsrahmen hinzugefügt werden. Klicken Sie allerdings direkt auf einen der Anfasser, so wird er dadurch bei gedrückter Befehlstaste gelöscht.

Für die nebenstehende Initiale ist *Kontur manuell* mit 1 pt Umfließungsabstand eingegeben worden. Der Umfließungsrahmen wurde anschließend durch Verschieben der Anfasser noch ein wenig korrigiert.

Wenn der Rahmen, der umflossen werden soll, eine rechteckige Form besitzt, können für alle vier Seiten verschiedene Umfließungsabstände festgelegt werden. Bei einer runden Rahmenform, wie hier abgebildet, läßt sich nur ein einheitlicher Umfließungsabstand eingeben. In QuarkXPress ist es immer noch nicht möglich, ein Objekt von zwei Seiten umfließen zu lassen. Der Text umfließt das Objekt immer an der Seite, an der er am meisten Platz findet. Wenn der zur Verfügung stehende Platz so gering ist, daß nicht umbrochen oder getrennt werden kann, bricht der Textfluß an der betreffenden Stelle ab. In diesem Fall müssen sie eigene alternative Trennungen vornehmen oder die Spaltenbreite vergrößern.

Die Initiale, die übrigens in Photoshop mit Hilfe von „Berechnungsbefehlen" erstellt worden ist, wurde in einen runden Bildrahmen importiert. In dem Dialogfenster *Umfließen* ist als Modus *Rahmen* mit 1 pt Umfließungsabstand gewählt worden. Der Text orientiert sich bei dieser Einstellung an der runden Bildrahmenform und nicht mehr an der Kontur des Bildinhalts.

Werkzeugpalette – Initialen
Anfangszeichen im Text verankern

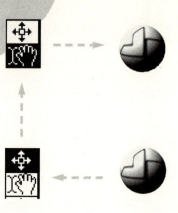

Es kommt häufig vor, daß der Text, in den die Initialen eingefügt werden sollen, durch Korrekturen neu umbrochen werden muß. Aus diesem Grund gibt es die Möglichkeit, Elemente so in den Text einzufügen beziehungsweise zu „verankern", daß sie automatisch gleich mitumbrochen werden. Es können Linien sowie Bild- und Textrahmen mit ihrem Inhalt verankert werden. Sie dürfen allerdings selbst keine verankerten Elemente enthalten.

1. Zuerst muß das zu verankernde Element mit dem Objektwerkzeug angewählt und in die Zwischenablage kopiert werden.
2. Dann wird von dem Objekt- aufs Inhaltswerkzeug gewechselt.
3. Mit dem Inhaltswerkzeug wird eine Einfügemarke an die Stelle im Text gesetzt, wo das Element über *Bearbeiten* ➜ *Einsetzen* verankert werden soll.

Anwendungsbeispiele

Wenn Sie die Position der Anfasser verändern, achten Sie darauf, daß Sie den verankerten Rahmen nicht weiter aufziehen, als der Textrahmen breit ist. In diesem Fall verschwindet die Initiale mitsamt dem Text. Sie lösen das Problem, indem Sie den Textrahmen vergrößern.

Es ist nicht ganz einfach, die Einfügemarke direkt vor das verankerte Element zu plazieren. Bevor Sie die Geduld verlieren, können Sie auch versuchen, die Einfügemarke über die Pfeiltasten dorthin zu bewegen. Sie können die Initiale mit dem Textwerkzeug wie gewöhnlichen Text editieren. Natürlich ist es nicht möglich, einen anderen Schriftstil für ein verankertes Element zu vergeben, aber Sie können es zum Beispiel über den Befehl *Grundlinienversatz* ein wenig nach unten versetzen, um es optisch besser in das Zeilenbild einzupassen. Wenn Sie das Element löschen wollen, müssen Sie die Einfügemarke davor plazieren und auf die Löschtaste drücken. Bei eingestelltem automatischem Zeilenabstand orientiert sich der Text an der Größe des verankerten Elements. Bei einem festen Abstandswert bleibt der Zeilenabstand erhalten, was sicher in den meisten Fällen sinnvoller ist.

Wenn man mit dem angewählten Inhalts- oder Objektwerkzeug auf das verankerte Element klickt, wird ein Rahmen sichtbar. Dieser kann mit Hilfe von drei Anfassern skaliert werden. Der Rahmeninhalt kann ebenfalls bearbeitet werden.

Das Element kann zusammen mit dem Text aktiviert werden, indem man mit der Einfügemarke darüberstreicht.

 In der Maßpalette läßt sich eingeben, ob das eingefügte Element an den Oberlängen der nebenliegenden Textzeilen ausgerichtet werden soll.

Das verankerte Element kann sich auch an der Schriftgrundlinie orientieren, wie in diesem Textbeispiel.
Über + # wird ein verankertes Element aus dem Text herausgestellt.

Hilfsmittel – Spationierung bearbeiten
Laufweiten bei unterschiedlichem Schriftgrad

60 pt = $^1/_6$ Geviert
36 pt = $^1/_6$ Geviert
24 pt = $^1/_6$ Geviert
18 pt = $^1/_5$ Geviert
12 pt = $^1/_4$ Geviert
 6 pt = $^1/_3$ Geviert

Bei 6 pt kann der Abstand $^1/_3$ Geviert betragen. Für große Schriftgrade reicht oft ein Wortabstand von $^1/_6$ Geviert. Der Differenz von $^1/_6$ Geviert entsprechen in QuarkXPress $^{33}/_{200}$ Einheiten. Da bei der Laufweitenveränderung leider auch die Buchstabenabstände verändert werden, muß die Differenz wesentlich kleiner ausfallen.

Ausgangssituation

Während sich in professionellen und modernen Satzanlagen die Laufweiten automatisch den Satzgrößen anpassen, gehen Computerschriften üblicherweise nur von einer Einheitslaufweite aus, die sich in aller Regel an der Lesegröße der jeweiligen Schrift orientiert. Bei großen Schriftgraden fällt diese Laufweite fast immer zu weit, bei kleinen Schriftgraden eher zu eng aus.

Spationierung bearbeiten

QuarkXPress bietet die Möglichkeit, die Laufweite entsprechend der Schriftgröße proportional abzustimmen. Dazu wählt man im Menü *Hilfsmittel* ➜ *Spationierung bearbeiten* an. In dem Fenster, das sich öffnet, wird die Schrift ausgewählt, deren Laufweite verändert werden soll. In dem Dialogfenster, das sich daraufhin öffnet, ist die Spationierung standardmäßig auf 0 gesetzt. Die Spationierungseingaben können von $-^1/_2$ Geviert bis zu $^1/_2$ Geviert für Schriftgrößen von 2 pt bis 250 pt verändert werden. Es lassen sich durch Anklicken bis zu 4 Punkte auf die Linie setzen. Beim Korrigieren der Linie werden die Schriftgröße und der dazugehörige Unterschneidungswert in der rechten oberen Ecke des Dialogfensters angezeigt. Nach dem Schließen der beiden Fenster werden sie auf die jeweilige Schrift angewendet.

Anwendungsbeispiele

Im ersten Fenster, das sich unter *Spationierung bearbeiten* öffnet, kann der zu bearbeitende Schriftschnitt ausgewählt werden.

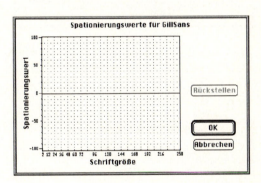

In diesem Fenster wird die Korrektur der Laufweite vorgenommen.

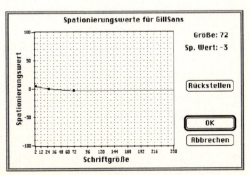

Es wird nur der Bereich in diesem Fenster ausgeführt, der über der festgelegten Überschneidungsgrenze in *Vorgaben* → *Typografie* liegt.

Hilfsmittel – Spationierung bearbeiten
Auswirkung der Spationierung im Text

Wenn die Laufweite nicht den Schriftgrößen angepaßt wird, erschwert dies die Lesbarkeit bei kleinen Schriften, weil die Buchstaben nicht mehr so gut zu unterscheiden sind. Bei großen Schriftgraden ist die „Bandwirkung" der Zeile durch auffällige Lücken gestört.

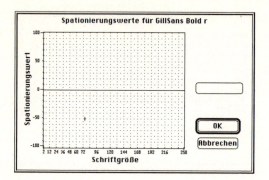

Scheinbar kleine Veränderungen in dem Dialogfenster führen zu deutlichen Veränderungen in der Laufweite, wie am nebenstehenden Text zu sehen ist. Die größeren Schriftgrade wirken zwar jetzt in ihrem Schriftbild geschlossener, allerdings stehen einige Zeichen schon zu nah beisammen wie etwa e und d. Satzeinstellungen können ganz schön lästig werden.

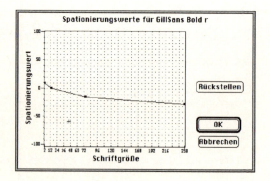

Anwendungsbeispiele

Who killed bamby? Who killed bamby? Who killed bamby? Who killed bamby? Who killed bamby?

Who killed bamby? Who killed bamby?

Who killed bamby?

Who killed?

Who?

Who killed bamby? Who killed bamby? Who killed bamby? Who killed bamby? Who killed bamby?

Who killed bamby? Who killed bamby?

Who killed bamby?

Who killed?

Who?

Hilfsmittel – Unterschneidung bearbeiten
Grenzen der „traditionellen" Schriftlaufweite

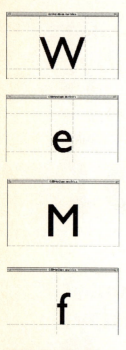

Die Schrift „Gill Sans" wurde im Programm „Fontografer" geöffnet, um einen Blick auf die Zurichtung der Buchstaben zu werfen. In Fontografer können Schriften entworfen und für die Anwendung in anderen Programmen generiert werden.

Bei der „traditionellen" Bestimmung der Laufweite einer Schrift versucht der Schriftdesigner den meisten Buchstaben eine feste Vor- und Nachbreite zu geben, die so gewählt sein sollte, daß die beliebige Kombination der Buchstaben einen gleichmäßigen Weißraum (Buchstabenabstand) ergibt. Beim Buchstaben W ist auf eine zusätzliche Vor- und Nachbreite verzichtet worden, da er aufgrund seiner spezifischen Form schon genug Weißraum zu beiden Seiten entstehen läßt. Für die Buchstaben e und M sind zusätzliche Vor- und Nachbreiten (Abstand bis zu den gestrichelten Begrenzungslinien) eingerichtet worden. Die Festlegung der Buchstabenbreite und Laufweite nennt man auch Zurichtung einer Schrift. Sie stellt eigentlich immer nur einen Kompromiß dar. Die eingestellte Vorbreite des Buchstabens e mag zum M passen, in Verbindung mit dem W müßte das W jedoch in seiner Vor- und Nachbreite unterschnitten werden. Der Buchstabe f hat bereits in der Zurichtung der Buchstabendickten eine „negative" Nachbreite erhalten. Das gestrichelte Feld, in dem sich die Buchstaben befinden, nennt man Bounding Box. Es mißt in der Vertikalen und Horizontalen 1 Geviert und ist vom Buchstabenkegel des Bleisatzes abgeleitet.

Schrifttechnologischer Hintergrund

„Bounding Box"

Der Buchstabe W hat eine Dickte von 961 Einheiten. Die Dickte des M mißt 748 Einheiten. Ein Geviert entspricht 1000 Einheiten. Für Buchstaben wie H, I, M und N, die eine quadratische Grundform besitzen, muß zu beiden Seiten eine zusätzliche Vor- und Nachbreite eingestellt werden. Buchstaben wie A, W, Y etc. lassen durch ihre dreieckige Grundform bereits Vor- und Nachbreiten entstehen. Buchstaben mit runden Buchstabengrundformen wie O, G, Q etc. brauchen nur geringe Vor- und Nachbreiten.

Vorbreite — Nachbreite — Dickte

An dem Wort „Hamburgefonts" wird die Zurichtung einer Schrift getestet. Schreibmaschinenschriften haben einheitliche Buchstabendickten. Dadurch wirken Buchstaben wie m oder t stark verzerrt.

Hilfsmittel – Unterschneidung bearbeiten
Unterschneidungstabellen einsehen

GiltuTMed.afm

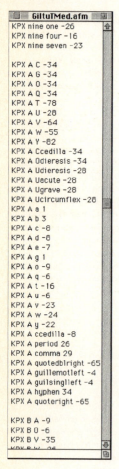

Da die Dickten-Zurichtung von Buchstaben nicht ausreicht, um zu einer gleichmäßig ruhigen Schriftlaufweite zu gelangen, bieten die meisten Schriftenhersteller sogenannte Unterschneidungstabellen an. Unterschneidung oder „Kerning" (engl.) bedeutet, daß für einzelne Buchstabenpaare die Abstände über die Zurichtung der Buchstabendickten hinaus verändert werden. Diese Unterschneidungswerte werden in den Unterschneidungs- bzw. Ästhetiktabellen festgehalten. Für gewöhnlich enthalten diese Tabellen bis zu 400 Unterschneidungswerte einzelner Zeichenpaare für den jeweiligen Schriftschnitt einer Schriftfamilie. Es wird unterschieden zwischen Long- und Short-Kerning-Tabellen. Long-Kerning-Tabellen können bis zu 1000 Unterschneidungswerte haben. Dies ist vor allem für Schriften im Titelsatz interessant, da bei größeren Schriftgraden unausgeglichene Zeichenpaare schneller auffallen. In der nebenstehenden Abbildung ist eine AFM-Datei (Adobe Font Metrics) in Teach Text geöffnet worden. AFM-Dateien werden mit dem jeweiligen Schriftsatz mitgeliefert. Mit Hilfe dieser Dateien können die festgelegten Unterschneidungswerte etwa für den Buchstaben A eingesehen werden.

Schrifttechnologischer Hintergrund

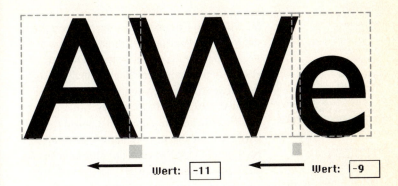

Beim Unterschneiden werden für die Zeichen in den allermeisten Fällen negative Unterschneidungswerte festgelegt; dabei wird die Dickte des folgenden Zeichens in die Dickte des vorhergehenden Zeichens geschoben. Bei dem oben abgebildeten Buchstabenpaar „AW" wird die Dickte dem Buchstaben A entzogen, das W wird um diesen Wert versetzt ausgedruckt.

In dem Dialogfenster *Unterschneidung bearbeiten* wird für „AW" ein Unterschneidungswert von $-^{11}/_{200}$ Geviert und für „We" ein Wert von $-^{9}/_{200}$ Geviert angezeigt. Wirft man anschließend einen Blick auf die Unterschneidungswerte der AFM-Datei auf der linken Seite, ist für das gleiche Buchstabenpaar „AW" der Wert −55 eingetragen. Die AFM-Werte beziehen sich auf $^{1}/_{1000}$ Geviert als Maßeinheit. Deshalb wird derselbe Unterschneidungswert fünfmal so hoch ausgewiesen.

Hilfsmittel – Unterschneidung bearbeiten
Unterschneidungstabellen in QuarkXPress einstellen

Anfügen

Wenn die Tabelle keine Werte enthält, sind für die betreffende Schrift keine Unterschneidungswerte angelegt worden. Sie können eine Tabelle anlegen, indem Sie für die zu unterschneidenden Buchstabenpaare einen Unterschneidungswert in das Feld *Wert* eingeben. Anstelle von *Ersetzen* steht *Anfügen* im Dialogfenster.

Export

Über *Export* können Sie die Unterschneidungstabellen als ASCII-Textdatei sichern. Diese können Sie nach Bedarf wieder reimportieren, um die aktuellen Werte durch die importierten Werte zu ersetzen.

Sie rufen die Unterschneidungstabelle über das Menü *Hilfsmittel* → *Unterschneidung bearbeiten* auf. Es öffnet sich ein Dialogfenster, in dem alle in den Arbeitsspeicher geladenen Schriften angezeigt werden. Für die Stilzuweisungen *Fett*, *Kursiv* etc. eines Schriftschnittes müssen jeweils einzelne Unterschneidungstabellen angelegt werden. Nach dem Doppelklicken auf eine Schrift öffnet sich ein zweites Fenster mit der entsprechenden Unterschneidungstabelle. Klicken Sie in die Liste mit den unterschnittenen Buchstabenpaaren, so zeigt das Feld *Wert* den aktuellen Spationierungswert des angeklickten Buchstabens, den Sie überschreiben können. Wenn Sie einen Wert verändern, können Sie in dem darunter gelegenen Vorschaufenster eine Ansicht des betreffenden Buchstabenpaares mit dem neuen Wert sehen. Über *Ersetzen* müssen Sie Ihre Veränderung noch einmal bestätigen. Durch *Rückstellen* läßt sich die vom Hersteller empfohlene Unterschneidung wieder aufrufen. Wenn Sie ein ganz bestimmtes Buchstabenpaar unterschneiden möchten, dann geben Sie dieses in das obere Feld ein. Der eingestellte Wert erscheint. Nach dem Schließen der beiden Fenster werden die Einstellungen auf die Schrift angewendet. Texte, die bereits mit dieser Schrift gesetzt worden sind, werden entsprechend verändert.

Anwendungsbeispiele

In dem ersten Fenster erscheint eine Liste mit den im Arbeitsspeicher befindlichen Schriften.

Für die ausgewählte Schrift wird die Unterschneidungstabelle angezeigt. Sie können Werte von $-1/2$ Geviert bis $1/2$ Geviert in 200stel-Geviert-Schritten eingeben.

Für „We" ist ein Unterschneidung von 0 eingegeben worden. Im Vorschaufenster ist die Veränderung des Zeichenabstands deutlich zu sehen.

XPress Daten

Im Programmordner von QuarkXPress befindet sich die Datei „XPress Daten", in der die Veränderungen gesichert werden. Beim Exportieren von Texten in andere Programme gehen die Unterschneidungsdaten verloren.

191

Vorgaben – Typografie
Grundeinstellungen für das Stilmenü

Hoch- und Tiefgestellt
Diese Einstellungsmöglichkeit ist zum Beispiel für Exponenten oder Fußnotenzeichen interessant. Mit *Versatz* wird festgelegt, wie hoch das Zeichen über der Grundlinie stehen soll. Voreingestellt sind 33 %. Über *Vert.* und *Horiz.* bestimmen Sie die Höhe und Breite des Zeichens. Die Einstellungen für *Hochgestellt* und *Tiefgestellt* können im Stilmenü und in der Maßpalette abgerufen werden.

Kapitälchen
Kapitälchen sind verkleinerte Versalbuchstaben, die nur die Höhe der Mittellängen einer Schrift besitzen und sich dadurch optisch besser ins Satzbild einfügen. Wenn Sie keinen Kapitälchenschnitt eines Expertzeichensatzes der verwendeten Schrift besitzen, können Sie die Größe festlegen, auf die der Versalschnitt zu Kapitälchen verkleinert werden soll. Voreingestellt sind 75 %. Sie können Eingaben in 0,1 %-Schritten zwischen 0 % und 100 % vornehmen.

Index
Der Index wird meistens in einem etwas kleineren Schriftgrad gesetzt. Voreingestellt sind 50 %. Sie können Eingaben in 0,1 %-Schritten zwischen 0 % und 100 % vornehmen.

Grundlinienraster
Am Grundlinienraster wird der Lesetext ausgerichtet. Er entspricht in seinen Abständen in der Regel dem Zeilenabstand des Lesetextes und beginnt an der oberen Satzspiegelkante.

Auto Zeilenabstand
Der Prozentwert, den Sie unter *Auto Zeilenabstand* eingeben können, wird zum maximalen Schriftgrad der betreffenden Schrift hinzugefügt.

Schriftsatz
Im Schriftsatzmodus wird der Zeilenabstand von Schriftgrundlinie zu Schriftgrundlinie gemessen. Dies ist die Standardeinstellung. In einigen Textverarbeitungsprogrammen wird der Zeilenabstand auch von der Oberlänge einer Textzeile zur Oberlänge der darunterliegenden Textzeile gemessen. Diese eher ungebräuchliche Methode steht nur aus Gründen der Kompatibilität beim Datenaustausch mit anderen Textprogrammen zur Verfügung.

Akzente für Versalien
Durch Aktivieren dieser Checkbox können Sie festlegen, daß die Akzentzeichen beibehalten werden, wenn Sie für eine Schrift nachträglich den Stil „Versalien" anwählen.

Flexibles Leerzeichen
Sie können die Größe eines Leerzeichens „flexibel" zwischen 0 % und 400 % in 0,1 %-Schritten bestimmen. Die Voreinstellung von 50 % entspricht der Größe eines normalen Leerzeichens. Durch Eingabe von ⇧ + ⌌ + Leertaste erhalten Sie einen „umbrechenden Leerschritt", durch zusätzliches Drücken der Befehlstaste erhalten Sie einen „nichtumbrechenden" Leerschritt. Bei einem nichtumbrechenden Leerzeichen zwischen zwei Wörtern werden beide Wörter in die nächste Zeile umbrochen, wenn sie nicht mehr in

Marlboro-Designkatalog
Agentur: Trust

Bildschirmfotos des Designkatalogs. Die im Katalog eingesetzten Bilder wurden zu Layoutzwecken über das Stilmenü in QuarkXPress eingefärbt (siehe Seite 330).

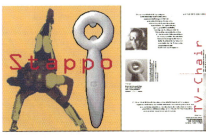

Art Directorin:
Natalie Sofinsky

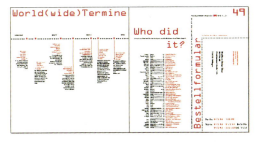

Benson & Hedges
Agentur: JUNG v. MATT

(siehe Seite 250)

Minolta-Kampagne
JUNG v. MATT

Diese Anzeigenkampagne
für die Minolta wurde
mehrfach ausgezeichnet
(siehe Seite 248).

Die Woche
Verlag: Die Woche

„Die Woche" wurde 1992 in wenigen Monaten auf Apple Macintosh-Rechnern mit QuarkXPress konzipiert. Als sie im Februar 1993 auf den Markt kam, war sie die erste Zeitung Europas, die im Quark Publishing System produziert wurde – durchgehend vierfarbig, wöchentlich im Umfang von 48 bis 64 Seiten. Verantwortlich für das Layout ist Art Director Dirk Linke Auf Seite 308 wird beschrieben, wie Designvorgaben und Musterseiten für diese Zeitung in QuarkXPress angelegt werden können.

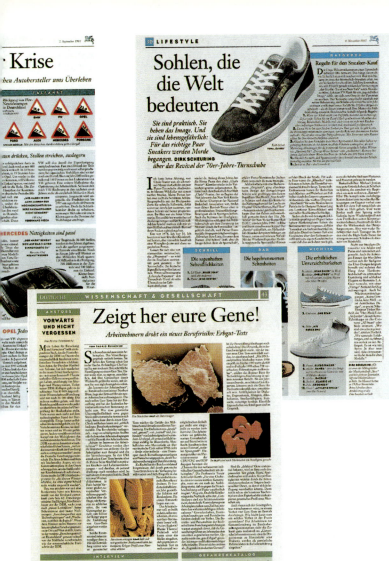

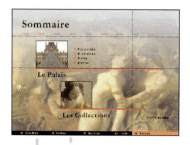

Der Louvre
Architektur und alte Meister

Um die vielen begleitenden Kommentare, Musik zur Zeit und eine Fülle von Bildern des größten Museums der Welt aufzunehmen, wurde die Kapazität der CD-ROM „Le Louvre" bis auf das letzte Byte ausgeschöpft. Der Anwender kann die Architektur des Louvre erkunden oder sich über einen zweiten Navigationspfad eingehend mit den bedeutendsten Werken des Louvre beschäftigen. Beim Gang durch das Gebäude kann Information zum zeitgeschichtlichen Hintergrund, zum erweiterten Grundriß oder zum ausführenden Architekten eingeblendet werden. Der andere Pfad bietet zu dem zweiten Hauptmenü „Les collections" noch eine differenziertere Aufschlüsselung „Chronologie" der künstlerischen und nationalen Bewegungen. Die Verbindungspfeile zeigen eine Möglichkeit auf, wie man per Mausklick zu einzelnen Gemälden gelangt.

Im untersten Bild wird der Raum gezeigt, in dem es ausgestellt wird.

  Werkkommentar

  Entwicklung

  Ort

  Geschichte

© Montparnasse Multimedia / Réunion des Musées Nationaux 1994. Touts droits reservés

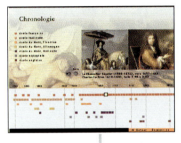

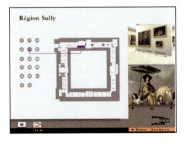

Der Louvre
Charles Le Brun

Über eine Lupe können Ausschnitte des Bildes von Charles Le Brun näher betrachtet werden. Wenn der Anwender auf *Details* klickt, werden einzelne Bildstellen genauer kommentiert. Die angesprochenen Details werden während der Interpretation automatisch in das Vergrößerungsfeld geschoben.

Um einen Eindruck von der tatsächlichen Größe des Bildes zu erhalten, kann man auf das oben abgebildete Icon klicken. Als Vergleichsmaßstab gelten neben der Darstellung eines durchschnittlich großen Menschen auch andere Bilder.

Zu jedem Gemälde kann die Biografie des Künstlers eingeblendet werden. Über einen seitlich angebrachten Rollbalken kann sich der Leser durch den Text scrollen. Er hilft dem Leser außerdem dabei, sich über die noch zu lesenden und bereits gelesenen Textmengen zu orientieren.

Bei einigen Bildern wird auf den Bildaufbau und auf kompositorische Besonderheiten genauer eingegangen. Besonders aufschlußreich sind die Grafiken, die zu dem O-Ton eingeblendet werden. Bei manchen Gemälden werden während der Bildanalyse auch frühe zeichnerische Studien des Künstlers gezeigt, wenn sie für das Bildverständnis hilfreich sind.

Dieses Icon bringt den Anwender zur „Chronologie" zurück.
Vertrieb: BMG, Interactive Entertainment

Max-Werbe-CD
Alles über Werbung

Die Zeitschrift Max und Kabel New Media haben eine CD-ROM-Version zum Max-Werbejahrbuch entwickelt, die zudem Musik und Filmsequenzen enthält. Die drei Hauptebenen „Agenturen, Service und Essays" lassen sich bequem über den dreidimensionalen Navigationswürfel ansteuern (siehe Seite 366).
Unter „Agenturen" werden 40 Agenturen und ihre wichtigsten Kampagnen vorgestellt. Im Essayteil finden sich Hintergrundinfos zur Werbewelt. Der Serviceteil bietet Tips und Adressen für Einsteiger.

Bilder, unter denen sich ein Pluszeichen befindet, können durch Anklicken vergrößert werden. Nochmaliges Klicken macht diesen Schritt rückgängig.

Der Pfeil steht immer unter dem Standbild eines Videofilms. Beim Anklicken werden Videosequenzen abgespielt.

Vertrieb: MAX Verlag
ISBN 3-928479-11-3

Nach einem bildbetonten Vorspann folgt der erläuternde Text.

Über die Bilder verzweigt sich die Information.

Zeichen für Fotos und
Videostandbilder
sorgen für eine klare
Benutzerführung.

CD-Kunst
ZKM, Karlsruhe

Das Zentrum für Kunst und Medientechnologie in Karlsruhe hat die Arbeiten von drei Gastkünstlern auf einer CD-ROM veröffentlicht. Die Kunstwerke beschäftigen sich mit der Verbindung von Text und Bild, neuen audiovisuellen Darstellungsformen und der Möglichkeit einer neuen interdisziplinären Ästhetik.
Im „Manuskript" von Eric Lanz entpuppt sich ein kryptisches Schriftbild beim Einzoomen als eine Ansammlung aneinandergereihter Werkzeuge. Werden diese angeklickt, erfährt man über einen kurzen Videoclip etwas über ihren Gebrauch.
Jean-Louis Boissier vereint in seinem Projekt „Flora petrinsularis" zwei Bücher von Jean-Jacques Rousseau, die im Exil auf der Insel Saint-Pierre entstanden sind, zu einem dritten „virtuellen" Buch, in dem die intimen Niederschriften der „Confessions" auf die wortlosen Pflanzenabbildungen des „Herbariums" treffen.
artintact 1 (Interface Design Volker Kuchelmeister und Holger Jobst)
Vertrieb: Cantz Verlag
ISBN 3-89322-675-3

5 — desarme les démons et auquel mon barbare cœur résiste. Elle nie enfin avec assurance, mais sans emportement, m'apostrophe, m'exhorte à rentrer en moi-même, à ne pas deshonorer une fille innocente qui ne m'a jamais fait de mal ; et moi avec une impudence infernale je confirme ma déclaration, et lui soutiens en face qu'elle m'a donné le ruban. La pauvre fille se mit à pleurer, et ne me dit que ces mots : Ah Rousseau ! je vous croyois un bon caractère. Vous me rendez bien malheureuse, mais je ne voudrois
Marion
Turin, 1728

0 — Jean-Louis Boissier
D'après Jean-Jacques Rousseau
Les Confessions

Flora petrinsularis

ZKM, Karlsruhe
Transports, Paris
1993-1994

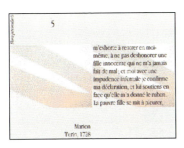

5 — m'exhorte à rentrer en moi-même, à ne pas deshonorer une fille innocente qui ne m'a jamais fait de mal ; et moi avec une impudence infernale je confirme ma déclaration, et lui soutiens en face qu'elle m'a donné le ruban. La pauvre fille se mit à pleurer,
Marion
Turin, 1728

23
Renoncule
Le Chasseron, 26 juillet 1993

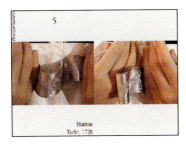

5
Marion
Turin, 1728

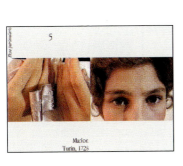

5
Marion
Turin, 1728

● Die Bedienungselemente wurden, soweit auf sie nicht verzichtet werden konnte, auf einfache Punkte reduziert.
● Die Möglichkeiten nicht-linearer Darstellungsformen und der Navigation wurden teilweise radikal und neu überdacht:
„Die im interaktiven Raum videografisch eingeschriebenen Bilder sollen, wenn schon nicht effektiv berührt, so doch ausgewählt, bezeichnet, mit einer Geste gestreichelt werden."
Jean-Louis Boissier, Arbeitsnotizen zu „Flora petrinsularis"

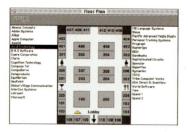

Xpand Xpo
Digitaler Katalog

Als „Virtual Macintosh Trade Show" wurde diese CD einer Computerzeitschrift beigelegt. Der Benutzer hat die Möglichkeit, sich über 14000 Produkte während eines Rundgangs in virtuellen Verkaufsräumen zu informieren. Natürlich kann er auch gezielt in einem Produktkatalog nachschlagen. Noch ist es in diesen Räumen etwas leer und einsam, aber das wird sich sicher ändern.

Das Dialogfenster

Unter *Bearbeiten* → *Vorgaben* öffnen Sie das Dialogfenster *Typografie*

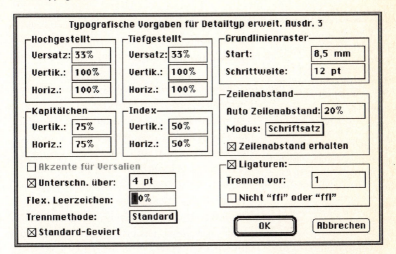

die vorhergehende Zeile passen.

Unterschneiden über
Sie können festlegen, ab welcher Schriftgröße die Unterschneidungseinstellungen unter „Unterschneidung bearbeiten" und Unterschneidungstabellen angewendet werden sollen. Sie können einen Wert zwischen 2 und 720 Punkt in 0,001-Punkt-Abständen eingeben. Üblicherweise werden Zeichenverbindungen erst ab der gebräuchlichen Lesegröße unterschnitten. Wenn Sie meinen, den Anfangspunkt auf ein Tausendstel genau angeben zu können, wie Ihnen das von QuarkXPress optional angeboten wird, sind Sie entweder verrückt oder ein Genie.

Zeilenabstand erhalten
Sie können festlegen, ob sich die Zeilen an dem Umfließungsabstand eines Objekts orientieren sollen oder ob der Zeilenabstand immer dem Vielfachen des eingestellten Zeilenabstands entsprechen soll, wenn das zu umfließende Objekt in den Zeilenfall eines Textes eingeschoben wird.

Trennmethode
Die Einstellung *Standard* ist die mit QuarkXPress mitgelieferte Trennmethode. Sie ist nur bei solchen Absätzen wirksam, denen eine Blocksatzeinstellung mit automatischer Silbentrennung zugewiesen wurde.
Es gibt die Möglichkeit, sich „QuarkXPress XTensions" (Programmerweiterungen) mit einer optimierten Trennmethode zu kaufen.

Vorgaben – Typografie/Ligaturen
Symbiotische Buchstabenverbindungen

```
┌─⊠ Ligaturen: ──────────┐
│ Trennen vor:    3       │
│ ☐ Nicht "ffi" oder "ffl"│
└────────────────────────┘
```

In QuarkXPress ist die Option *Ligaturen* für alle Texte im Dokument verbindlich. Wenn Sie nur für einzelne Wörter Ligaturen verwenden wollen, so müssen Sie diese mit einer bestimmten Tastenkombination von Fall zu Fall aufrufen. Für die Gill-Sans-Ligatur „fi"muß zum Beispiel die Tastenkombination Option + Shift + 5 gedrückt werden. Die Tastenbelegungen für alle Schriftzeichen eines Schriftschnittes sind unter *Tastatur* im Apfelmenü einsehbar.
Ligaturen machen nur bei größeren Schriftgraden Sinn und sollten nicht bei zusammengesetzten Hauptwörtern wie „Hoftor " angewandt werden.

Der Kleinbuchstabe f weißt einen nach rechts ausladenden oberen Bogen auf. Es war deshalb im Bleisatz schwierig, Buchstaben wie i, l oder t nahe genug an das f heranzurücken. Aus diesem Grund entschloß man sich, diese Buchstaben auf einen Schriftkegel zu setzen und miteinander zu verbinden. Später kamen noch weitere Ligaturen wie ch und ck hinzu. In vielen Schriftsätzen finden sich Ligaturen für fi und fl, gelegentlich auch für andere Zeichenverbindungen. Unter *Vorgaben* → *Typografie* können Sie die Option *Ligaturen* aktivieren. Die nebenstehenden Textbeispiele zeigen, was dabei passiert. Bei der Garamond fällt der i-Punkt weg, und bei der Gill Sans ändert sich sogar die Form des Buchstabens f. Für Antiquaschriften und serifenbetonende Schriften sind Ligaturen angebrachter als für serifenlose Schriften. Die Buchstaben von serifenlosen Schriften lassen sich auch ohne Ligaturen nahe genug aneinander heranrücken. Die Futura, Helvetica oder Univers bilden aus diesem Grund auch keine Ligaturen, wenn Sie diese Option in QuarkXPress aktivieren. Die Gill Sans ist in dieser Beziehung eine Ausnahme. Wenn Sie für die Buchstabenverbindungen ff oder ft ebenfalls Ligaturen haben möchten, so müssen Sie diese manuell unterschneiden. Sie sollten jedoch darauf achten, daß der t-Strich und der Querstrich beim f zusammenpassen.

Textbeispiele

fi fl fi fl

Garamond regular

fi fl fi fl

Garamond kursiv

fi fl fi fl

Lubalin Graph

fi fl fi fl

Gill Sans

Seitengestaltung
mit Formen

Freies Gestalten mit Formen

198... Was man beachten sollte

Gestaltungselemente

204... Raum und Fläche

206... Formen

208... Tonwerte

210... Linien

212... Strukturen

214... Größen

Gestaltungsprinzipien

216... Gleichgewicht

218... Einheitlichkeit

220... Rhythmus

222... Betonung

Entwurfstechnik

224... Von einfachen Form-Fläche-Verhält-

nissen zu komplexen Layouts

242... Von der Kommunikation zur Kunst

244... Vom Schema zur Skizze

Gestaltungsbeispiele

246... stern-Titel

248... Minolta

250... Benson & Hedges

252... Daimler-Benz Aerospace

256... Neuhaus

260... Bayerische Vereinsbank

Grundvoraussetzungen
Angemessenheit, Klarheit und Originalität

Im allgemeinen wird in Agenturen zu einer Kampagne ein „Briefing" geschrieben, in dem auch die Gestaltungsleitlinien für die Layouts festgehalten werden können.

In den meisten Fällen wird man als Grafiker oder Gestalter mit einem Projekt konfrontiert, dessen Inhalt und Intention bereits definiert worden sind und für das ein Erscheinungsbild festgelegt werden muß. Der Gestalter, der mit dieser Aufgabe betraut wird, sollte sich im Laufe seiner grafischen Ausarbeitung drei Fragen gegenwärtig halten. Die wichtigste lautet:

1. Ist meine Gestaltung dem intendierten Produktimage oder der jeweiligen Textaussage angemessen?

Für die Vorstellung einer exklusiven Kosmetikreihe wäre die Vorher-nachher-Beweisführung einer Waschmittelkampagne im „Klementinestil" sicher falsch gewählt. Andererseits wirkt ein augenscheinlich oder nachweislich billiges Produkt in einem aufwendigen oder sogar vornehmen Gestaltungsrahmen eher unglaubwürdig.
Oft kollidiert eine klar formulierte Werbeabsicht mit dem Bedürfnis nach grafischer Selbstverwirklichung. In den meisten Fällen landen die Offenlegungen eigener ästhetischer Weltanschauung und Befindlichkeit noch vor der Veröffentlichung im Papierkorb. Sie strapazieren durch den meist hohen Zeit- und Arbeitsaufwand bedauerlicherweise nur die eigene Frustrationstoleranz.

2. Kann durch meine Gestaltung die zu vermittelnde Botschaft schnell und problemlos aufgenommen werden?

Diese Frage sollten Sie sich gelegentlich stellen. Versuchen Sie, sich in jemanden hineinzuversetzen, der Ihre Anzeige zum ersten Mal sieht und nicht das gleiche Auffassungsvermögen wie Sie besitzt. Wird es ihm in einem knapp bemessenen Zeitraum von weniger als zwei Sekunden gelingen, zum Kern der Aussage vorzudringen? Nach statistischen Erhebungen werden Anzeigen durchschnittlich 1,8 Sekunden lang angeschaut. Anzeigen oder Artikel sollten deshalb möglichst klar und übersichtlich aufgebaut und gegliedert sein. Dies setzt allerdings voraus, daß sich der Text und die Bilder bereits in diesem Zustand befinden. Es ist nämlich fast unmöglich, einen wirren Text oder ein Konglomerat bezugsloser Texte und Bilder ohne erkennbare Intention oder deutliche Aussage nachträglich in einen passablen visuellen Zusammenhang zu bringen. In diesem Fall sollte man entweder auf diese sinnlose Anstrengung verzichten oder sich selbst an das Konzipieren und Schreiben heranwagen. Als Einstieg in diese etwas umfassendere Arbeitsweise ist das Buch „Textdesign" von Dieter Urban zu empfehlen.

Dieter Urban versucht in seinem Buch „Textdesign", seinen erweiterten Begriff von dem Grafikdesigner als Kommunikationsdesigner darzustellen. Ein Kommunikationsdesigner versucht im Unterschied zum traditionellen Grafikdesigner, umfassender zu arbeiten und Verantwortung für den Inhalt seiner Gestaltung zu übernehmen. In dem Buch werden Methoden vorgestellt, mit denen unterschiedliche Texte interpretiert, nach Texttypen eingeordnet und bewertet werden können.

Grundvoraussetzungen
Angemessenheit, Klarheit und Originalität

Interessante Anregungen zur Strukturierung kreativer Arbeitsabläufe findet man in dem Buch „Kreativitätsmethoden". Dort referiert Klaus Linneweh über sich abwechselnde Phasen im kreativen Arbeitsprozeß. Einer ersten, konvergenten Phase, in der es vor allem um die Problemanalyse geht, folgt eine divergente oder schöpferische Phase, in der teilweise mit Hilfe von freien Assoziationen („Brainstorming") nach neuen Lösungsansätzen für das zuvor definierte Problem gesucht wird.

3. Erregt meine Gestaltung Aufmerksamkeit, und regt sie zum Lesen an?

Dies ist das dritte Beurteilungskriterium für die eigene Arbeit, das einen im Entwurfsprozeß begleiten sollte. Bevor man nach „Eyecatchern" sucht oder sich um Originalität in der Gestaltung bemüht, sollte man sich eine klare Vorstellung von der Aufgabenstellung (Frage 1) und eine zumindestens ungefähre Vorstellung vom gestalterischen Ablauf (Frage 2) gemacht haben. Andernfalls ist die Streuung der Ideen so groß, daß nur die wenigsten ins Ziel treffen, also für das konkrete Projekt brauchbar sind. Sie müssen gar nicht mal eine ganz einmalige Bildidee haben, denn dies ist in Anbetracht der Vielfalt und Menge schöpferischer Produktionen ungefähr so schwierig wie der Versuch, das Rad neu zu erfinden. Es geht meistens nur darum, die zentralen Aussagen einer Abhandlung oder einer Kampagne dem Rezipienten deutlich, interessant und einprägsam vor Augen zu führen.

„Angemessen sein", „Klarheit schaffen" und „Aufmerksamkeit erregen" gehören zu den Grundvoraussetzungen, die eine visuelle Lösung werblicher oder redaktioneller Inhalte erfüllen sollte. Auf die beiden folgenden Fragen nach den Gestaltungsmitteln und -methoden wird in diesem Kapitel etwas genauer eingegangen.

4. Welche Gestaltungselemente und -prinzipien stehen mir zur Verfügung?

Für eine Idee gibt es fast unbegrenzt viele Realisierungsmöglichkeiten. Die Darstellung der wichtigsten Gestaltungselemente und Gestaltungsprinzipien hat deshalb keinen Anspruch auf Vollständigkeit. Sie hat ihren Sinn mehr im pragmatischen Nutzen. Sie soll das unübersichtliche Gebiet der Möglichkeiten instrumentalisieren, um dem Gestalter einen bewußteren Zugriff zu ermöglichen. Als **Gestaltungselemente** werden „Fläche, Formen, Linien, Strukturen, Tonwerte und Größen" aufgeführt. Farbe als Gestaltungselement wird nicht besprochen, da eine angemessene Behandlung dieses komplexen Themas zuviel Platz in Anspruch nehmen würde. Man kann nach interessanten Strukturen oder Formen suchen, um sie in der Gestaltung zur Anwendung zu bringen. Andererseits kann ein vorgegebener Gegenstand auf seine „grafische Zusammensetzung" hin untersucht werden, um die Elemente seiner Gestaltung gegebenenfalls heraus- oder sogar hineinzuarbeiten. Bei den im nächsten Abschnitt vorgestellten Bildbeispielen ist eine japanische Gartenschere das Versuchsobjekt, und das Bildbearbeitungsprogramm Photoshop dient als Werkzeug, mit dem diese Untersuchung durchgeführt wird.

Japanische Gartenschere von Genji Skai, erhältlich bei Teunen und Teunen

Grundvoraussetzungen
Elemente, Prinzipien und Methoden

Im Gestaltungsprinzip „Rhythmus" kann man von Fall zu Fall auch ein Gestaltungselement sehen, genauso wie das forcierte Kombinieren unterschiedlicher „Größen" als Gestaltungsprinzip betrachtet werden kann.

Als weitere Gestaltungsprinzipien hätten auch „Ähnlichkeit" und „Gegensätzlichkeit" aufgeführt werden können. Sie sind unter das Gestaltungsprinzip „Einheitlichkeit" subsumiert worden. Die Grundstruktur aller Gestaltungsmethoden besteht darin, für Abwechslung innerhalb der Einheitlichkeit beziehungsweise für Einheitlichkeit innerhalb der Abwechslung zu sorgen.

Bei den **Gestaltungsprinzipien** wird zwischen Rhythmus, Gleichgewicht, Einheitlichkeit und Betonung unterschieden. Im zweiten Abschnitt dieses Kapitels wird die Frage behandelt, wie Sie am besten vorgehen, um diese grafischen Möglichkeiten untereinander zu vermitteln.

5. Mit welcher Entwurfstechnik kann ich die Gestaltungselemente und -prinzipien effizient und ökonomisch miteinander verbinden?

Um die nötige Kontrolle zu behalten, wird von einfachen zu komplexeren Darstellungsformen fortgeschritten, indem das Repertoire der Gestaltungselemente allmählich erweitert wird. Einfachen Formenverbindungen werden Textzeilen, Tonwerte und eigenwilligere Formen hinzugefügt. Dabei geht es um zwei Dinge: 1. abstrakt sehen lernen und 2. eine Methode zur Hand haben, mit der die Ideen schnell umgesetzt werden können. Das differenzierte und detailreiche Erscheinungsbild mancher Gestaltungen verstellt dem Betrachter oft den Blick für die wesentlichen Gestaltungsmittel. Man sieht sozusagen vor lauter Bäumen den Wald nicht mehr. Die Entwurfsmethode kann möglicherweise etwas Licht in den Formendschungel mancher Gestaltungen hineinbringen. Sie hat dort ihre Grenzen, wo es nicht mehr darum geht, mit

Hilfe eines einfachen und gegliederten Aufbaus Vielfalt zu simulieren, sondern der Versuch unternommen wird, das Chaos seine eigene Ordnung finden zu lassen. Als gestalterische Ausgangssituation können in diesem alternativen Gestaltungsansatz beispielsweise die „zufällig" entstandenen Formen eines Materialexperiments oder das Resultat einer grob eingestellten „Autotracefunktion" dienen, die dann nachträglich in einen nachvollziehbaren Zusammenhang gebracht werden. Chaos und Zufall dienen dazu, kreative Denkprozesse anzuregen und Konventionen zu überwinden. Der „Zufall" spielt in der Ausbildung an Kunsthochschulen eine bedeutende Rolle. Obwohl dieser Arbeitsstil einen hohen Ereignischarakter hat und oft zu unerwarteten und interessanten Ergebnissen führt, ist er so zeitaufwendig, daß er in der konkreten Agentur- oder Verlagsarbeit bedauerlicherweise eher vermieden wird. Wenn Sie merken, daß die hier vorgestellte Entwurfsmethode zu eindeutige und zu langweilige Resultate provoziert, dann „derangieren" Sie Ihre Arbeit etwas, um zu schauen, ob Sie dadurch der Lösung näherkommen. Gegen Ende dieses zweiten Abschnittes wird von der „schematischen" Entwurfsmethode zu skizzenhaften Lösungsansätzen übergegangen, mit denen eine Gestaltungsidee in pointierter Andeutung festgehalten werden kann.

Raum und Fläche
Raumforschung in Photoshop

Um einmal eine beliebte Redewendung aus der Zoologie auf dieses Thema anzuwenden: Auch grafische Elemente „brauchen einen angemessenen Lebensraum". Wenn sich zu viele Bilder und Schriften auf einer Seite tummeln, dann kippt das ästhetische Gleich-gewicht, die Harmonie zwischen bedruckter Fläche und unbedrucktem Weißraum ist empfindlich gestört. Elemente, die viel weiße Fläche benötigen, können ihre grafischen Qualitäten nicht entfalten. In den rechten Abbildungen wurde der Weißraum in verschiedene Teilbereiche aufgegliedert. Besteht eine Seite aus mehreren unbedruckten Bereichen, sollten auch diese in einem gespannten und ausgewogenen Verhältnis zueinander stehen.

1. Der „leere" Raum ist ein meist notwendiger Ruhepol auf der Seite.
2. Er dient dazu, die Elemente auf der Seite zu organisieren und zu ordnen. Durch viel Raum können Elemente optisch herausgestellt werden.
3. Wenn er im umgekehrten Fall zwischen den Elementen verringert wird, kann er Elemente optisch zu einer Gruppe zusammenbinden.
4. Er kann über seine rahmende Funktion hinaus einer Seite Ausdruck und Spannung geben, wenn er eine konturenreiche und asymmetrische Form hat. Oft ist er in abgegrenzte Bereiche unterteilt. Ihr spannendes oder spannungsloses Verhältnis ist bestimmend für die Qualität einer gestalteten Seite.

In Photoshop wurde ein neues Dokument zu Experimentierzwecken erstellt, das groß genug ist, um mehreren Gartenscheren Platz zu geben. Diese wurden aus einem gescannten Bild herauskopiert und dort in unterschiedlichen Größen und Positionen eingesetzt. Anschließend diente ein durchsichtiges, schwebendes Auswahlquadrat dazu, den passenden Ausschnitt zu finden. Es wurde über die Scheren hin und her geschoben, bis eine interessante Scherenkonfiguration im Auswahlausschnitt erschien. Zuletzt mußte der Ausschnitt mit dem Befehl *Freistellen* als neue Datei gesichert werden.

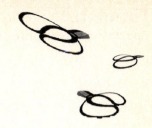

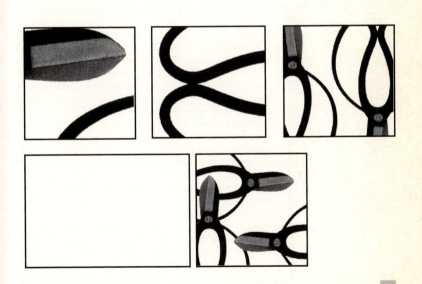

Formen
Formen verwandeln in Photoshop

In Photoshop wurden die beiden Griffe der Gartenschere mit Hilfe der Zeichenfeder freigestellt. Anschließend wurde über den Befehl *Schwebende Auswahl erzeugen* eine dadurch entstandene schwebende Kopie im Winkel von 45° im Kreis gedreht. Vor dem Rotieren wurde der Weißrand, der am Umriß der Schere teilweise noch sichtbar war, mit dem Befehl *Montagekontrolle* durchsichtig gemacht. In einer zweiten Arbeitsphase wurde die neue runde Form grafisch überarbeitet. Die Kontur wurde über den Befehl *Konturwerte finden* verstärkt und anschließend weichgezeichnet, um sie etwas „organischer" aussehen zu lassen. Zuletzt ist das Dialogfenster *Gradationskurven* aufgerufen worden. Durch Veränderung der Gradationskurve kann man in Photoshop sehr gezielt in die Tonwerte einer Grafik eingreifen und sie verändern. Die Metamorphose der Scherenenden in eine Form, die wie der Querschnitt einer Blume aussieht, war damit fertig.

Gestaltungselemente

Wir identifizieren die meisten Dinge zuerst anhand ihrer Gestalt (Form). Farben oder Strukturen sind für uns in den meisten Fällen weniger bezeichnend. Das Formlose entzieht sich geradezu unserer Wahrnehmung, während wir markante Formen deutlicher zu erkennen meinen. In der grafischen Gestalt-ung sollten wir uns deshalb die Gestaltungselemente zuerst unter dem Aspekt ihrer „Formeigenschaften" und ihr Verhältnis zueinander unter dem Aspekt der „Formkontraste", die sie entstehen lassen, anschauen.

Wir können drei Arten von Formen unterscheiden. Es gibt organische, stilisierte und geometrische Formen. Die Stilisierung oder Vereinfachung einer organischen Form führt auf ihrer letzten Stufe zu abstrakten oder geometrischen Formen. Zwischen den wichtigsten geometrischen Formen wie Kreis, Dreieck und Quadrat gibt es die stärksten Formkontraste. Aber auch die Verbindung von organischen, abstrakten oder stilisierten Formen kann eine interessante grafische Wirkung erzeugen. Die organische runde Blumenform auf der linken Seite bildet einen Formkontrast zum quadratischen und geometrischen Textrahmen. In einer gelungenen Gestaltung steigern sich die Einzelformen durch die kontrastierende Verbindung in ihrer formalen Eigenart.

1. Formen lassen die Elemente erst zu dem werden, was sie sind. Unsere Wahrnehmung ist vor allem Form- bzw. Gestaltwahrnehmung.
2. Mit deutlichen und einfachen Formen kann man Dinge einprägsam machen. Sie prägen sich uns als „Schema" ein.
3. Mit Formen können wir bestimmte Bedeutungen assoziieren. Sie werden „symbolisch" gelesen.
4. Die Vielfalt an Formen hilft uns, einmalige und ausgefallene Kontraste zu erzeugen.
5. Mit Hilfe von Formen können wir die Elemente einer Gestaltung einander angleichen und dadurch für ein einheitlicheres Aussehen sorgen. Zum Beispiel können ein schmales Seitenformat, eine schmale Schrift und ein schmaler Bildrahmen gewählt werden, um einer Gestaltung ein einheitliches Aussehen zu geben.

Tonwerte
Den richtigen Ton finden in Photoshop

In Photoshop wurde der vordere Teil der Gartenschere in eine Maske umgewandelt und auf einen Text angewandt. Mit dem Befehl *Tonwertkorrektur* wurde der Text abgedunkelt. Dort wo die Maske durchlässiger gewesen ist, ist auch der Text dunkler geworden. Allmählich hat sich das Profil der Schere im Text abgezeichnet.

Durch den Verlauf von hell nach dunkel, den Übergang vom Licht zum Schatten wird aus einem Kreis eine Kugel. Tonwertübergänge können körperlosen Zeichen eine haptische und sinnliche Präsenz geben. Tonwerte sind sehr gut geeignet, um eine bestimmte Stimmung zu erzeugen, die von der „dunklen" Gemütsverfassung, der Melancholie, bis zur Heiterkeit gehen kann. Wo sie direkt aufeinandertreffen, können sie sich zu einem dramatischen Hell-Dunkel steigern. In der Textgestaltung wird ein starker Hell-dunkel-Kontrast in Überschriften durch größere und eng gesetzte Schriftgrade erreicht. Stehen einem mehrere Zeilen zur Verfügung, kann man einen fetten, dunklen Schriftschnitt mit weitem Zeilenabstand verwenden. Dadurch entsteht ein kontrastreicher Zeilenrhythmus. Größere Textmengen sollte man so setzen, daß sie eine graue Fläche ergeben. Das Lesen wird dadurch am wenigsten gestört. Die Verbindung von grauwertigen und kontrastreichen Texten (siehe linke Abbildung) kann ebenfalls grafisch interessante Wirkungen erzielen.

1. Tonwerte geben Elementen ein plastisches und räumliches Aussehen.
2. Sie helfen Texte durch unterschiedliche Tonwerte voneinander abzusetzen. Wichtige Textstellen können in einer fetten Schrift gesetzt werden und wirken dadurch dunkler.
3. Tonwerte können einer Seite ein dramatisches und spannungsreiches Aussehen geben.
4. Sie helfen Elemente besonders hervorzuheben. Die obere Abbildung ist durch den intensiven Hell-dunkel-Kontrast präsenter als die links stehende Abbildung.
5. Tonwerte können Elemente dicht und „anfaßbar" machen.
6. Sie können eine bestimmte Stimmung ausdrücken oder in einer Gestaltung eine spezifische Atmosphäre erzeugen.

Linien
Konturen finden in Photoshop

1. Linien helfen eine Fläche zu gliedern und Bereiche voneinander abzugrenzen. ─────
2. Als Unterstreichung können sie Texte hervorheben.─────────
3. Sie können der Leseführung dienen, indem sie auf etwas Bestimmtes hinweisen.──────
4. Sie können sich zu Strukturen verdichten oder eine rhythmische Abfolge bilden. ─────
5. Ein freier Linienduktus kann einer Gestaltung Spontanität und Dynamik geben.──────────
6. Textzeilen, die in ausreichendem Zeilenabstand gesetzt werden, sehen selbst aus wie Linien.─────────

Für Paul Klee war die Linie das Resultat einer Reihung von Punkten, die, wenn sie sich schloß, eine Fläche entstehen ließ. Sie ist nicht nur Übergang vom Punkt zur Fläche, sondern überhaupt dadurch gekennzeichnet, daß sie Dynamik und Bewegung in eine Gestaltung hineinbringen kann. Linien können außerdem Bildbereiche unterteilen und ordnen (zum Beispiel Spaltenlinien), sie können Bildelemente miteinander verbinden oder auf etwas Bestimmtes hinweisen (Pfeile), und sie können als Ausdrucksträger fungieren (zum Beispiel gezackte, „aggressive" Linien). Im Jugendstil hat sich die Linie vom Diktat der reinen Wirklichkeitswiedergabe befreit und begonnen, bisweilen fast schon selbstgefällig ihre eigene Schönheit zu entdecken. Besonders faszinierend ist es, wenn Künstler, wie etwa Keith Haring Anfang der achtziger Jahre, seismografisch genau das Lebensgefühl einer bestimmten Zeit in ihren Linien festhalten können.

In Photoshop wurde zuerst der Befehl *Konturwerte finden* auf die Schere angewendet. Anschließend wurde die so entstandene Kontur mit dem Filter *Verwacklungseffekt* verändert (großes Bild). Die gleiche Kontur wurde in dem oberen rechten Bild mit dem Filter *Glowning Edges* verändert. Der Filter befindet sich in der Effektfiltersammlung „Gallery Effects Volume II". Über *Glowning Edges* kann fast stufenlos die Konturenstärke und ein weicher Rand zum angrenzenden Bereich festgelegt werden. In der linken Abbildung wurde eine gestrichelte Linie mit Hilfe von Filtern verändert.

Strukturen
Vom Muster zur Struktur in Photoshop

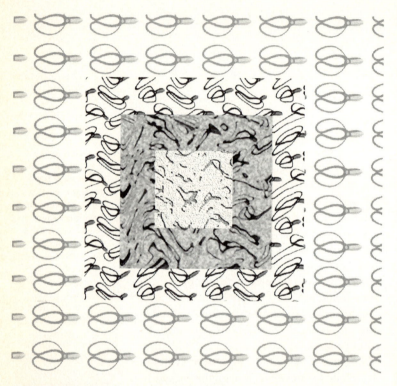

In Photoshop wurde die Schere mit dem *Zauberstab* aktiviert und bei gedrückter Wahltaste verschoben. Durch gleichzeitiges Drücken dieser Taste entsteht beim Verschieben automatisch ein Duplikat. Der dadurch entstandene „Scherenrapport" wurde anschließend mit Hilfe von verschiedenen Photoshop-Filtern verändert. Zuerst wurde über das Dialogfenster *Wave* das Muster verzerrt. Beim folgenden Muster ist noch einmal *Wave* mit anderen Verzerrungsparametern angewendet worden. Mit *Grain* wurde eine Struktur unterlegt. Das letzte Muster ist das Resultat des Filters *Note Paper*.

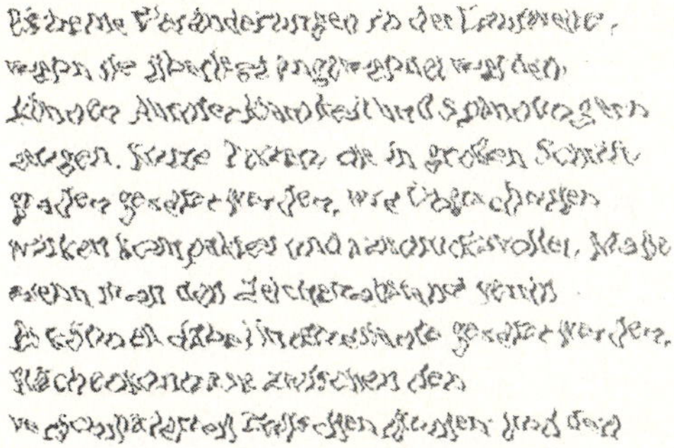

Wenn man Texte mit zusammengekniffenen Augen betrachtet, vermitteln sie den Eindruck einer sich gleichmäßig wiederholenden Struktur. Es gibt Schriften, deren Reiz gerade darin besteht, den Text wie ein Gewebe erscheinen zu lassen. In der Gotik war dies sogar eine der unumgänglichen Eigenschaften, die eine Schrift erfüllen mußte. Schriften von diesem Typus wurden unter dem Namen „Textura" zusammengefaßt. Marmorierte, faserige oder körnige Papierstrukturen können eine Gestaltung kostbar erscheinen lassen und ihr haptische Qualitäten verleihen. Außerdem gibt es Strukturen, die eine Materialität nur simulieren. Wenn sich eine Form in bestimmten Abständen wiederholt, spricht man von einem Muster.

1. Strukturen können der Gestaltung ein lebendiges und facettenreiches Aussehen geben.
2. Sie können auch einen bestimmten Materialeindruck erzeugen. Eine Seite erhält durch sie oft einen noblen Ausdruck. So machen marmorierte Flächen oder Holzmaserungen einen warmen Eindruck. Einen kühlen Eindruck können Chromlinien hervorrufen.
3. Strukturen können untereinander grafisch reizvolle Kontraste entstehen lassen. In der linken Abbildung ist das sich gleichmäßig wiederholende Scherenmuster in vier Schritten verändert worden. Zwischen den einzelnen Ergebnissen entstehen unterschiedliche Kontraste. Die beiden in der mittleren Ebene liegenden Muster wirken viel bewegter als die vordere und hintere Ebene.

Größen
Spannung durch Größengefälle in Photoshop

1. Größen helfen Elemente besonders zu betonen.
2. Sie lassen Elemente fern und nah erscheinen.
3. Standardgrößen für Schriften geben einer Gestaltung ein einheitliches Aussehen.
4. Sie schaffen Aufmerksamkeit. Elemente, die besonders groß dargestellt werden, erscheinen als besonders wichtig. Allerdings sollte darauf geachtet werden, daß sie es wirklich sind. Ihre Vergrößerung wirkt sonst etwas unsinnig, wie in dem hier abgebildeten Beispiel, das uns zu Anschauungszwecken dient.
5. Extreme Größenunterschiede können eine Gestaltung „aufregender" machen und ihr mehr „Spannweite" geben.

Über Größen ist bereits einiges im Kapitel „Schriftgestaltung" gesagt worden. Verschiedene Schriftgrößen helfen dem Gestalter, sein Layout zu organisieren und hierarchisch zu gliedern. Größenunterschiede erzeugen eine räumliche Wirkung. Was groß ist, erscheint in den meisten Fällen näher im Verhältnis zu kleinen Gestaltungselementen. Als Mittel, Spannung und Aufmerksamkeit hervorzurufen, sind Größenunterschiede besonders gut geeignet. Dabei ist Größe ein sehr relativer Begriff. Eine Maus ist zwar klein im Verhältnis zu einem Elefanten, jedoch groß im Vergleich mit einem Floh. Dasselbe passiert mit den Elementen auf einer Seite. Schwarz ist immer schwarz, aber ein Element, daß besonders klein wirken soll, muß mit etwas verhältnismäßig Großem kombiniert werden und umgekehrt. Man kann eine enorme Spannbreite an Größen auf einer Seite erzeugen. Allerdings muß man auch sehen, wann diese Klein-groß-Spannung „überdehnt" wird. Dies findet dann statt, wenn ein Element so winzig ist, daß wir es nicht mehr als Kontrapunkt zu den größer dimensionierten Elementen ansehen. Auch ein Floh ist so winzig, daß der Größenunterschied zu einem Elefanten kaum noch vorstellbar ist.

Gartenschere

In Photoshop wurde ein Bildschirmfoto aus QuarkXPress weiterverarbeitet. Der Schriftzug „Japanische" und die beiden großen und gedrehten p wurden in ihrem Stand in QuarkXPress festgelegt. Das Bildschirmfoto wurde in Photoshop höher aufgelöst, anschließend wurden mit dem Filter *Störungen hinzufügen* dieselben hinzugefügt. Mit dem Filter *Stamp* wurden die Schriftkontur und die hinzugefügten Störungen vergröbert.

Gleichgewicht
Seitenelemente ausbalancieren

◆ 1. Strategisch gesehen sollten sich die beiden Hälften einer Seite in einem Gleichgewicht der Kräfte befinden.

☯ 2. Zudem sollten sie harmonieren und sich in ihrem spezifischen Ausdruck formal ergänzen.

3. Zur besseren Anschaulichkeit ist auf dieser Seite Gleichgewicht als das Ausbalancieren von zwei Hälften vorgestellt worden. In den meisten Fällen muß man die Proportionen von Elementen an verschiedenen Stellen der Gestaltung aufeinander abstimmen. Mit der Zeit wird man ein Gefühl dafür entwickeln, wann eine Seite „stimmig" ist.

Stellen wir uns die beiden Hälften dieser Doppelseite als Enden einer Wippe oder Waage vor. Jedes Element, das wir auf die eine oder andere Seite setzen, hat ein bestimmtes Gewicht, entsprechend dem Grauwert, der Größe und der Position, die es einnimmt. Ein Element, das weiter außen liegt, wiegt auch optisch schwerer, als wenn es sich in der Seitenmitte befindet. Mit jeder Zeile, die geschrieben wird, nimmt das Gewicht auf dieser Seite zu, und dies kann auf der gegenüberliegenden Seite kompensiert oder „ausbalanciert" werden. Symmetrie ist sicher die einfachste Art, ein Gleichgewicht herzustellen. Schwieriger ist es, die „Gewichte" asymmetrisch zu verteilen. Die Gestaltung ist dann möglicherweise weniger statisch und stabil, wirkt jedoch origineller, lebendiger und unkonventioneller als ein symmetrischer Seitenaufbau.

Gestaltungsprinzipien

Einheitlichkeit
Gestaltungskonzepte konsequent anwenden

Einheitlichkeit läßt sich herstellen:

1. Durch das Verwenden des gleichen Farbtons oder Tonwertes für Gestaltungselemente. Oder man beschränkt sich einfach auf eine überschaubare Farbpalette.

2. Durch das Verwenden nur weniger festgelegter Schrift- und Bildformatgrößen.

3. Durch das Angleichen und Ausrichten von Elementen an einem durchgängigen Gestaltungsraster.

4. Durch immerwiederkehrende Gestaltungselemente innerhalb einer Seite oder über mehrere Seiten hinweg.

5. Durch Einrahmungen oder ähnliche „grafische Accessoires", die Elemente als zusammengehörig erscheinen lassen.

Eine Publikation ist ein Mikrokosmos, in dem Designvorgaben und Gestaltungsmaximen, auf die man sich einmal festgelegt hat, in den Status unverbrüchlicher Naturgesetze oder Naturgegebenheiten gehoben werden sollten. Um jedoch zuvor die richtigen Designelemente zu finden, ist es ratsam, darauf zu achten, daß sie bestimmte stilistische Entsprechungen besitzen oder im umgekehrten Fall einen interessanten Kontrast entstehen lassen. Im ersten Fall könnte man zum Beispiel für eine filigrane Grafik einen ähnlich filigranen Schriftschnitt wählen, der in seinen Grundstrichen der Linienstärke der verwendeten Grafik entspricht. Im anderen Fall würde man nach einer Schrift suchen, die durch ihr kompaktes Aussehen die feingliedrige und zerbrechliche Struktur der Grafik durch Kontrastwirkung besonders betont. Designelemente, die indifferent und gleichgültig beisammenstehen, sollte man nach Möglichkeit nicht verwenden.

Gestaltungsprinzipien

Die graue Fläche an der Seitenkante, die Stellung der Überschriften und die Spalteneinteilung sind auf allen Seiten einheitlich.

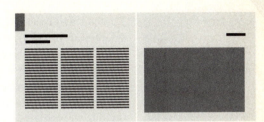

Gelegentlich wird die Verteilung von Bild und Text verändert.

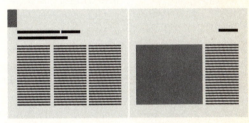

Interessante Abbildungen würden ausreichen, um für die nötige Abwechslung zu sorgen.

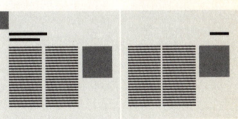

Rhythmus
Seitenelemente als rhythmische Sequenzen

Porzellanskulptur „Onda Costrutta" von Marcello Morandini

In Photoshop lassen sich durch das Kopieren und Versetzen von Bildausschnitten schnell rhythmische Sequenzen erstellen. Die Abbildungen auf der rechten Seite sind auf diese Weise aus der oben abgebildeten Porzellanplastik entstanden.

1. „Schönheit ist empfundener Rhythmus" (Morgenstern, 1895). Die rhythmisch gegliederte Abfolge von Gestaltungselementen ist zudem ein modernes und dynamisches Gestaltungsprinzip. Rhythmus entsteht durch Wiederholung, kann aber auch langweilig werden, wenn man die Größe oder die Entfernung der grafischen Elemente nicht gelegentlich variiert.

2. Fast alle Gestaltungselemente können rhythmisch gelesen werden. Die Buchstabenfolge bildet einen Rhythmus, Wortzwischenräume bilden einen Rhythmus, der Zeilenfall bildet einen Rhythmus.

3. Ein bestimmter Rhythmus kann sich durch eine ganze Publikation ziehen. Die Abfolge von Bild- und Textseiten oder sich wiederholende Seitenelemente können als Rhythmus empfunden werden. Bei mehrseitigen Drucksachen sollte auch auf diesen Aspekt geachtet werden. Es ermüdet und langweilt den Leser beim Lesen weniger, wenn sich bewegte und ruhige Seiten rhythmisch abwechseln.

||| | ||| ||| |||| || || |||| Gestaltungsprinzipien

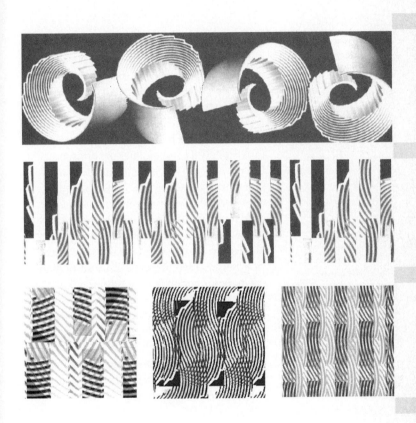

Betonung
Wichtiges in Szene setzen

1. Um ein Element zu betonen, kann man es durch eine andere Farbe, durch Tonwert, Form, Struktur, Größe, Ausrichtung von den anderen Elementen abheben.

2. Elemente können indirekt durch einen größeren Freiraum, Hinweiszeichen oder eine betonte Umrahmung hervorgehoben werden.

3. Text kann durch Auszeichnungen hervorgehoben werden. Dazu gehören ein fetter oder kursiver Schriftschnitt, Unterstreichungen, Kapitälchen, Großbuchstaben und das Unterlegen der betreffenden Textstellen mit auffälligen Formen und Farben.

Um beim Leser Interesse zu wecken, sollte ein Element besonders hervorgehoben werden und als Blickfang dienen. Wenn gar nichts hervorgehoben oder zuviel betont wird, entsteht entweder Langeweile oder Desorientierung. Sinnvollerweise werden solche Elemente betont, die auch inhaltlich im Mittelpunkt stehen oder die optisch interessant sind. Wenn man sich für ein Element entschieden hat, muß man sich überlegen, auf welche Weise man es hervorheben möchte. Die wirkungsvollste Methode ist die, es von allen anderen Elementen durch ein bestimmtes Merkmal zu unterscheiden. Beispielsweise kann man das zu betonende Element schrägstellen, während alle anderen Elemente weiterhin an der Vertikalen ausgerichtet bleiben. Oder man fokussiert die Aufmerksamkeit mit Hilfe einer anderen Farbe oder Größe. Eine weitere Möglichkeit besteht darin, das zu betonende Element durch ein anderes Umfeld, wie etwa eine Einrahmung, hervorzuheben.

Gestaltungsprinzipien

Die Fläche
Wahrnehmung der leeren Fläche

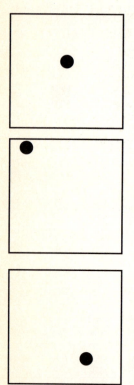

Dieses Kapitel beschäftigt sich damit, wie man, von einfachen Form-Fläche-Beziehungen ausgehend, sukzessiv mit dem Auge in immer komplexeren Zusammenhängen zu denken beginnt. Genaues Hinsehen und Beobachten läßt sich sogar an einer leeren Fläche üben. Das Interessante dabei ist, daß eine leere Fläche eigentlich gar nicht so leer ist, wie sie uns erscheint, weil wir immer schon bestimmte Dinge in sie hineinprojizieren. Unser Auge wandert auf der Fläche unwillkürlich zu den Eckpunkten und gliedert die Seite in linke, rechte, obere und untere Bereiche. Vertikale Flächenformate scheinen zu stehen, horizontale Formate vermitteln einen liegenden Eindruck. All das beeinflußt die Elemente, die wir auf der Fläche plazieren. Wenn ein Element genau auf dem Punkt liegt, an dem sich die Sehlinien in der Flächenmitte kreuzen, so wirkt es dort unverrückbarer, als wenn es sich an einem Ort befindet, der außerhalb dieser Seh- oder Verbindungslinien liegt.

In dem ersten und zweiten Bildbeispiel befinden sich die Punkte auf den Sehlinien. Im unteren Beispiel liegt der Punkt außerhalb dieser imaginären Linien.

Entwurfstechnik

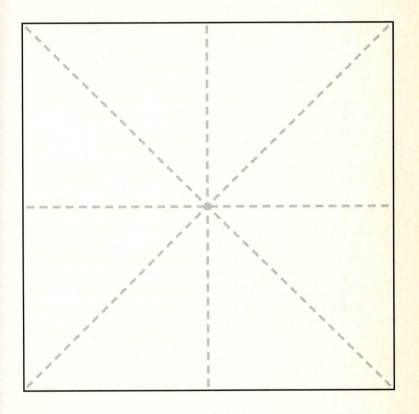

Element und Fläche
Wo könnte die Überschrift stehen?

Über das Verschieben einfacher Elemente und die Beobachtung des Eindrucks, den die jeweiligen Form-Fläche-Beziehungen hervorrufen, üben wir uns im „genauen Hinsehen", was uns kein Buch und kein Regelwerk abnehmen kann. Im oberen Bereich einer Fläche oder Seite scheint der dunkle „Balken" leichter zu sein, als wenn er sich im unteren Bildbereich befindet. Ein senkrecht stehender Balken hinterläßt im Auge des Betrachters den Eindruck, etwas schmaler und länger zu sein, als wenn er sich in der waagerechten Lage befindet. Geht ein Balken von links unten nach rechts oben, wird er als ansteigende Bewegung wahrgenommen; erstreckt er sich von links oben nach rechts unten, so sehen wir darin eine abfallende Bewegung. Wir projizieren Wahrnehmungs- und Umwelterfahrungen auf jedes noch so simple Element und die Position, die es auf der Seite einnimmt. Ein Element, das sich weiter oben befindet, ruft in uns die Erinnerung an „fliegen" oder „schweben" wach. Deshalb wirkt es leichter oder schwereloser. Der Name „Balken" ist bereits etwas irreführend, er ist der Ausdruck einer unwillkürlichen Projektion, denn im Grunde handelt es sich nur um eine schmale dunkle Form.

Entwurfstechnik

Variables Element und Fläche
Welches Bildformat soll ich nehmen?

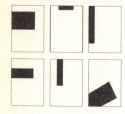

Die unterschiedlichen Positionen einer dunklen, variablen Fläche auf einem A4-Format können beim Betrachter bereits Erinnerungen an Schulhefte, Speisekarten, Ordner wachrufen. Mit bestimmten Anordnungen werden bestimmte Erwartungen an den Inhalt geweckt.

Bei Experimenten mit einfachen Form-Fläche-Beziehungen behält auch der noch ungeübte Beobachter den Überblick in bezug auf die Wirkung, die bestimmte Formkonstellationen ausüben. Einfache Konstellationen erlauben uns ein hohes Maß an optischer Kontrolle. Bis zu welchem Punkt ist eine bestimmte Form-Fläche-Beziehung spannend? Läßt sie ein labiles oder stabiles, dynamisches oder statisches Gleichgewicht entstehen? Welche Fläche wird vom Betrachter unwillkürlich als Hintergrund und welche wird als Vordergrund wahrgenommen? Durch welche kleinen Veränderungen kippt dieses Vordergrund-Hintergrund-Verhältnis? Durch das Verschieben oder Verändern von Elementen kann der Hintergrund in unterschiedlich hohem Maße in zwei oder mehrere Bereiche gegliedert werden. Bestimmte Bereiche können regelrecht abgetrennt werden und isoliert den übrigen Bereichen gegenüberstehen. Dies alles bestimmt den Gesamteindruck einer Seite: Zerfällt eine Fläche oder der Hintergrund in diverse zusammenhanglose Bereiche, oder korrespondieren diese durch Formübereinstimmungen und feine Übergänge miteinander? In weniger gelungenen Layouts läßt sich immer wieder feststellen, daß der Gestalter über das zu gestaltende Material den Überblick verloren hat.

Entwurfstechnik

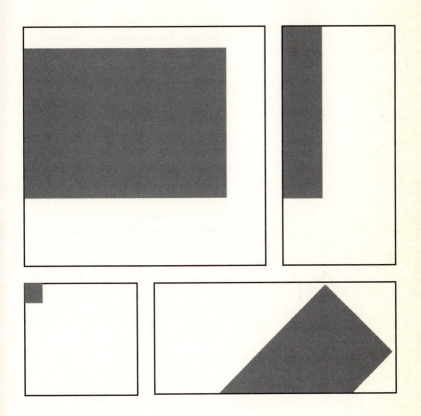

Mehrere Elemente kombinieren
Wie soll ich Bild und Überschrift verbinden?

Ob man in einer dunklen Fläche nur eine dunkle Fläche oder bereits den Platzhalter für die spätere Abbildung sieht, haben wir bisher offengelassen. In den nebenstehenden Beispielen sind die dunklen, länglichen Flächen bereits als Stellvertreter für die späteren Überschriften gedacht. Der offene Erfahrungsraum, den die noch sehr abstrakten, experimentellen Formverbindungen ermöglichen, wird dadurch auf eher pragmatische Fragestellungen eingeschränkt: Ist die Überschrift groß genug? Ist noch genug Platz für den Lesetext vorhanden?
Bei vielen Projekten sind die Bildformate und die Schriftgrade der Überschriften bereits festgelegt worden. Mit dieser stark vereinfachten Darstellung kann in diesem Fall die Position von Überschrift und Bild ohne großen Zeitaufwand und mit einem hohen Maß an Kontrolle bestimmt werden, auch wenn im späteren Entwurfsprozeß nicht mehr so schematisch gearbeitet wird: Wenn Sie in dieser Form mehrere Layoutlösungen für Abbildungen und Überschriften durchspielen, hilft es Ihnen, im visuellen Bereich abstrakt zu sehen und zu denken. Es fällt Ihnen anschließend leichter, Bauformen der Seitengestaltung zu durchschauen und selber einfache und klar strukturierte Gestaltungslösungen zu finden.

Entwurfstechnik

Mehrere Elemente kombinieren
Wie kann ich Text, Bild und Überschrift verbinden?

Volkswagenkampagne, 1960 DDB

Für David Ogilvy , einen erfolgreichen amerikanischen Werber, war die Reihenfolge von Bild, Überschrift und Anzeigentext keinesfalls eine Frage des privaten Geschmacks. Intensive Marktforschung ließ in ihm die Überzeugung entstehen: An erster Stelle steht das Bild als notwendiger Blickfang. Darunter befindet sich die Überschrift, gefolgt vom Anzeigentext.

In den nebenstehenden Beispielen rufen die Formkonstellationen deutliche Erinnerungen an einfache und vielfach bekannte Designlösungen wach, wie man sie aus Zeitschriften oder Anzeigen kennt. Die gestrichelten Linien wirken wie stark abstrahierte Textzeilen. Sie können in ihrer Höhe dem Schriftgrad der späteren Schrift und in ihrer Helligkeit der Grauwirkung der späteren Schrift sehr nahe kommen. In der grafischen Gestaltung werden sie Faksimiletext genannt.

Mit Hilfe der nebenstehenden Darstellungen lassen sich grundsätzliche Entscheidungen über das Verhältnis von Bild, Überschrift und Lesetext treffen: Soll die Überschrift oder das Bild das dominierende Element im Seitenlayout sein? Welches Element soll an erster Stelle stehen? Soll die Überschrift mehr der Abbildung oder dem Lesetext zugeordnet werden? Weniger gelungenen Layouts merkt man an, daß sich der Gestalter über diese Fragen nicht so viel Gedanken machen wollte. Die Überschrift wird in solchen Fällen oft in gleichen Abständen zwischen Bild und Text geklemmt, oder alle Seitenelemente sind gleich groß gewählt worden und wirken gleich wichtig, was zumeist einen beliebigen und gestalterisch unentschiedenen Eindruck hinterläßt.

Entwurfstechnik

Elemente ordnen und strukturieren
Wie kann ich Texte gliedern und anordnen?

1. Die Textelemente sind in der ersten Abbildung an zwei Diagonalen ausgerichtet. Die Gestaltung ist dynamischer als bei einer horizontalen oder vertikalen Textausrichtung. Man erreicht einen entschiedenen und klaren Eindruck im Seitenlayout, wenn man sich zudem auf deutliche Winkelverhältnisse beschränkt. Die beiden Diagonalen, an denen sich die Texte ausrichten, stehen im Winkel von 90 Grad zueinander.

2. Texteinzüge oder auslaufende Absatzzeilen reichen aus, um einen Text sichtbar in Sinnabschnitte zu gliedern.

3. Eine große leere Fläche kann durch eine zentral angeordnete und raumgreifende Textfigur häufig besser einbezogen werden, als wenn der Text am Seitenrand klebt.

4. Umfangreiche Textmengen innerhalb einer Seite lassen sich in kleine „Texthäppchen" zerlegen. Der Text wird dadurch besser aufgenommen. Die Regeln der Nouvelle cuisine gelten eben auch im Seitenlayout. Gut zubereitete und sparsam portionierte Texte geben dem Inhalt zudem eine höhere Wertigkeit.

Entwurfstechnik

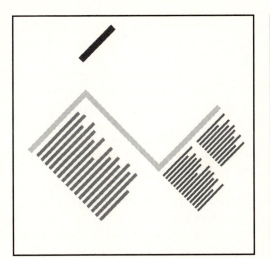

Weitere Gestaltungselemente verwenden
Tonwerte, Rhythmus, Flächenspannungen

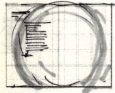

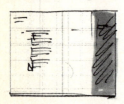

In diesen Miniskizzen wurden die ersten Ideen zu den Aspekten Rhythmus, Einheitlichkeit und Betonung festgehalten. Die Verteilung der grauen Flächen wurde mit einigen wenigen Strichen festgelegt.

In den nebenstehenden Beispielen werden weitere Gestaltungselemente, wie Rhythmus, Tonwerte und Flächenspannungen, eingesetzt. Durch diese lassen sich visuelle Ideen weiter differenzieren, und man kann ihnen ein schon recht individuelles Aussehen geben.

1. Beim ersten Bild sind Flächen mit unterschiedlichem Grauwert ineinander verschoben worden.
2. Das zweite Bild lebt von der rhythmischen, vertikalen Gliederung der Überschriften und des Faksimiletextes.
3. Das dritte Beispiel ist sehr konventionell in seiner formalen Anlage. Das dominierende Gestaltungsprinzip besteht in der gleichen, fast symmetrischen Gewichtung der beiden Seitenhälften.
4. Im letzten Beispiel werden Flächen- bzw. Größenunterschiede besonders akzentuiert. Man kommt in der Regel zu einem besseren Ergebnis, wenn man sich auf einige wenige Gestaltungsprinzipien und Gestaltungselemente beschränkt.

Entwurfstechnik

Verwenden von markanten Elementen
Welche Ausschnitte und Ansichten nehme ich?

Nicht jeder Gegenstand läßt sich so einfach und problemlos in Szene setzen wie dieser Stuhl von Wilkhan. Versuchen Sie einmal, einem herkömmlichen DOS-Rechner ein paar schöne Seiten abzugewinnen.

Markante und ausgefallene Formen sind ein gutes Mittel, einem Layout ein „Gesicht" zu geben. Sie können auf Formen zurückgreifen, die einen interessanten Umriß besitzen. Mit Photoshop ist es außerdem möglich, Bildelemente freizustellen, um die Konturlinien zu betonen.

In der oberen Bildreihe ist zu sehen, wie die veränderten Größen der abgebildeten Form den Eindruck von Nähe und Ferne entstehen lassen. Die Flächenaufteilung gestaltet sich in jeder Abbildung der oberen Reihe etwas anders. In der dritten und vierten Abbildung wird die Form durch den starken Anschnitt nur noch als dunkle Fläche wahrgenommen. Bei der Beispielreihe mit dem Stuhl werden verschiedene Ansichten durchprobiert.

Die Firma Wilkhan hat mit dem „Picto" einen Bürostuhl entwickelt, der aus allen Blickwinkeln betrachtet eine gute Figur macht, was die Gestaltungsarbeit wesentlich erleichtert. Die nahen Ansichten auf den Stuhl dienen in diesem Fall auch dazu, bestimmte Details wie die Armlehne oder die Beinkonstruktion in das Zentrum der Aufmerksamkeit zu holen.

Entwurfstechnik

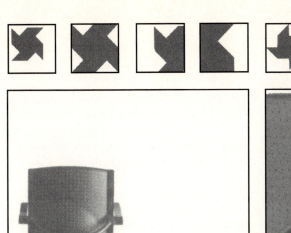
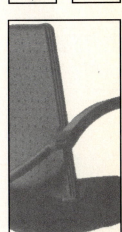

Markante Elemente kombinieren
Wie integriere ich eine markante Form ins Layout?

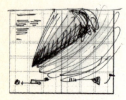

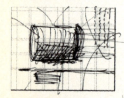

Durch Skizzen lassen sich die Formmerkmale von Objekten oft schneller und pointierter wiedergeben als durch einen stark schematisierten Entwurfsprozeß.

In Verbindung mit einer ausdrucksstarken und bewegten Form bildet eine ruhige Textfläche einen wohltuenden Ruhepol. Von Fall zu Fall wird man sich überlegen, inwieweit der Text mit dem Bildelement verbunden werden soll. Im ersten rechtsseitigen Bildbeispiel orientiert sich der Text mit seinem linken Rand an der Konturenführung des Hinterkopfes. In dem folgenden Bildbeispiel bildet der Text, abgegrenzt durch das schwarze Quadrat, eine Kontrastform zum freigestellten Stuhlrücken. Im dritten Bildbeispiel kann man erkennen, daß der Text, obwohl er sich mit einer organischen Form überlappt, durch seine geschlossene rechteckige Form weiterhin als eigenständige Einheit bestehenbleibt. Es ist immer etwas problematisch, Textzeilen in hohen Schriftgraden als dunkle Balken schematisiert wiederzugeben. In extremer Vergrößerung stellt sich jeder Text als eine individuelle Abfolge markanter Buchstabenformen dar. Es gibt Gestalter, wie Ott und Stein, die die Formqualitäten von Buchstaben besonders herausstellen, um sie als Bildelemente in ihren grafischen Arbeiten zu verwenden.

Entwurfstechnik

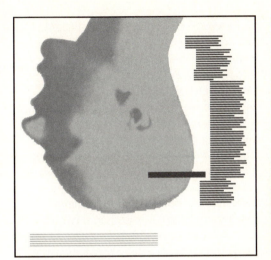

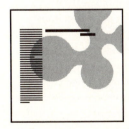

Mit Elementen spielen und experimentieren
Wie gestalte ich mein Layout künstlerisch?

Es ist schwer vorstellbar, daß der nebenstehenden Arbeit, einem Promotional Poster von John Weber für Dwight Jaeger Typographer, ein genauer Entwurf vorangegangen ist. Wahrscheinlich entstanden viele Formideen erst im Laufe der Umsetzung am Computer. Das freie, assoziative Kombinieren der im Programm scheinbar zufällig plazierten Bildfragmente scheint bei dieser Arbeit eine wichtige Rolle gespielt zu haben. So entstanden seltsam autarke und selbstreferentielle Gebilde, Kompositionen von Zeichen und Formen, die nicht mehr im Dienste einer konkreten Textaussage stehen, sondern sich selbst genügen. Pragmatische Charaktere würden eine solche Arbeit vielleicht als selbstgefällig oder abgehoben bezeichnen.

Text und Bild vermischen sich in dieser Arbeit; sie sind auch nicht durch gestrichelte oder rechteckige Formen abstrahierbar. Die zuvor vorgestellte Entwurfstechnik wird durch solche Arbeiten auf ihre Grenzen verwiesen. Um die Freiheit und Gestaltungssicherheit zu bekommen, die für solche Arbeiten nötig ist, ist es allerdings vorteilhaft, wenn man sich erst einmal an einfacheren Formen übt.

Entwurfstechnik

243

Vom Schema zur Skizze
Wie skizziere ich meine Ideen?

Das Schema dient dazu, den Entwurfsprozeß transparent zu machen und das abstrakte Sehen zu üben. In der konkreten Entwurfsarbeit wird der (einigermaßen) geübte Zeichner wahrscheinlich immer noch auf das klassische und bewährte Mittel der Skizze zurückgreifen. Die Feinmotorik der Hand kann intuitiv, sekundenschnell und in erstaunlicher Kongruenz die gestalterische Intention wiedergeben. In der skizzenhaften Niederschrift der Gestaltungsabsicht wird nur das Wichtigste festgehalten. Der besondere Vorteil der Skizze liegt darin, daß sie andeutet, ohne eindeutig festzulegen. Der Gestalter kann seine Lösungsansätze im laufenden Entwurfsprozeß korrigieren und abändern.

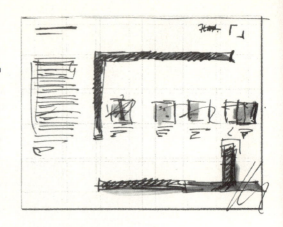

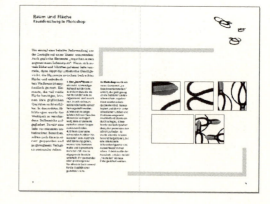

Entwurfstechnik

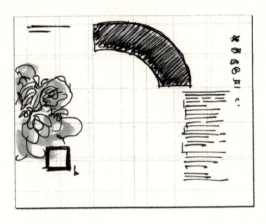

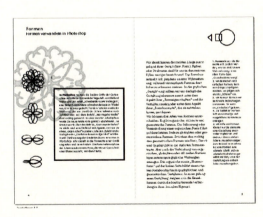

Wenn Sie in der Entwurfsphase mehrere skizzenhafte Lösungsansätze durchspielen, sollten Sie sich durch festgelegte Design- und Rastervorgaben nicht zu sehr einschränken lassen, da sonst der spontane Ideenfluß versiegen kann.
Oft finden sich nur die wesentlichen Gestaltungsideen, die in der Skizze festgehalten wurden, im fertigen Layout wieder.

245

Titellayout
Ideenskizzen und Erläuterungen

Offener Blick in die Kamera, halb geschlossene Augen usw.
Vielleicht auch mal mit ein bißchen Wäsche

Pst! (Sag's nicht weiter)

Die Darsteller

Eine Frau, (kein Mädchen)
mit
guter
einen
Ein
schö
einer
auch
Das
nicht
wie z.
auch
naja
sehen.

Ideenskizzen
Das „Briefing" für die Fotografen, die die beiden abgebildeten stern-Titel fotografiert haben, kam per Fax und bestand aus einer kleinen Ideenskizze und ein paar kommentierenden Worten. Die Gestaltungsidee ist trotz der Kürze klar umrissen und läßt dem Fotografen zugleich genug Gestaltungsspielraum, das Konzept kreativ umzusetzen. Eine Skizze sollte nur so ausführlich sein, wie es nötig ist, um als brauchbare Grundlage für die weitere Umsetzung zu dienen.

Alle möglichen Varianten der Umarmung, Bauch

Thema: Giftiges Essen

Totenkopf aus Lebensmitteln
Obst / Gemüse / Fleisch / Korn / Ei /
...nen rustikalen Holztisch
...Messer + Gabel gekreuzt
(...t die Knochen)
...lecker, sodaß der Schreck erst

...ndlich wird das ganze se...
...ht man den Untergrund?
...t Gabel müßten wohl geba...
...lleicht gibt es sowas bei "...
Dekobedarf ...

Anzeigenlayout
Minolta

Die Anzeigenserie von Minolta gehört zu den bemerkenswertesten Kampagnen des letzten Jahres.

Was auf den ersten Blick aussieht wie das Bastellayout eines passionierten Hobbywerbers, ist ein konsequent durchgeführtes Stilprinzip:

Die originellen Persiflagen bekannter Argumentations- und Werbeformen, das drastische Eigenleben der mehrfach über einen schlechten Kopierer gejagten Antiqua und die Heimwerker-Baukastenästhetik bilden eine gelungene Einheit.

Die zusammengewerkelt wirkenden Infokästen werden bereits von anderen Agenturen häufig kopiert. Die verwendete Antiqua, die an die „Plantin" erinnert, ist mittlerweile digitalisiert worden und kann als PostScript-Schrift am Computer verwendet werden. Die Antiqua mit ihren eigenwilligen Formen paßt gut in das Layout und zeigt, daß man nicht immer dick auftragen muß, wenn man deutlich sein möchte. An den rechts abgebildeten Skizzen sieht man, daß der Platzbedarf einer Anzeigenidee dem einer Briefmarke entsprechen kann.

JUNG v. MATT,
Minoltakampagne, 1994

Anzeigenlayout
Benson & Hedges

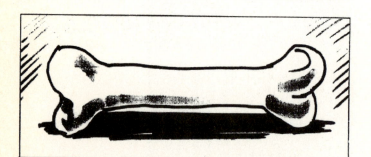

250

Entwurfstechnik

JUNG v. MATT, Benson-&-Hedges-Kampagne, 1994

In den knappen, zeichenhaften Skizzen sind bereits alle wichtigen Elemente der späteren fertigen Anzeige vorhanden.

Anzeigenlayout
Daimler-Benz Aerospace

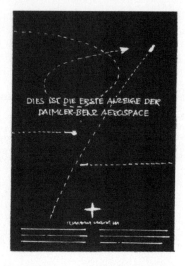

1. Die Deutsche Aerospace wurde in Daimler-Benz Aerospace umbenannt. Dazu wurde weltweit eine zweiseitige Anzeige geschaltet, in welcher die Namensänderung bekanntgegeben wurde. Das ist der Auftakt einer Imagekampagne mit der gleichen visuellen Konzeption, in der das neue Firmenimage und die Arbeit von Daimler-Benz Aerospace in Publikumszeitschriften (nicht nur in der Fachpresse) einer breiten Öffentlichkeit vermittelt werden sollen.

2. Die grafische Umsetzung, der die dunkelblaue Farbe der Aerospace unterlegt ist, hebt sich von den üblichen Anzeigenkampagnen ab. Wichtige Gestaltungselemente sind der dunkelblaue Hintergrund, die „Fluglinien", die Schrift und die iconisierte Produktpalette der Aerospace.

Die grafischen Elemente bilden ein intelligentes und flexibles System, mit welchem sich die Anzeigentexte, hier durch eine kleine „Flugschau", visualisieren lassen.

3. Grafische Elemente wie die Flugkörper, Fluglinien und das Signet der Aerospace wurden in Freehand gezeichnet und als einzelne Dateien im EPS-Format gesichert. Die EPS-Dateien wurden anschließend in QuarkXPress nacheinander in Bildrahmen geladen. In der QuarkXPress-Datei wurde zuletzt der Text hinzugefügt.

 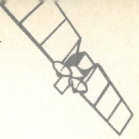

JUNG v. MATT, Daimler-Benz Aerospace, 1995

Ordner mit den Free-Hand-Dateien und der QuarkXPress-Datei

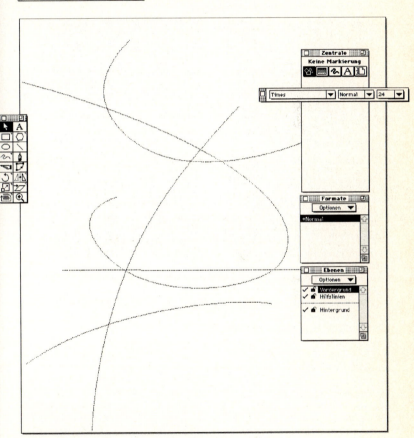

Die FreeHand-Datei mit den „Fluglinien"

Anzeigenlayout
Daimler-Benz Aerospace

Die in QuarkXPress fertiggestellte Anzeige

Dies ist die letzte Anzeige der Deutschen Aerospace.

Die Hausschrift
Von 1984–90 hat Kurt Weidemann die Corporate A-S-E für Daimler-Benz entwickelt. Sie besteht aus den Familiengruppen Antiqua, Serifenlose, Egyptienne und umfaßt insgesamt 37 Schriftschnitte. Die Corporate hat wesentlich dazu beigetragen, daß der Daimler-Benz-„Mischkonzern" ein einheitliches und unverwechselbares Erscheinungsbild hat.

Deutsche Aerospace

Als die Deutsche Aerospace gegründet wurde, geschah dies, um die deutsche Luft- und Raumfahrt zu konzentrieren. Nur durch ein Zusammenwirken der Kräfte ist es möglich, die technologischen, wirtschaftlichen und ökologischen Herausforderungen des nächsten Jahrhunderts zu meistern.

Entwerfen und Computer

Das in FreeHand zusammengesetzte Signet der
Daimler-Benz Aerospace

Anzeigenlayout
Möbelfirma Neuhaus

Neuhaus ist ein innovatives Einrichtungsunternehmen, das sich mit einem klaren und durchdachten Konzept in der Öffentlichkeit präsentiert. Der im Namen des Firmengründers „Neuhaus" vorhandene und werblich arg strapazierte Begriff „Neu" wird in den Anzeigentexten spielerisch und in unverbrauchter Form verwendet.
Anstelle von durchformulierten, engen Verkaufsargumenten tauchen in den Anzeigen Schlüsselwörter wie SITZEN, STÜTZEN, ARBEITEN, DENKEN auf, in denen sich eine Firmenphilosophie auffächert, die Design, Arbeits- und Lebensräume als eine Einheit begreift.
Im Gegenzug zu dieser inhaltlich „offenen" Form der Imagewerbung werden die Begriffe und ihr Bedeutungsraum auf der visuellen Ebene – in Schriftgröße und Schriftschnitt – an die Wortmarke und das Erscheinungsbild von Neuhaus gebunden.
Über die in den Wörtern hervorgerufenen Emotionen und Vorstellungen gelingt es, die entwickelten Designkonzepte in einen größeren Kontext zu stellen. Zugleich sorgen die strengen gestalterischen Leitlinien: rhythmische Wiederholung, Schwarz-Weiß-Kontrast und die Futura in den Schnitten Regular und Bold für ein markantes visuelles Auftreten. Der Agentur Trust ist es mit dieser Doppelstrategie gelungen, daß Neuhaus als modernes Unternehmen ebenso wandlungsfähig wie identifizierbar bleibt.

DEN MENSCHEN AUS ALLER WELT
WÜNSCHEN WIR EIN GUTES MITEINANDER.
NICHT NUR IM **NEU**EN JAHR.
IHNEN WÜNSCHEN WIR EIN FROHES FEST
UND EIN BESONDERS GUTES
NEUNZEHNHUNDERTVIERUND**NEU**NZIG.
UNS WÜNSCHEN WIR, DAß SIE
AUCH IM NÄCHSTEN JAHR WIEDER
BEI UNS VORBEISCHAUEN.

Oben: Textausschnitt aus einer Weihnachtskarte
Rechts: Einladungskarte für eine Design- und Verkaufsausstellung

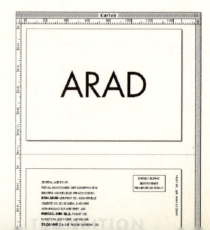

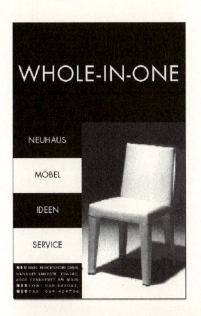
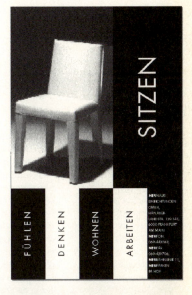

Trust, Die Neuhaus-Kampagne

Anzeigenlayout
Möbelfirma Neuhaus

Ein großer Teil der Anzeigen und der Mailings für Neuhaus wurde in QuarkXPress erstellt. Alle Seitenelemente, die auf den Dokumentseiten wiederkehren, sind auf der Musterseite festgelegt worden. Der Blindtext für die Überschriften, der auf der Musterseite bereits angelegt worden ist, muß in den Dokumentseiten nur noch überschrieben werden. In den Bildrahmen, der ebenfalls auf der Musterseite angelegt worden ist, muß nur noch das jeweils gewünschte Bildmotiv geladen werden.

Die Konzeption einer Anzeigenidee in diesem weitgehend vordefinierten Gestaltungsrahmen und deren Ausführung werden zu einem Akt, der weniger Zeit in Anspruch nimmt als eine Skizze, falls das Bildmaterial in digitalisierter Form auf der Festplatte vorhanden ist.
Die einzige Schriftfamilie, die in den Anzeigen Verwendung findet, ist die Futura in ihren fetten und nomalen Schriftschnitten. Sie wurde in den zwanziger Jahren von Paul Renner entworfen. Sie gilt als *die* Schrift der klassischen Moderne, vergleichbar mit dem Wassily-Stuhl von Joseph Breuer oder den Sitzmöbeln von Le Corbusier. Insofern ist sie als Schrift für ein Unternehmen, das moderne Einrichtungen verkauft und konzipiert, gut geeignet, obwohl sie zu den am meisten verwendeten Schriften in der Anzeigengestaltung gehört.

Die festen Designvorgaben der Musterseite (rechts) werden von den drei Dokumentseiten übernommen.

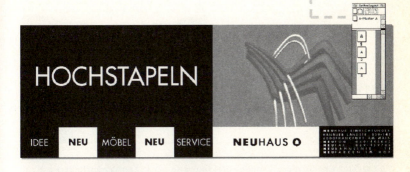

Anzeigenlayout
Bayerische Vereinsbank

1.

2.

Die Anzeigenreihe für die Bayerische Vereinsbank kann als anschauliches Beispiel für die in diesem Kapitel vorgestellte Entwurfsmethode herangezogen werden. In dieser Methode wird mit einfachen und schematisierten Formen versucht, zu einem brauchbaren Layout zu kommen.
Man kann auch umgekehrt vorgehen, um festzustellen, ob ein Layout auch in abstrahierter Form noch „funktioniert". In der ersten Abbildung ist das Layout auf einen Tonwert reduziert worden. Der Text besteht nur aus grauen Balken. In dem Layout der zweiten Abbildung werden drei Tonwerte verwendet. Das Layout besitzt nun zwar mehr Kontrast und wirkt ansprechender, aber für eine stimmige Verteilung der Bild- und Schriftelemente ist dieses zusätzliche Ausdrucksmittel erst einmal sekundär.
In der Anzeigengestaltung sollte eine klare Gestaltungslinie zugleich eine angemessene Bandbreite an spontanen Einfällen und Variationen zulassen. Feste und immer wiederkehrende Designelemente wie das Firmenzeichen, die Anzeigennummer und der auf den Kopf gestellte Text bilden den Gestaltungsrahmen.

Der Versalschnitt der Überschrift, der weite Zeilenabstand des Anzeigentextes und die Betonung der Bildkonturen gehören ebenfalls zu den Konstanten im Anzeigenlayout. In der Wahl der Bildmotive und in der Zuordnung von Bild, Text und Überschrift gibt es hingegen keine Einschränkungen.

Entwerfen und Computer

3.

Trust, Bayerische Vereinsbank

Seitengestaltung mit Rastern

Organisieren mit Rastern

264... Vorteile von Rastersystemen

Konstruktion eines Rasters

266... Das Seitenformat

268... Satzspiegel und Randproportionen

270... Konstruktion des Satzspiegels

272... Grundlinienraster und Satzspiegel

274... Spalteneinteilung

276... Spaltenabstand

278... Grundlinienraster und Schriftgrößen

280... Rasterzellen

282... Rasterzellen als Arbeitsgrundlage

Textelemente im Raster

284... Anordnung im Raster

286... Rubriktitel

288... Zwischentitel

290... Marginalien und Fußnoten

292... Bildlegenden

294... Rasterzellen und freies Gestalten

Gestaltungsbeispiele

296... Merian

308... Die Woche

328... Marlboro-Designkatalog

Rastergestaltung
„Architektonische Beherrschung" der leeren Fläche

In dem Buch „Rastergestaltung" von Joseph Müller-Brockmann findet sich die treffende Formulierung von der „architektonischen Beherrschung der Fläche". Dieses Buch ist von einem ebenso engagierten wie berühmten Rasterpuristen verfaßt worden.

Wir können unsere Kreativität am besten zur Anwendung bringen, wenn sie sich selbst ihre Grenzen setzt. Sicher kennt mancher dieses Problem aus der Erfahrung mit leeren Seiten. Die „grenzenlose Freiheit", die einem in Form einer leeren Seite ohne Vorgaben und Orientierungshilfen entgegenschaut, blockiert die Kreativität. Durch ein Raster gibt man sich einen Rahmen von Möglichkeiten vor, der das Arbeiten in mancher Hinsicht erleichtert und überschaubar macht. Als ungeübter Anwender kann man sich im Umgang mit komplexen Rastersystemen erst einmal in seiner Spontanität und Kreativität eingeengt fühlen. Hat man gelernt, mit ihnen zu arbeiten, werden sie als Erweiterung der eigenen Ausdrucksmöglichkeiten erfahren. Ein Raster beginnt mit dem ersten organisierenden und strukturierenden Zeichen auf der Fläche. In bezug auf die Menge und die Differenzierung von Rasterelementen sind nach oben hin keine Grenzen gesetzt. Man spricht dann auch von ausgebauten Rastersystemen, die durchaus eine eigene „Rasterästhetik" besitzen können und grafische Arbeiten als besonders organisiert und durchdacht anmuten lassen, was sich beim zweiten Hinschauen nicht unbedingt bewahrheiten muß.

Vorteile von Rastersystemen

1. Ein Raster hilft, die Fläche zu organisieren und zu gestalten.
Dies ist ein nicht zu verachtender Aspekt, angesichts der Probleme, die man mit noch leeren Flächen haben kann.

2. Es hilft, die Information systematisch zu ordnen und zu gliedern.
Man kann sich ein Raster auch als zweidimensionale Hängeregistratur vorstellen, die einem das systematische Gliedern und Ablegen großer Text- und Bildmengen ungemein erleichtert.

3. Es hilft, Informationen in ein einheitliches System zu integrieren.
Durch ein Raster bekommt eine Gestaltung Kontinuität und Transparenz. Selbst sehr disparate Elemente, wenn sie in ein durchgehendes System eingepaßt werden, wirken wie Teile eines übergeordneten Ganzen.

4. Es hilft, die eigenen Arbeiten zu organisieren und effektiver zu gestalten.
Denn „Ordnung ist das halbe Leben", lehrt uns eine biedere Volksweisheit. Positiver formuliert: Durch Ordnung hat man mehr vom Leben. Dies trifft jedenfalls dann zu, wenn Sie die Zeit, die Sie durch Formulare und Raster einsparen, nicht in neue Aufträge investieren müssen, ohne daß sich an Ihrem Gehalt etwas ändert.

Das Seitenformat
Welches Format für welchen Zweck?

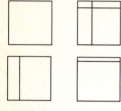

Quadrat

Quadrate müssen nicht unbedingt langweilig aussehen, wenn man für sie eine interessante Unterteilung findet.

Bevor der Satzspiegel festgelegt wird, muß ein Format gewählt werden. Man wird am ehesten zur DIN-Formatreihe greifen, wenn es sich um einen Brief oder eine Drucksache handelt, die in einen Briefumschlag dieser Formatreihe passen soll. Das DIN-Format beruht auf einem als harmonisch empfundenen Seitenverhältnis, das in den zwanziger Jahren zum Normformat erhoben wurde. Kleinere und schmalere Formate lassen sich besser handhaben, während große und breite Formate nach einer Unterlage verlangen, auf der sie sich ausbreiten lassen. Wie soll Ihre Drucksache gelesen werden? Soll sie möglicherweise in jede Jackentasche passen? Dies erhöht bei werblichen Drucksachen zumindest die Wahrscheinlichkeit, nicht gleich weggeworfen zu werden.

DIN-A-Reihe

In der DIN-A-Reihe hat jede Formatgröße immer eine Seitenlänge mit dem nächstgrößeren und -kleineren Format gemeinsam. Die gängigsten Formate sind:
DIN A2 420 mm × 594 mm
DIN A3 297 mm × 420 mm
DIN A4 210 mm × 297 mm
DIN A5 148 mm × 210 mm
DIN A6 105 mm × 148 mm
DIN A7   74 mm × 105 mm

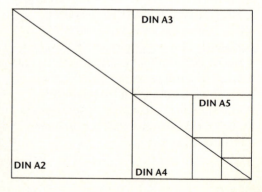

Harmonische Seitenformate

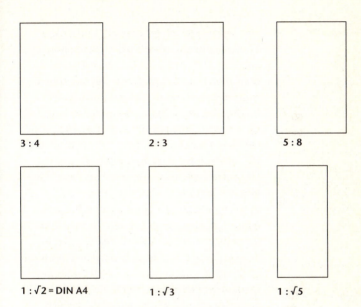

3 : 4   2 : 3   5 : 8

1 : √2 = DIN A4   1 : √3   1 : √5

Für einige Gestaltungsaufgaben eignen sich andere Formate wesentlich besser als die Normformate der DIN-A-Reihe. Die oben aufgeführten Formate gelten nach Jan Tschichold als besonders ausgewogen. Das Verhältnis 5 : 8 entspricht dem goldenen Schnitt. Seitenformate, deren Seiten fast gleich lang sind, wirken unentschieden und spannungslos.

Wenn das Seitenformat nicht bereits unwiderruflich festgelegt ist, lohnt es sich durchaus, mit mehreren Formaten zu experimentieren, um ihre Eignung zu prüfen.

Der Satzspiegel
Randproportionen und Bezeichnungen

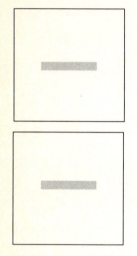

Ein Element steht besser auf der Seite, wenn es sich über der geometrischen Mitte einer Seite befindet. Dieser Erfahrung sollte auch beim Einrichten des Satzspiegels Beachtung geschenkt werden. Im oberen Bildbeispiel liegt der Balken genau in der geometrischen Mitte. In der darunterliegenden Abbildung liegt der Balken etwas über dem geometrischen Schnittpunkt der beiden Seitendiagonalen.

Der Satzspiegel ist der Bereich, in dem der Text auf einer Seite erscheint. Dazu gehören auch die Fußnoten, die Seitenzahl, Randbemerkungen und Kopfzeilen. Der Satzspiegel stammt ursprünglich aus der klassischen Buchgestaltung, aber auch moderne Publikationen wie Zeitschriften, Kataloge und Geschäftsberichte brauchen eine optische Begrenzung des Textes zum Seitenrand.
Der Satzspiegel wird von vier Randbereichen eingerahmt. Diese Ränder werden Stege genannt, weil in der abgedankten Bleisatztechnik die Ränder der zu einem Druckbogen gehörenden Seiten mit Eisenstegen festgelegt wurden. Wie in der rechten Abbildung zu sehen ist, werden die einzelnen Randbegrenzungen Kopfsteg, Innen- oder Bundsteg, Außensteg und Fußsteg genannt. Das Verhältnis der Randabstände ist beim einseitigen Layout anders als im doppelseitigen Layout: Bei einer einzelnen Seite können die Randabstände für den Kopf-, Innen- und Außensteg in etwa gleich und der Randabstand für den Fußsteg etwas größer sein. Bei Doppelseiten wird der Innensteg zumeist etwas kleiner als der Außensteg gewählt, damit die beidseitigen Satzspiegel optisch nicht auseinanderdriften. Die links unten abgebildete Beispielreihe bezieht sich auf die rechte Hälfte eines doppelseitigen Layouts.

Randabstände einer Doppelseite

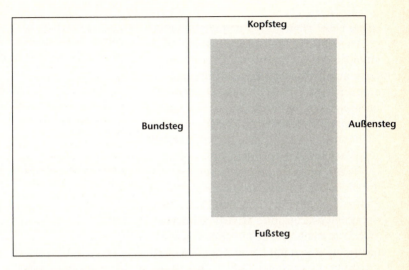

Fußsteg : Außensteg : Kopfsteg : Innensteg
Goldener Schnitt: 2 : 3 : 5 : 8
Brauchbares Verhältnis: 2 : 3 : 4 : 5

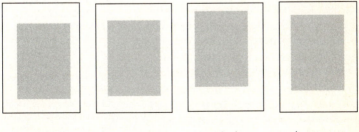

zu weit unten   zu gleichmäßig   zu weit oben   besser

Der Satzspiegel
Die klassische Konstruktion des Satzspiegels

In der klassischen Buchgestaltung lassen sich die Randabstände des Satzspiegels durch eine einfache Diagonalkonstruktion ermitteln. Dazu müssen Sie die Diagonalen gemäß der angezeigten Form der oberen Abbildung nachzeichnen, wobei die Reihenfolge unwichtig ist. Diese einfache Konstruktion kann auch in QuarkXPress mit dem Diagonalwerkzeug nachvollzogen werden. Wenn Sie in QuarkXPress die Diagonalkonstruktion erstellt haben, können Sie mit dem „Bildrahmenwerkzeug" einen Satzspiegel aufziehen, der an Punkt 1 beginnt. Mit der gedrückten Maustaste ziehen Sie den Bildrahmen nach rechts, bis er sich mit Punkt 2 der Diagonalkonstruktion schneidet. Dann ziehen Sie den Bildrahmen nach unten auf, bis er mit Punkt 3 zusammentrifft. Damit haben Sie den Satzspiegel bereits in all seinen Randabständen festgelegt. In der zweiten Abbildung ist die Konstruktion noch etwas erweitert worden, um den oberen Randabstand des Satzspiegels ebenfalls geometrisch festzulegen. Wenn auch der praktische Nutzen dieser Konstruktion relativ gering ist, da sie nur selten in der modernen Drucksachengestaltung Verwendung findet, so bietet sie doch die Möglichkeit, harmonische Randabstände bei unterschiedlichen Satzspiegelgrößen zu studieren.

Wenn Sie links oben auf der Diagonalen den oberen Rand des Satzspiegels nach eigenem Ermessen festgelegt haben (1), ergeben sich die anderen Randabstände von selbst. Sie müssen nur eine waagerechte Linie zur nächsten Diagonalen (2) ziehen, dann eine Senkrechte zur nächsten Diagonalen (3) nach unten fällen und so weiter.

Wenn Sie den oberen Randabstand geometrisch festlegen wollen, können Sie eine Gerade durch den Schnittpunkt ziehen, an dem sich die beiden Diagonalen auf der rechten Seite kreuzen. Das obere Ende der Geraden verbinden Sie mit dem Kreuzungspunkt auf der nächsten Seite. Damit legen Sie den Punkt fest, an dem der obere Satzspiegelrand beginnen soll.

Zwei Konstruktionsmethoden

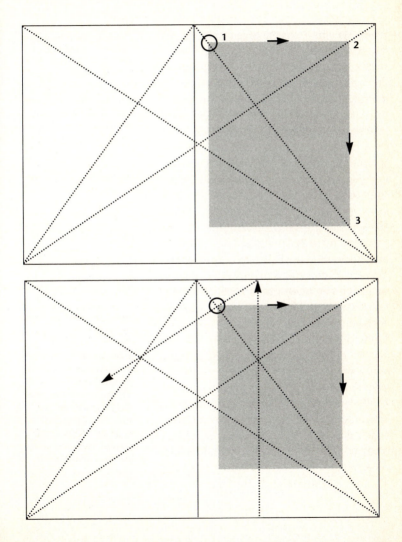

Satzspiegel und Grundlinienraster
Orientierung am Grundlinienraster

Wenn Sie eine Textseite gegen das Licht halten, werden Sie in den meisten Fällen feststellen, daß die Schriftzeilen des Grundtextes der Vorderseite und die Schriftzeilen der Rückseite genau aufeinander liegen. Dies liegt daran, daß die Schriftzeilen des Grundtextes an einem durchgängigen Grundlinienraster ausgerichtet sind. In der Fachsprache spricht man auch von Register und von der Registerhaltigkeit einer Drucksache. Diese sorgt dafür, daß eine Drucksache einen ruhigen und harmonischen Eindruck hervorruft. Die Schrittweite des Grundlinienrasters orientiert sich am Zeilenabstand des Grund- bzw. Lesetextes. Deshalb ist es sinnvoll, bevor man ein Rastersystem zu entwerfen beginnt, sich auf einen bestimmten Zeilenabstand in seiner Grundschrift festzulegen. Der Zeilenabstand liegt in den meisten Fällen zwischen 9 pt und 12 pt. Das Grundlinienraster beginnt entweder an der oberen Seitenkante oder direkt am oberen Satzspiegelrand. In jedem Fall sollten die obere und die untere Randbegrenzung des Satzspiegels mit den Zeilen des Grundlinienrasters „übereinstimmen". Was damit genau gemeint ist, kann man aus den beiden rechten Abbildungen ersehen.

Bei den meisten Publikationen befinden sich Startpunkt des Grundlinienrasters und Oberkante des Satzspiegels auf der gleichen Höhe, wobei der Text erst in der zweiten Grundlinienzeile beginnt.

Wenn sich im Satzspiegel Bilder befinden, die mit der Oberkante des Satzspiegels abschließen, ragen sie, wie in der oberen Abbildung, etwas aus dem Text heraus. In anspruchsvollen Publikationen versucht man dies zu vermeiden. Dazu wird das Grundlinienraster um den Leerraum, der zwischen Satzspiegeloberkante und den Mittellängen der Textzeilen besteht, nach oben versetzt.

Konstruktion des Rasters

Dieser Text
befindet sich
im Satzspie-
gel und ist
am Grundlinienraster
ausgerichtet. Dieser
Text befindet im Satz-
spiegel und ist am
Grundlinienraster aus-
gerichtet. Dieser Text

Dieser Text
befindet sich
im Satzspie-
gel und ist
am Grundlinienraster
ausgerichtet. Dieser
Text befindet sich im
Satzspiegel und ist am
Grundlinienraster aus-
gerichtet. Dieser Text

Der Satzspiegel
Wie viele Spalten für welchen Zweck?

Ein einspaltiger Satzspiegel ist am besten für textorientierte Publikationen geeignet, die nicht viel größer sind als die gängigen Taschenbuchformate.

Um überlange Textzeilen zu vermeiden, wird der Satzspiegel in mehrere Spalten eingeteilt. Bei der Wahl einer geeigneten Spaltenbreite sollte berücksichtigt werden, daß nicht viel weniger als vierzig und nicht viel mehr als sechzig Zeichen in einer Zeile sind, da sonst die Lesbarkeit verringert wird. Die Laufweite und die Größe der Grundschrift spielen bei der Entscheidung für die richtige Spaltenbreite eine wichtige Rolle. Bei einer kleineren Schrift und engeren Laufweite passen mehr Zeichen in eine Textspalte. Die Textspalten können entsprechend schmaler ausfallen.
Für die Wahl der richtigen Spaltenanzahl ist es entscheidend, ob es wichtiger ist, möglichst viel Text auf der zur Verfügung stehenden Fläche unterzubringen, oder ob Sie einen größeren Gestaltungsspielraum haben möchten: Je mehr Spalten ein Satzspiegel hat, desto weniger Text kann er aufnehmen, aber desto mehr Variationsmöglichkeiten haben Sie in bezug auf die Anordnung von Text und Bildern.
1. In einem einspaltigen Satzspiegel ist es naheliegend, die Bilder in ihrer Breite dem Satzspiegel anzupassen. Deshalb stehen Ihnen in diesem Fall verhältnismäßig wenig Gestaltungsmöglichkeiten zur Verfügung.
2. In einem zweispaltigen Satzspiegel können zum Beispiel die Bilder in die eine Spalte, der Text in die andere Spalte gesetzt werden.

Konstruktion eines Rasters

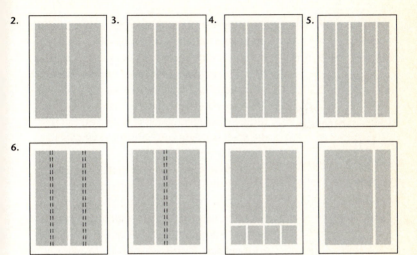

3. Drei Spalten finden sich oft in Broschüren und Anzeigen. Diese Spaltenzahl kann leicht zu etwas konservativen und traditionellen Ergebnissen führen, wenn man sich zu stark von der Symmetrie des dreispaltigen Seitenaufbaus beeinflussen läßt.
4. Mit vier Spalten kann man bereits sehr differenziert und flexibel Bilder und Text anordnen. Sie finden sich häufig im Zeitungslayout und bei größeren Seitenformaten.
5. Mit größeren und ungeraden Spaltenzahlen ist es möglich, sehr ausgefallene und eigenwillige Seitenlayouts zu entwerfen.
6. Außerdem gibt es die Möglichkeit, die Spalteneinteilung auf einer Seite zu variieren.

Wenn Sie noch nicht zu den erfahrenen Gestaltern gehören, sollten Sie nicht zu viele Spalten wählen, da Sie sich sonst leicht angesichts der unendlichen Möglichkeiten, Bilder und Texte zu kombinieren, verzetteln.

Spaltenabstand und Spaltenlinien
Spalten-, Buchstaben- und andere Methoden

4spaltig 2–3 mm
3spaltig 3–5 mm
2spaltig 4–6 mm

Praktische Typografie,
Ralf Turtschi

Spaltenabstand
≈ mi
mit Spaltenlinien
≈ mii

Typografisches Gestalten,
Manfred Simoneit

Zur Ermittlung des Spaltenabstandes stehen mehrere Methoden im Angebot:

1. Die „Spaltenmethode" geht davon aus, daß zum Beispiel vier Textspalten in der Regel schmaler sind und kleinere Schriftgrade haben als drei Textspalten. Dann ist es allerdings sinnvoller, gleich den Schriftgrad und die Spaltenbreite zur Ermittlung des Spaltenabstandes heranzuziehen.

2. Manfred Simoneit empfiehlt, den Spaltenabstand an der Breite des Buchstabenpaares „mi" der jeweils verwendeten Schrift zu orientieren. Falls zusätzlich Spaltenlinien verwendet werden, dient die Kombination „mii" als neue Bemessungsgrundlage. Dieser Ansatz ist verhältnismäßig flexibel und brauchbar. Er ignoriert allerdings den Zeilenabstand und die Textspaltenbreite zur proportionalen Anpassung des Spaltenabstandes.

3. Einem größeren Zeilenabstand sollte nämlich eine größerer Spaltenabstand entsprechen. Die numerischen Werte für Zeilen- und Spaltenabstand können identisch sein (4).

4. Die beste Methode ist also immer noch keine bestimmte Methode: Spaltenabstände sollen Textspalten voneinander abgrenzen, aber nicht so weit, daß diese optisch auseinanderfallen. In dieser Hinsicht und unter Berücksichtigung der aufgeführten Beeinflussungsfaktoren sollte man von Fall zu Fall nach eigenem Ermessen entscheiden.

Textbeispiele

1. Gill Sans

Es gibt allseits bekannte und gut bewährte Mittel, um dem Geschriebenem ein geordnetes Aussehen zu geben. Der Gestalter kann sich an dem großen Repertoire von diversen Satzausrichtungen, rahmenden Abständen, sowie begrenzenden Linien zur hygienischen und ordnenden Maßregelung bedienen. Es gibt allseits bekannte und gut bewährte Mittel, um dem Geschriebenem ein geordnetes Aussehen zu geben. Der Gestalter kann sich an dem großen Reper-

toire von diversen Satzausrichtungen, rahmenden Abständen, sowie begrenzenden Linien zur hygienischen und ordnenden Maßregelung bedienen. Es gibt allseits bekannte und gut bewährte Mittel, um dem Geschriebenem ein geordnetes Aussehen zu geben. Der Gestalter kann sich an dem großen Repertoire von diversen Satzausrichtungen, rahmenden Abständen, sowie begrenzenden Linien zur hygienischen und ordnenden Maßregelung bedienen. Der

Gestalter kann sich an dem großen Repertoire von diversen Satzausrichtungen, rahmenden Abständen, sowie begrenzenden Linien zur hygienischen und ordnenden Maßregelung bedienen. Der Gestalter kann sich an dem großen Repertoire von diversen Satzausrichtungen, rahmenden Abständen, sowie begrenzenden Linien zur hygienischen und ordnenden Maßregelung bedienen. Es gibt allseits bekannte und gut bewährte Mittel, um dem Geschriebenem ein geor

2. Gill Sans, Spaltenlinien

Es gibt allseits bekannte und gut bewährte Mittel, um dem Geschriebenem ein geordnetes Aussehen zu geben. Der Gestalter kann sich an dem großen Repertoire von diversen Satzausrichtungen, rahmenden Abständen, sowie begrenzenden Linien zur hygienischen und ordnenden Maßregelung bedienen. Es gibt allseits bekannte und gut bewährte Mittel, um dem Geschriebenem ein geordnetes Aussehen zu geben. Der Gestalter kann sich an dem großen Reper-

toire von diversen Satzausrichtungen, rahmenden Abständen, sowie begrenzenden Linien zur hygienischen und ordnenden Maßregelung bedienen. Es gibt allseits bekannte und gut bewährte Mittel, um dem Geschriebenem ein geordnetes Aussehen zu geben. Der Gestalter kann sich an dem großen Repertoire von diversen Satzausrichtungen, rahmenden Abständen, sowie begrenzenden Linien zur hygienischen und ordnenden Maßregelung bedienen. Der

Gestalter kann sich an dem großen Repertoire von diversen Satzausrichtungen, rahmenden Abständen, sowie begrenzenden Linien zur hygienischen und ordnenden Maßregelung bedienen. Der Gestalter kann sich an dem großen Repertoire von diversen Satzausrichtungen, rahmenden Abständen, sowie begrenzenden Linien zur hygienischen und ordnenden Maßregelung bedienen. Es gibt allseits bekannte und gut bewährte Mittel, um dem Geschriebenem ein geor

3. Avantgarde

Es gibt allseits bekannte und gut bewährte Mittel, um dem Geschriebenem ein geordnetes Aussehen zu geben. Der Gestalter kann sich an dem großen Repertoire von diversen Satzausrichtungen, rahmenden Abständen, sowie begrenzenden Linien zur hygienischen und ordnenden Maßregelung bedienen. Es gibt allseits bekannte und gut bewährte Mittel, um dem Geschriebenem

ein geordnetes Aussehen zu geben. Der Gestalter kann sich an dem großen Repertoire von diversen Satzausrichtungen, rahmenden Abstänen, sowie begrenzenden Linien zur hygienischen und ordnenden Maß regelung bedienen. Es gibt allseits bekannte und gut bewährte Mittel, um dem Geschriebenem ein geordnetes Aussehen zu geben. Der Gestalter kann sich an dem großen Reper-

toire von diversen Satzausrichtungen, rahmenden Abständen, sowie begrenzenden Linien zur hygienischen und ordnenden Maßregelung bedienen. Der Gestalter kann sich an dem großen Repertoire von diversen Satzausrichtungen, rahmenden Abständen, sowie begrenzenden Linien zur hygienischen und ordnenden Maßregelung bedienen. Der Gestalter kann sich an einem groß

4. Spalten- und Zeilenabstand: 8 pt

Es gibt allseits bekannte und gut bewährte Mittel, um dem Geschriebenem ein geordnetes Aussehen zu geben. Der Gestalter kann sich an dem großen Repertoire von diversen Satzausrichtungen, rahmenden Abständen, sowie begrenzenden Linien zur hygienischen und ordnenden Maßregelung bedienen. Es gibt allseits bekannte und gut bewährte Mittel, um dem Geschriebenem ein geordnetes Aussehen zu geben. Der Gestalter kann sich an dem großen Repertoire von diversen Satzausrichtungen, rahmenden Abstänen, sowie begrenzenden Linien

zur hygienischen und ordnenden Maßregelung bedienen. Es gibt allseits bekannte und gut bewährte Mittel, um dem Geschriebenem ein geordnetes Aussehen zu geben. Der Gestalter kann sich an dem großen Repertoire von diversen Satzausrichtungen, rahmenden Abständen, sowie begrenzenden Linien zur hygienischen und ordnenden Maßregelung bedienen. Der Gestalter kann sich an einem unbegrenzten Repertoire von diversen Satzausrichtungen, rahmenden Abständen, sowie begrenzenden Linien zur hygienischen und ordnenden Maßregelung b

Grundlinienraster und Schriftgrößen
Einpassen verschiedener Schriftgrößen

Dieser Text liegt mit jeder dritten Zeile auf dem Grundlinienraster. Dieser Text liegt mit jeder dritten Zeile auf dem Grundlinienraster. Dieser Text liegt mit jeder dritten Zeile

Alexander Calder

Dieser Text liegt mit jeder Zeile auf dem Grundlinienraster mit 12pt Schrittweite. Dieser Text liegt mit jeder Zeile auf dem Grundlinienraster mit 12pt Schrittweite. Dieser Text liegt mit jeder Zeile auf dem Grundlinienraster mit 12pt Schrittweite. Dieser Text liegt mit jeder Zeile auf dem Grundlinienraster mit 12pt Schrittweite.

Henry Miller

Dieser Text liegt mit jeder Zeile auf dem Grundlinienraster mit 12pt Schrittweite. Dieser Text liegt mit jeder Zeile auf dem Grundlinienraster mit 12pt Schrittweite. Dieser Text liegt mit jeder Zeile auf dem Grundlinienraster mit 12pt Schrittweite. Dieser Text liegt mit jeder Zeile auf dem Grundlinienraster mit 12pt Schrittweite. Dieser Text liegt mit jeder Zeile auf dem Grundlinienraster mit 12pt Schrittweite. Dieser Text liegt mit jeder Zeile

Dieser Text liegt mit jeder dritten Zeile auf dem Grundlinienraster. dritten Zeile

Konstruktion eines Rasters

12 pt Grundlinienraster

Dieser Text überspringt jede zweite Rasterzeile. Dieser Text überspringt	Dieser Text liegt mit jeder Zeile auf dem Grundlinienraster. Dieser Text liegt mit jeder Zeile auf dem Grundlinienraster. Dieser Text liegt mit jeder Zeile auf dem Grundlinienraster. Dieser Text liegt mit jeder Zeile auf dem	Dieser Text liegt mit jeder dritten Zeile auf dem Grundlinienraster. Dieser Text liegt mit jeder dritten Zeile auf dem Grundlinienraster. Dieser Text liegt mit jeder dritten Zeile auf dem Grundlinienraster. Dieser Text liegt mit jeder dritten Zeile auf dem Grundlinienraster. Dieser Text liegt mit jeder drittenZeile auf dem Grundlinienraster. Dieser Text liegt mit jeder dritten Zeile auf dem Grundlinienraster. Dieser Text liegt mit jeder dritten Zeile auf dem Gr

18 pt Schriftgröße	10 pt Schriftgröße	7 pt Schriftgröße
24 pt Zeilenabstand	12 pt Zeilenabstand	8 pt Zeilenabstand
(Schaugröße)	(Lesegröße)	(Konsultationsgröße)

Üblicherweise wird nur der Grundtext am Grundlinienraster ausgerichtet, da das Anpassen anderer Schriftgrade an das Grundlinienraster die gestalterische Freiheit zu sehr einschränkt und außerdem einen höheren konzeptionellen Aufwand bedeutet. In manchen Fällen sollten jedoch Maßgenauigkeit und planerische Geschlossenheit einer Drucksache Teil ihrer ästhetischen Anmutung sein. Zum Erzielen dieser Wirkung ist es förderlich, wenn möglichst viele Seitenelemente in das Rastersystem eingepaßt und aneinander ausgerichtet werden. In der Schweizer Typografie spricht man von alignieren, das heißt, die Elemente liegen in ihrer vertikalen und horizontalen Ausrichtung auf einer Linie.

Die Zeilenabstände von Überschriften, Fußnoten, Randbemerkungen und Bildunterschriften lassen sich so einstellen, daß sie in periodischen Abständen zusammen mit dem Lesetext auf einer Grundlinienrasterzeile liegen. In der linken Darstellung aligniert die Bildunterschrift mit jeder dritten Grundlinienzeile. Der Zeilenabstand der Bildunterschrift beträgt 8 pt. Drei Zeilen ergeben 24 pt. Der Grundlinienabstand beträgt 12 pt. Zwei Grundlinienzeilen ergeben also ebenfalls 24 pt. Deswegen deckt sich jede dritte Zeile der Bildunterschrift mit jeder zweiten Grundlinienzeile beziehungsweise nebenstehenden Lesetextzeile.

Grundlinienraster und Rasterzellen
Anlegen eines vertikalen Gitters

Verwendungszweck von Rasterzellen

Das Raster, das in diesem Buch Verwendung findet, ist zusätzlich in horizontale Felder unterteilt worden. Dabei entstehen Rasterzellen von beinahe quadratischer Grundform. Dieses ausgebaute Rastersystem ist eine große Arbeitserleichterung, wenn man umfangreiche Text- und Bildmengen in übersichtlicher und klar gegliederter Form in seiner Drucksache präsentieren möchte. Durch das Rasterzellensystem wird das Bildmaterial auf eine begrenzte Anzahl von Formatgrößen eingeschränkt, was zu einem einheitlicheren Gesamteindruck führen kann.

Konstruktion der Rasterzellen

Wenn man ein Rasterzellensystem anlegen möchte, muß man die Anzahl der Zeilen, die sich im Satzspiegel befinden, durch die erwünschte Zahl der vertikalen Zellen teilen, wobei zuvor die Blindzeilen, die zwischen den Rasterzellen liegen, abgezogen werden müssen. Die Blindzeilen sind notwendig, um die Abbildungen auseinanderzuhalten. In dem rechtsseitig abgebildeten Satzspiegel, der für dieses Buch verwendet wurde, befinden sich 39 Textzeilen. Der Satzspiegel wurde in fünf Rasterzellen unterteilt. Abzüglich der vier dazwischenliegenden Blindzeilen verbleiben 35 Textzeilen, die in fünf Zellen zu je sieben Zeilen geteilt worden sind.

Ein Satzspiegel, der aus 59 Textzeilen besteht, läßt mehrere Möglichkeiten der Unterteilung in Rasterzellen zu:
59 Zeilen lassen sich beispielsweise in zwölf vertikale Rasterzellen zu vier Textzeilen unterteilen. Dabei müssen zuerst die elf Blindzeilen, die zwischen den Rasterzellen liegen, abgezogen werden.

Zwölf Rasterzellen
$59 - 11 = 48 : 12 = 4$
Zehn Rasterzellen
$59 - 9 = 50 : 10 = 5$
Sechs Rasterzellen
$59 - 5 = 54 : 6 = 9$
Fünf Rasterzellen
$59 - 4 = 55 : 5 = 11$
Vier Rasterzellen
$59 - 3 = 56 : 4 = 14$

Konstruktion eines Rasters

Rasterzellen als Arbeitsgrundlage
Ausfüllen mit Texten und Bildern

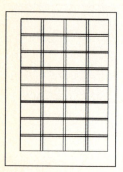

Die obere Vorlage besteht aus 32 Rasterzellen. Sie ist für eine einseitige Publikation konzipiert. Wenn Sie die Seiten mit einer Lochbindung versehen wollen, sollte der Innensteg mindestens zwei Zentimeter breit sein.

Beim Betrachten des nebenstehenden Gitters mag manchem die Vorstellung einer brauchbaren und angenehmen Verwendung schwerfallen. Auf der rechten Seite sind einige hoffentlich ermutigende Anwendungsbeispiele abgebildet, die sich genau an dieser Rastervorlage orientieren. Auf den ersten Blick ist schwer zu erkennen, daß sie alle am gleichen Raster ausgerichtet sind. Überhaupt sollte mit einem Raster so verfahren werden, daß es in der fertigen Layoutlösung nicht mehr sichtbar hervortritt. Schließlich hat es vornehmlich eine dienende Funktion und sollte sich nicht zum Selbstzweck erheben. In QuarkXPress lassen sich Rasterzellensysteme als Miniaturen ausdrucken. Anschließend können dort verschiedene Text- und Bildverteilungen hineinskizziert werden. Sie können, anders als bei den rechtsseitigen Beispielen, auch aus diesem Gittersystem ausbrechen, wenn Sie sich zu sehr eingeschränkt fühlen. Möglicherweise verfahren Sie als geübter Gestalter eines Tages mit solchen Gitterstrukturen wie einige Grafiker mit Rechenpapier. Sie können darauf besser zeichnen als auf leeren Blättern, ohne die kleinen Rechenquadrate direkt in ihre Entwürfe einzubeziehen. Ein Raster gibt Ihnen also auch dann noch ein Stück Sicherheit, wenn Sie es gar nicht mehr brauchen.

Konstruktion eines Rasters

  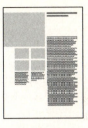 

In den obenstehenden Entwürfen sind auch die Überschriften am Raster ausgerichtet. Die Textblöcke liegen zwar allesamt innerhalb der Gitterstruktur, können aber bis zu drei Spalten breit sein, wodurch man gleich wesentlich mehr Gestaltungsmöglichkeiten hat. Ein Raster ist in gewisser Weise eine klar umrissene Entscheidungsgrundlage, bei der Sie sich wiederum entscheiden müssen, welche Rasterbegrenzungen Sie als kategorisch und welche Sie nur als optional betrachten.

Textelemente im Raster verwenden
Rubriktitel, Marginalien, Fußnoten, Legenden

Die Gestaltungsmöglichkeiten von Überschriften, Untertiteln und Einlauftexten sind in keiner Weise reglementiert, und es gibt so viele interessante Beispiele, daß sich damit alljährlich dicke und zumeist kostspielige Jahrbücher füllen lassen. In diesem Abschnitt sollen deswegen nur die Textelemente aufgeführt werden, für die es einige sinnvolle Gestaltungsmaximen gibt. Eine allgemeine Vorgehensweise zum Festlegen der Größe und Position von Überschriften und anderen dominierenden Seitenelementen findet sich in dem Kapitel „Seitengestaltung mit Formen".

Die Information, die in ein Rastersystem eingesetzt wird, besteht nicht nur aus der Überschrift, den Bildern und dem Lesetext. Oft müssen auch noch Randbemerkungen (Marginalien), Bildunterschriften (Bildlegenden), Fußnoten, die Seitenzahl (Paginierung) sowie Rubrik- und Zwischentitel untergebracht werden. Diese Seitenelemente werden üblicherweise nicht für sich betrachtet, sondern es findet eine typografische Feinabstimmung zwischen ihnen und den sie umgebenden Elementen statt. Als Orientierungsmaßstab für die passenden Schriftgrößen, Schriftstile und Zeilenabstände von Bildlegenden, Marginalien und Fußnoten wird zumeist die Grundschrift herangezogen. Obwohl das Gestalten dieser Texttypen zur Detailtypografie gehört, können die endgültigen Formatierungsentscheidungen am besten gefällt werden, wenn die Grundschrift und der Gestaltungsrahmen bereits feststehen. Deshalb werden diese Texttypen erst an dieser Stelle besprochen. Bei der nebenstehenden Abbildung ist für die Marginalien, Fußnoten und Bildlegenden eine einheitliche Schriftgröße gewählt worden. Das gleiche gilt für die Grundschrift, die Zwischenüberschriften und den Rubriktitel.

1. Rubriktitel
2. Zwischentitel
3. Randbemerkung
4. Seitenzahl
5. Bildlegende
6. Fußnoten

Textelemente im Raster

1.

RUBRIKTITEL

5.

Es gibt allseits bekannte und gut bewährte Mittel, um dem Geschriebenem und Gedachtem.

Es gibt allseits bekannte und gut bewährte Mittel, um dem Geschriebenem ein geordnetes Aussehen zu geben. Der Gestalter kann sich an dem großen Repertoire von diversen Satzausrichtungen, rahmenden Abständen, sowie begrenzenden Linien zur hygienischen und ordnenden Maßregelung bedienen.

Zwischentitel

Besonders beliebt ist das Einblocken frei fließender Gedanken zu Textquadern und deren einheitliche Normierung durch gleiche Buchstabenlaufweiten, gleiche Abstände der Zeilen und gleiche Größen der Schriften. Immerhin wird dadurch eine übersichtliche Ordnungsgefüge geschaffen. Es gibt allseits bekannte und gut bewährte Mittel, um dem Geschriebenem und Gedachtem ein geordnetes Aussehen zu geben. Der Gestalter kann sich an dem großen Repertoire von diversen Satzausrichtungen, rahmenden Abständen, sowie begrenzenden Linien zur hygienischen und ordnenden Maßregelung bedienen. Besonders beliebt ist das Einblocken frei fließender Gedanken zu

Textquadern und deren einheitliche Normierung durch gleiche Buchstabenlaufweiten, gleiche Abstände der Zeilen und gleiche Größen der Schriften. Immerhin wird dadurch eine übersichtliche Ordnungsgefüge geschaffen. Es gibt allseits bekannte und gut bewährte Mittel, um dem Geschriebenem und Gedachtem ein geordnetes Aussehen zu geben.

Zwischentitel, der über zwei Zeilen geht

Der Gestalter kann sich an dem großen Repertoire von diversen Satzausrichtungen, rahmenden Abständen, sowie begrenzenden Linien zur hygienischen und ordnenden Maßregelung bedienen. Besonders beliebt ist das Einblocken frei fließender Gedanken zu Textquadern und deren einheitliche Normierung durch gleiche Buchstabenlaufweiten, gleiche Abstände der Zeilen und gleiche Größen der Schriften. Immerhin wird dadurch eine übersichtliche Ordnungsgefüge geschaffen. Es gibt allseits bekannte und gut bewährte Mittel, um dem Geschriebenem und Gedachtem ein geordnetes Aussehen zu geben. Der Gestalter kann sich an dem großen Repertoire von diversen Satzausrichtungen, rahmenden Abständen, sowie begrenzenden Linien zur hygienischen und ordnenden Maßregelung bedienen. Besonders beliebt ist das Einblocken frei fließender Gedanken zu Textquadern durch gleiche Buchstabenlaufweiten,

Es gibt allseits bekannte und gut bewährte Mittel

2.

3.

Es gibt bekannte und gut bewährte Mittel, um dem Geschriebenem ein geordnetes Aussehen zu geben.

6.

1. Es gibt recht bekannte und gut bewährte Mittel, um dem Geschriebenem.
2. Besonders beliebt ist das Einblocken frei fließender Gedanken zu Textquadern.
3. Es gibt recht bekannte und gut bewährte Mittel, um dem Geschriebenem.

4. Besonders beliebt ist das Einblocken frei er fließender Gedanken zu Textquadern.
5. Es gibt recht bekannte und gut bewährte Mittel, um dem Geschriebenem ein geordnetes Ausssehen zu geben.

222

4.

Rubriktitel
Dem Grundtext übergeordnete Textzeilen

Gestaltungsmöglichkeiten von Rubriktiteln im Zeitschriftenlayout

Aufgabe des Rubriktitels
1. In Zeitschriften und Zeitungen gliedert der Rubrik- oder Kolumnentitel das Informationsangebot nach allgemeinen redaktionellen Themen.
2. In wissenschaftlichen Abhandlungen werden durch ihn die einzelnen thematischen Abschnitte bezeichnet.
3. In Nachschlagewerken findet man häufig den Seiteninhalt im Kolumnentitel stichpunktartig zusammengefaßt.

Größe und Stellung
Im Zeitschriftenlayout stellt der Kolumnentitel häufig eine grafische Bereicherung der Seite dar (siehe oben). Jedoch sollte darauf geachtet werden, daß er nicht zu sehr mit den Titelschriften konkurriert. Wenn er zu groß und auffällig gestaltet wird, kann er zudem durch die ständige Wiederholung störend wirken. In Sachbüchern wird er meistens am Spaltenkopf und in ähnlichem Schriftgrad wie der Lesetext gesetzt.

Tot oder lebendig?
Da der Rubriktitel über der Spalte (Kolumne) steht, wird er im älteren Sprachgebrauch auch Kolumnentitel genannt. Man unterscheidet zwischen einem „toten" und einem „lebendigen" Kolumnentitel. Im „toten" befindet sich außer der Seitenzahl keine weitere Information am Spaltenkopf, während sich der „lebendige" Kolumnentitel mit dem jeweiligen Seiteninhalt verändert.

Toter und lebendiger Kolumnentitel

Seite 222

Es gibt allseits bekannte und gut bewährte Mittel, um dem Geschriebenem und Gedachtem ein geordnetes Aussehen zu geben. Der Gestalter kann sich an dem großen Repertoire von diversen Satzausrichtungen, rahmenden Abständen, sowie begrenzenden Linien zur hygienischen und ordnenden Maßregelung bedienen. Besonders beliebt ist das Einblocken frei fließender Gedanken zu Textquadern und deren einheitliche Normierung durch gleiche Buchstabenlaufweiten.

In dem „toten" Kolumnentitel findet sich außer der Seitenzahl keine weitere Information.

222

Es gibt allseits bekannte und gut bewährte Mittel, um dem Geschriebenem und Gedachtem ein geordnetes Aussehen zu geben. Der Gestalter kann sich an dem großen Repertoire von diversen Satzausrichtungen, rahmenden Abständen, sowie begrenzenden Linien zur hygienischen und ordnenden Maßregelung bedienen. Besonders beliebt ist das Einblocken frei fließender Gedanken zu Textquadern und deren einheitliche Normierung durch gleiche Buchstabenlaufweiten.

Gutachten   222   Gynäkologie

Gutachten Es gibt allseits bekannte und gut bewährte Mittel, um dem Geschriebenem und Gedachtem ein geordnetes Aussehen zu geben. Der Gestalter kann sich an dem großen Repertoire von diversen Satzausrichtungen, rahmenden Abständen, sowie begrenzen

Gutsbesitzer Es gibt allseits bekannte und gut bewährte Mittel, um dem Geschriebenem und Gedachtem ein geordnetes Aussehen zu geben. Der Gestalter kann sich an dem großen Repertoire von diversen Satzausrichtungen, rahmenden Abständen, sowie begrenn

Die beiden unteren Kolumnentitel scheinen offensichtlich noch zu „leben", weil sie auf den Seiteninhalt Bezug nehmen.

Die fröhliche Wissenschaft   222

Es gibt allseits bekannte und gut bewährte Mittel, um dem Geschriebenem und Gedachtem ein geordnetes Aussehen zu geben. Der Gestalter kann sich an dem großen Repertoire von diversen Satzausrichtungen, rahmenden Abständen, sowie begrenzenden Linien zur hygienischen und ordnenden Maßregelung bedienen. Besonders beliebt ist das Einblocken frei fließender Gedanken zu Textquadern und deren einheitliche Normierung durch gleiche Buchstabenlaufweiten.

Zwischentitel
Dem Grundtext übergeordnete Textzeilen

Zwischentitel, Zitate und grafische Elemente können das Satzbild beleben

Es gibt gut bewährte Mittel, um Geschriebenem und Gedachtem ein geordnetes Aussehen zu geben. Besonders beliebt ist das Einblocken freifließender Gedanken zu Textquadern. Es gibt gut bewährte Mittel, um dem Geschriebenem und Gedachtem ein geordnetes Aussehen zu geben. Besonders beliebt ist das Einblocken freifließender Gedanken zu Textquadern. Es gibt gut bewährte Mittel, um dem Geschriebenem und Gedachtem ein geordnetes Aussehen zu geben. Besonders beliebt ist das Einblocken freifließender Gedanken zu Textquadern. Es gibt gut bewährte Mittel, um dem Geschriebenem und Gedachtem ein geordnetes Aussehen zu geben. Besonders beliebt ist das Einblocken freif-

„Es gibt bewährte Mittel, um Texten ein geordnetes Aussehen zu geben. Besonders beliebt ist das Einblocken von längeren Texten".

ließender Gedanken zu Textquadern. Es gibt gut bewährte Mittel, um dem Geschriebenem und Gedachtem ein geordnetes Aussehen zu geben. Besonders beliebt ist das Einblocken freifließender Gedanken zu Textquadern. Es gibt gut bewährte Mittel, um dem Geschriebenem und Gedachtem ein geordnetes Aussehen zu geben. Besonders beliebt ist das Einblocken freifließender Gedanken zu Textquadern. Es gibt gut bewährte Mittel, um dem Geschriebenem und Gedachtem ein geordnetes Aussehen zu geben. Besonders beliebt ist das Einblocken freifließender Gedanken zu Textquadern. Es gibt gut bewährte Mittel, um dem Geschriebenem und Gedachtem ein geordnetes

Es gibt gut bewährte Mittel, um dem Geschriebenem und Gedachtem ein geordnetes Aussehen zu geben. Besonders beliebt ist das Einblocken freifließender Gedanken zu Textquadern. Es gibt gut bewährte Mittel, um dem Geschriebenem und Gedachtem ein geordnetes Aussehen zu geben. Es gibt sehr gut bewährte Mittel, um dem Geschriebenem und Gedachtem.

Es gibt gut bewährte Mittel, um dem Geschriebenem und Gedachtem ein geordnetes Aussehen zu geben. Besonders beliebt ist das Einblocken freifließender Gedanken zu Textquadern. Es gibt gut bewährte

Zwischentitel
Zwischentitel oder Untertitel ermöglichen es dem Leser, einen besseren Einblick in die inhaltliche Gliederung eines Themas zu nehmen. Er erhält dadurch die Möglichkeit, die für ihn weniger relevanten Textpassagen zu überspringen.
Die Titelzeilen können in einem etwas fetteren Schriftschnitt oder in einem ganz anderen Schriftstil gesetzt werden. Wenn sie sich bereits dadurch optisch vom Grundtext abheben, kann für sie der Schriftgrad des Lesetextes gewählt werden. In jedem Fall sollten sie nur geringfügig vergrößert werden, da sie ähnlich wie Leerzeilen bei häufiger Verwendung das Satzbild optisch auseinanderreißen.
Der obere und untere Textabstand von Zwischentiteln kann sich am Grundlinienraster orientieren, das heißt, vor und nach dem Zwischentitel steht beispielsweise eine Leerzeile, die der Grundlinienrasterweite entspricht. Dies ist die bequemste und schnellste Methode, weil die Titelzeilen wie der Lesetext am Grundlinienraster ausgerichtet bleiben. Die Abstände können allerdings mit dem *Formate*-Dialogfenster in QuarkXPress mit Hilfe von *Abstand vor* und *Abstand nach* differenzierter eingestellt werden.

Textelemente im Raster

Ausrichtung, Textabstand und Auszeichnung von Zwischentiteln

1.

Ostzonensuppenwürfel in Aspik
Es gibt gut bewährte Mittel, um dem Geschriebenen und Gedachten ein geordnetes Aussehen zu geben. Besonders beliebt ist das Einblocken von Gedanken zu Textquadern.

Suppenwürfel
Es gibt gut bewährte Mittel, um dem Geschriebenen und Gedachten ein geordnetes Aussehen zu geben. Besonders beliebt ist das Einblocken von Gedanken zu Textquadern.

Suppenwürfel: Es gibt sehr gut bewährte Mittel, um dem Geschriebenen und Gedachten ein geordnetes Aussehen zu geben. Beliebt ist das Einblocken von Gedanken zu Textquadern.

2.

Ostzonensuppenwürfel in Aspik
Es gibt gut bewährte Mittel, um dem Geschriebenen und Gedachten ein geordnetes Aussehen zu geben. Besonders beliebt ist das Einblocken von Gedanken zu Textquadern.

Suppenwürfel

Es gibt gut bewährte Mittel, um dem Geschriebenen und Gedachten ein geordnetes Aussehen zu geben. Besonders beliebt ist das Einblocken von Gedanken zu Textquadern.

Suppenwürfel

Es gibt gut bewährte Mittel, um dem Geschriebenen und Gedachten ein geordnetes Aussehen zu geben. Besonders beliebt ist das Einblocken von Gedanken zu Textquadern.

3.

Ostzonensuppenwürfel in Aspik
Es gibt gut bewährte Mittel, um dem Geschriebenen und Gedachten ein geordnetes Aussehen zu geben. Besonders beliebt ist das Einblocken von Gedanken zu Textquadern.

Suppenwürfel

Es gibt gut bewährte Mittel, um dem Geschriebenen und Gedachten ein geordnetes Aussehen zu geben. Besonders beliebt ist das Einblocken von Gedanken zu Textquadern.

SUPPENWÜRFEL

Es gibt gut bewährte Mittel, um dem Geschriebenen und Gedachten ein geordnetes Aussehen zu geben. Besonders beliebt ist das Einblocken von Gedanken zu Textquadern.

Titelzeilen wirken häufig verzerrt und heben sich weniger vom Grundtext ab, wenn sie auf Spaltenbreite gesperrt werden. Man setzt sie am besten linksbündig oder mittig. In der zweiten Abbildung ist der Zeilenumbruch sehr ungleichgewichtig, deswegen ist die präpositionale Ergänzung in die nächste Zeile umbrochen worden.

In den drei oberen Textbeispielen werden die Abstände der Titelzeilen zum angrenzenden Text durch Leerzeilen definiert. Im ersten Beispiel ist der Zwischentitel durch eine Leerzeile nach oben, im zweiten Beispiel durch eine Leerzeile nach oben und unten abgesetzt worden. Im dritten Beispiel liegen über dem Zwischentitel zwei Leerzeilen. Mehr sollten es nicht werden. Eine Leerzeile reicht in der Regel aus.

Kürzere Titelzeilen können im Text stehen oder durch grafische Elemente zusätzlich hervorgehoben werden. Im letzten Beispiel wird die Titelzeile neben ihrem fetten Schnitt noch durch die weiten Abstände zum angrenzenden Text, die Versalbuchstaben und die Sperrung der Buchstabenabstände betont.

Randbemerkungen und Fußnoten
Dem Grundtext bei- und untergeordnete Textzeilen

**Randbemerkungen
oder Marginalien**
Marginalien werden bündig zum Lesetext und in Flattersatz gesetzt. Die erste Marginalienzeile sollte auf der Schriftgrundlinie des Lesetextes liegen, alias „Register halten", alias „alignieren". Wenn der Zeilenabstand des Lesetextes nicht zu groß ist, kann für die Marginalzeilen derselbe Zeilenabstand gewählt werden. Dies ist in der zweiten rechtsseitigen Abbildung geschehen. Marginalien werden zu-

meist 1pt bis 2 pt kleiner als der Lesetext gehalten (Konsultationsgröße). Für Marginalien wird nach Möglichkeit eine spezielle Marginalspalte eingerichtet, die nicht genauso breit wie die übrigen Textspalten sein muß. Der Vorteil von Marginalien gegenüber den Fußnoten liegt darin, daß die Anmerkungen direkt neben dem laufenden Text liegen und nicht lange gesucht werden müssen. Andererseits benötigen sie etwas mehr Platz als Fußnoten. Marginalien

können auch die Funktion von Gliederungs- und Führungselementen übernehmen. Sie können beispielsweise Zwischentitel ersetzen.

Fußnoten
Fußnoten bestehen aus dem Fußnotenzeichen, welches im Lesetext steht, und der eigentlichen Fußnote am Satzspiegel-, Kapitel- oder Buchende. Als Fußnotenzeichen im Lesetext wird ein kleines, hochgestelltes Zeichen verwendet, das entweder hinter dem betreffenden Wort oder dem Satz steht. Es können beliebige Zeichenformen gewählt werden, wobei es bei einer Häufung von Fußnoten sinnvoller ist, mit Zahlen zu arbeiten.

Das Fußnotenzeichen wird noch einmal vor die eigentliche Fußnote gesetzt, wobei der Abstand ein Leerzeichen möglichst nicht überschreiten sollte. Die Fußnoten werden, wie die Marginalien, in Konsultationsgrößen von 6 pt bis 8 pt gesetzt. Der Abstand zwischen der Fußnote und der letzten Zeile des Lesetextes sollte mindestens dem optischen Zeilenzwischenraum des Lesetextes entsprechen. Für eine bessere optische Unterscheidung zwischen

Lesetext und Fußnote kann zudem eine horizontale Linie kurz oberhalb der Fußnote gesetzt werden.

Textelemente im Raster

Marginalien

Dieser Grundtext besitzt eine Größe von neun Punkt einen Zeilenabstand von etwas weniger als zehn Punkt. Dieser Grundtext besitzt eine Größe von neun Punkt einen Zeilenabstand von etwas weniger als zehn Punkt. Dieser Grundtext besitzt eine Größe von neun Punkt einen Zeilenabstand von etwas weniger als zehn Punkt. Dieser Grundtext besitzt eine Größe von neun Punkt einen Zei

Die jeweils erste Zeile einer Marginalie sollte auf der Grundlinie des Lesetextes beginnen.

Dieser Grundtext besitzt eine Größe von neun Punkt einen Zeilenabstand von etwas weniger als zehn Punkt. Dieser Grundtext besitzt eine Größe von neun Punkt einen Zeilenabstand von etwas weniger als zehn Punkt. Dieser Grundtext besitzt eine Größe von neun Punkt einen Zeilenabstand von etwas weniger als zehn Punkt. Dieser Grundtext besitzt eine Größe von neun Punkt einen Zei

Der Marginaltext kann auch mit dem Lesetext an demselben Grundlinienraster ausgerichtet werden.

Fußnoten

Dieser Grundtext* besitzt eine Größe von neun Punkt einen Zeilenabstand von etwas weniger als zehn Punkt**. Dieser Grundtext besitzt eine Größe von neun Punkt

einen Zeilenabstand von etwas weniger als zehn Punkt. Dieser Grundtext besitzt eine Größe von neun Punkt einen Zeilenabstand von etwas weniger als zehn Punkt.

* *Fußnoten können aus Gründen der Lesbarkeit bei einspaltigen Texten in zwei Spalten gesetzt werden.*

** *Fußnoten können auch bei einspaltigen Texten in zwei Spalten gesetzt werden.*

Dieser Grundtext besitzt eine Größe von neun Punkt einen Zeilenabstand von etwas weniger als zehn Punkt. Dieser Grundtext besitzt eine Größe von neun Punkt[1] einen Zeilenabstand von etwas weniger als zehn Punkt. Dieser Grundtext besitzt eine Größe von neun Punkt einen Zeilenabstand von etwas weniger als zehn Punkt[2]. Dieser Grundtext besitzt eine Größe

1. Fußnoten können aus Gründen einer besseren Lesbarkeit und Übersichtlichkeit auch bei einspaltigen Texten in zwei

oder mehreren Spalten gesetzt werden. 2. Fußnoten können aus Gründen einer besseren Lesbarkeit zweispaltig sein.

Bildlegenden
Dem Bild bei- und untergeordnete Textzeilen

Legenden können links- oder rechtsbündig stehen. Sie sollten mit der oberen oder unteren Bildkante auf einer Linie stehen.

Der Abstand der Legende zum Bild sollte dem optischen Zeilenabstand entsprechen.

Dieser Grundtext hat eine Größe von neun Punkt, einen Zeilenabstand von etwas weniger als zehn Punkt. Dieser Grundtext hat eine Größ

»SESSEL D1/3« (1925)

Sessel D1/3
reediert
von Tecta

SESSEL D1/3 (1925)
VON PETER KELER

292

Textelemente im Raster

Wenn für Legenden wenig Platz vorhanden ist, kann man einen schmalen Schriftschnitt, wie die Gill Condensed, nehmen.

Sperrige Schriften eignen sich weniger gut als Bildlegende.

Der Zeilenabstand und der Schriftgrad sind zu groß.

Dieser Grundtext hat eine Größe von neun Punkt, einen Zeilenabstand von etwas weniger als zehn Punkt. Dieser Grundtext hat eine Größe von neun Punkt, einen Zeilenabstand von etwas weniger als zehn Punkt. Diese

Bildlegenden
Bildlegenden haben die Funktion, den Bedeutungsraum von Bildern einzugrenzen, um ihn mit den Aussagen des Grundtextes zu verbinden. Legenden befinden sich meistens unterhalb eines Bildes, können aber auch links- und rechtsbündig zum Bild stehen. Wenn sie direkt ins Bild gesetzt werden, sollte das Bild an der betreffenden Stelle nur geringe oder gar keine Kontrastunterschiede aufweisen, da die Legenden sonst nur schlecht lesbar sind. Da die Legenden dem Bild unter- bzw. zugeordnet sind, dürfen sie nicht mehr Platz beanspruchen als dieses. Die Schriftgröße der Bildlegende sollte sich in jedem Fall an der Grundschrift orientieren, wobei sie meistens ein bis zwei Punkt kleiner, gelegentlich auch mal etwas größer gewählt werden kann. Im Grauwert sollte sich die Legende ein wenig von der Grundschrift abheben. Grundsätzlich sehen Legenden besser aus, wenn sie in kompakter statt in gesperrter Form unter der Abbildung stehen. Das dies alles nicht immer so sein muß, wird in der linksseitigen Abbildung gezeigt: Im Zeitschriftenlayout und vor allem in Verkaufsprospekten kann eine Bildlegende ein schmückendes und, wenn sich mit ihm eine Preisaussage verbindet, sogar ein ausgesprochen bedeutsames Seitenelement sein.

Verbindung von Rastern und Formen
Freies Gestalten im Raster

In der Abbildung
Für die nebenstehenden Beispiele wurde dieselbe Rastervorlage mit 32 Rasterzellen verwendet wie auf Seite 282. Die Randabstände des Innen- und Außenstegs wurden, da es sich um eine Doppelseite handelt, entsprechend korrigiert. Anders als im vorhergehenden Bildbeispiel orientieren sich nicht mehr alle Seitenelemente am Raster. Die Texte, die im Raster liegen und für die nötige Ordnung und Kontinuität sorgen, werden mit individuellen Objektkonturen und abgerundeten Bildrahmenformen kombiniert. In QuarkXPress laufen die Hilfslinien über das komplette Seitenformat, weshalb die eingestellten Randabstände des Satzspiegels nicht deutlich zu erkennen sind.

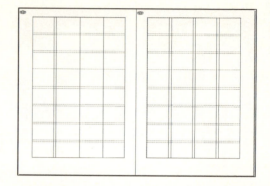

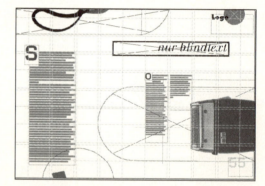

Anwendungsbeispiel

Einfache Form aus gerundeten und geraden Linien

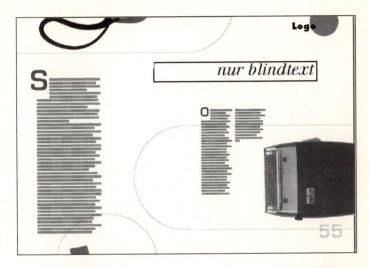

Die Zeitschrift Merian
Differenzierte Designvorgaben für flexibles Layouten

Die Zeitschrift Merian arbeitet seit über zwanzig Jahren mit demselben Grundlinienraster. Ein ähnliches Rastersystem verwendet das Magazin der „Frankfurter Allgemeinen Zeitung". Konzipiert wurde es von Willy Fleckhaus, der in den sechziger und siebziger Jahren zu den einflußreichsten Gestaltern gehörte. Die in den sechziger Jahren sehr erfolgreiche Zeitschrift „Twen" sowie zahlreiche Bücher der Verlage Insel und Suhrkamp wurden von ihm entworfen. Gerade weil das zugrundeliegende Rastersystem so feingliedrig aufgebaut ist, lassen sich aus ihm immer wieder neue Designlösungen entwickeln. Die einzelnen Seitenelemente halten durch ihre Ausrichtung am Rastersystem „Register".
In der Grafikabteilung von Merian werden die Seiten noch traditionell layoutet. Das Grundlinienraster wird auf einen Leuchttisch gelegt. Es scheint durch die darübergelegten weißen Doppelseiten hindurch. Bilder und Blindtext werden auf die Seiten geklebt und an den im Gegenlicht gut sichtbaren Grundlinien ausgerichtet. Die Ablaufkonzeption einer Zeitschrift ist so komplex, daß noch eine ganz andere Art von Raster zur visuellen Orientierung angelegt wird. Dieses „Ablaufraster" und die einzelnen Arbeitsschritte im klassischen Seitenlayout werden auf den folgenden Seiten kurz beschrieben.

Klassische Layouttechnik

DAS HERZ VON HARLEM
EIN PORTFOLIO VON MARTINE BARRAT

DIE WÜRDE EINES STADTTEILS

Harlem beginnt in der 110. Straße. Zwischen dem Stadtteil der Schwarzen und dem weißen Manhattan der Park Avenue aber liegen mehr als nur ein paar Blocks. Es sind Welten. Und doch: Was wäre New York ohne den *spirit* aus Harlem? Harlem ist abgetrenntes Synonym für Ghetto, Elend, Drogen und Gefahr, für Jazz, Swing, Bebop, Rap, für Religiosität und Gospelmusik, für Martin Luther King und Malcolm X. Aber Harlem ist auch mehr. Es ist die Hauptstadt des schwarzen Amerika. Hier liegen seine kulturellen Wurzeln. Die Seele dieses Stadtteils und seiner Menschen zu ergründen und zu vermitteln ist nur wenigen gelungen. Zu ihnen zählt die französische Fotografin Martine Barrat, die 1968 als Tänzerin und Schauspielerin nach New York kam und kurz danach begann, in Harlem zu fotografieren. Ihren Aufnahmen zu begegnen, unausweichlich, sehen. Ihre Aufnahmen zeigen von Respekt und Liebe den Abgebildeten gegenüber. Die Bilder, die sie auf den nächsten Seiten in eigenen Texten beschreibt, gehen nahe, weil sie intim sind, ohne die Intimität zu verletzen, weil man sie intensiv betrachten kann, ohne sich in der Rolle eines Voyeurs zu fühlen. Ihre Bildsprache ist wenig verfremdet und nicht verschlüsselt und damit nicht die des kalten Kamerablicks. In den Harlem-Bildern von Martine Barrat, die MERIAN erstmals in Deutschland veröffentlicht, behalten die Menschen ihre Würde, ihre Schönheit und ihr Recht auf bescheidenes Glück in der Armut. *Sabine Mertens*

IM HARLEM IST **ARMUT** *WIE EIN GRUND FÜR TRAURIGKEIT*

297

Die Zeitschrift Merian
Ablaufskizzen für das spätere Layout

Klassische Layouttechnik

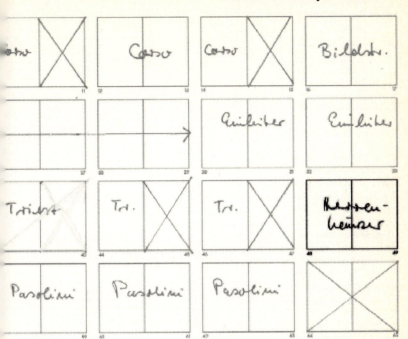

Zeitschriftendramaturgie
Zeitschriften scheinen manchmal wie von Dramaturgen entworfen: Einige Magazine beginnen mit Paukenschlägen, Sensationsberichten und seitendicken Reportagen. Bei anderen findet sich eine gleichmäßige Abfolge von ähnlich gewichteten Artikeln. Wieder andere Zeitschriften steigern sich zur Mitte und überlassen die letzten Seiten dem Kleinkrieg der Kleinanzeigen. Auch auf der visuellen Ebene sollte in ähnlicher Form gedacht werden, können sich bildbetonte mit textbetonten Seiten abwechseln und müssen visuelle Akzente gesetzt werden.
In der obigen Abbildung ist die Abfolge der Doppelseiten für die Merian-Ausgabe „Friaul, Triest, Venetien" festgelegt worden. Das Erstellen solcher Seitenfolgen verlangt ein gutes Gespür für visuelle Abläufe und ein ausgeprägtes Vorstellungsvermögen. Bei Merian geht einer solchen Ablaufskizze, die vom Art-Director erstellt wird, eine umfangreiche Materialsichtung voraus. Diese Ablaufskizze läßt sich mit einer musikalischen Partitur vergleichen. Um diese niederzuschreiben, muß der Komponist bereits eine deutliche musikalische Vorstellung haben. Beim Anlegen eines solchen Seitenablaufs muß sich der Grafiker das spätere Erscheinungsbild ebenfalls vergegenwärtigen können.

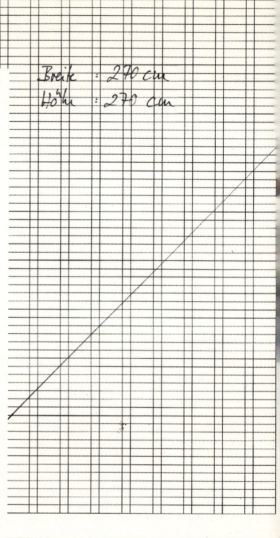

Das Grundlinienraster von Merian

Das Grundlinienraster von Merian besteht aus einem Satzspiegel, der in elf Spalten gegliedert ist. In der Vertikalen befinden sich 66 Zeilen, die in 12 Rasterzellen zu je 5 Zeilen unterteilt werden können. Zwischen den Rasterzellen befinden sich zehn Blindzeilen. Sie sind in ihrer Gliederung so differenziert, daß man sich als Layouter kaum eingeschränkt fühlen muß. In der linken Abbildung sind die Standangaben für die Bilder bereits festgelegt worden. Die Bildelemente müssen sich nicht sklavisch an der Spaltengliederung orientieren, wie an der rechtsseitigen kleinen Standskizze zu sehen ist. Die dazugehörige Klebemontage ist auf der folgenden Doppelseite zu sehen.

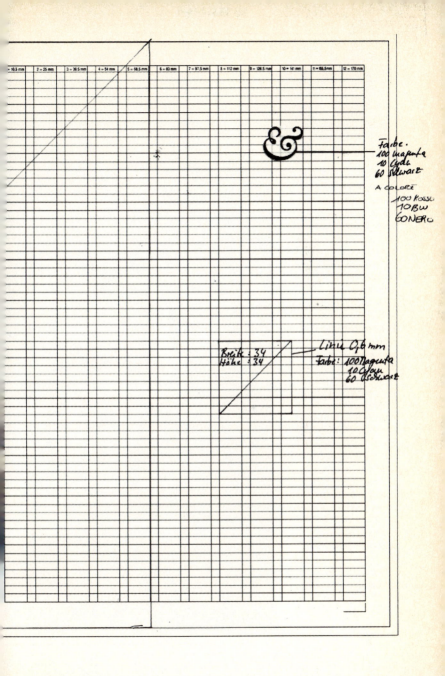

Die Klebemontage

Auf der Rückseite dieser Klebemontage ist das zuvor gezeigte Grundlinienraster befestigt worden. Neben der Grundschrift auf der rechten unteren Seite ist es teilweise zu sehen. Legt man dieses Layout auf einen Leuchttisch, kann man das rückseitige Grundlinienraster gut zum genauen Positionieren der diversen Seitenelemente verwenden. Bei dieser Klebemontage wurde mit Kopien und Blindtext gearbeitet. Die in Versalien gesetzte Anfangszeile der Grundschrift, der Rahmen des darüber befindlichen Bildes sowie das Et-Zeichen sollen einen weinroten Farbton bekommen. In den dazugehörigen Randnotizen werden die Farbanteile für den Vierfarbendruck notiert. Weiterhin finden sich genaue Festlegungen der Schriftgröße, des Schriftstils und des Zeilenabstands neben den Texten.

HERREN & HÄUSER

Fotos: Luciano Monti. Autor: Vicenzo Delle Donne

Hamburg erlebt einen Baumboom wie seit der
Gründerzeit nicht mehr. Heute gibt es in der

GUIDO CAPORALI Baumboom wie seit der
Gründerzeit nicht mehr. Heute gibt es in der
Innenstadt so gut wie keine Baulücken mehr.
Entsprechend der Stadtplanung konzentrierte sich
die Bautätigkeit auf folgende "vier Bau-steine":
Der nördliche Hafenrand mit dem Viertel um das
neue Verlagshaus von Gruner und Jahr, die
Nordachse, die Elbe und Alster und damit das
Zentrum mit dem Hafen verbindet, die Ost-West-
straße und - am östlichen Rand des Zentrums
außerhalb der Kartei - das Büroviertel City Süd.
An den wichtigsten bereits gebauten oder
projektierten Gebäuden lassen sich die Hauptrich-
tungen der Stadtplanung im Zentrum deutlich
ablesen: Hamburg erlebt einen Baumboom wie seit
der Gründerzeit nicht mehr. Heute gibt es in der
Innenstadt so gut wie keine Baulücken mehr.

Der Andruck
Bevor eine Seite in hoher Auflage gedruckt wird, macht man sicherheitshalber einen „Andruck". Der Auftraggeber kann sich vergewissern, wie seine Drucksache später aussehen wird, und er kann gegebenenfalls Verbesserungsvorschläge machen. Der Andruck ist für beide Seiten eine farbverbindliche Vorlage, wenn dieser vom Auftraggeber akzeptiert worden ist. Der hier gezeigte Andruck ist noch zu kontrastarm und matt ausgefallen. Weniger aufwendig und kostspielig als ein Andruck ist ein sogenannter Farbproof. Die digital aufbereitete Gestaltung wird auf einem Farbdrucker ausgegeben, der den Vierfarbdruck einer Offsetmaschine nur simuliert, aber einen ziemlich genauen Eindruck vom späteren Druckerzeugnis liefert.

cyan magenta yellow **black**

& ✓

Kontraste!

Zu flau, zu trüb
zu bröselig   Selle ↔ dunkle Seite

Die Zeitschrift Merian
Fertige Layoutminiaturen im Ablaufraster

Klassisches Zeitschriftenlayout

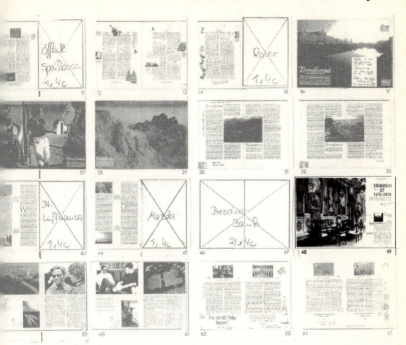

In der Abbildung
Die fertigen Layouts werden nach und nach in das Ablaufraster auf eine Seite im A1-Format geklebt. Die fertigen zweiseitigen Klebemontagen werden dafür mit einem Kopierer stark verkleinert. Dabei gehen viele Details verloren. Wichtiger als diese grafischen Details ist jedoch der Gesamteindruck: Die mehrseitigen Berichte haben beispielsweise unterschiedliche Konzeptionen der Bildverteilung. In einem der Leitartikel (zweite Reihe) dominieren seitenfüllende Bildformate. In dem ersten Bericht der dritten Reihe sind die Bilder bundübergreifend gestaltet worden. In den Reportagen der vierten Reihe stehen sich die Bilder innerhalb der Doppelseite häufig kreuz- oder paarweise gegenüber. Zu den Fotoreportagen bildet der Bericht in der fünften Reihe, der mit Grafiken und Illustrationen arbeitet, einen angenehmen und feinen Kontrast. Im Auge des Betrachters rundet sich der Gesamteindruck der Zeitschrift zur Einheit. Für die Layouts und das visuelle Erscheinungsbild ist die Art-Direktorin von Merian, Dora Reale, verantwortlich.

Zeitungslayout: Die Woche
Computergestützte Gestaltung und Zusammenarbeit

Die Woche ist 1994 im ADC-Jahrbuch als beste Zeitung ausgezeichnet worden. Mehrere namhafte Gestalter haben zusammengearbeitet, um ihr ein modernes und unverwechselbares Erscheinungsbild zu geben.

Die Woche wird im Unterschied zur Zeitschrift Merian ausschließlich am Computer produziert. Als Layoutprogramm wird QuarkXPress verwendet. Es ist durch eine „XTension" erweitert worden, die es ermöglicht, daß Grafiker, Redakteure und Korrektoren im Netzwerk zusammenarbeiten können. Über dieses Redaktionssystem können die einzelnen Gruppen ihre Arbeit besser aufeinander abstimmen. Beispielsweise kann der Grafiker dem Texter das Textlayout als beschreibbare Schablone zusenden und jederzeit den Stand der redaktionellen Arbeit über entsprechende Dialogfenster abfragen. Die Zusammenarbeit wird mit Hilfe des Computers so transparent, daß es kaum zu Mißverständnissen und Verzögerungen kommen kann. Die grafische Konzeption der Zeitschrift folgt klaren und durchdachten visuellen Leitlinien. Dem entspricht auf der Ebene der grafischen Umsetzung QuarkXPress mit seinen Optionen, die Arbeit zeitsparend und übersichtlich zu organisieren. Dazu gehören Musterseiten, Stilvorlagen, Formulare und Bibliotheken, die QuarkXPress dem Anwender zur planvollen Arbeitsoptimierung anbietet. Auf den folgenden Seiten wird gezeigt, wie sich in wenigen Schritten die Designvorgaben für die Zeitung „Die Woche" anlegen lassen.

Design- und Rastererstellung in QuarkXPress

Titelseite

Rubriktitelseite

Rubrikseite

Rubrikseite

Zeitungslayout: Die Woche
Satzspiegel, Spalten und Grundlinien

Beide Abbildungen zeigen verschiedene Darstellungsmodi der gleichen Seite. In der größeren Darstellung wurde *Grundlinienraster zeigen* im *Ansicht*-Menü aktiviert.

Musterseite 1, Spalteneinteilung

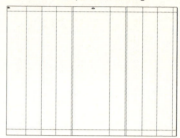

Neues Dokument
Zunächst wird über *Ablage → Neu* ein neues Dokument angelegt. Dabei öffnet sich ein Dialogfenster, in welchem sich das Seitenformat, die Spalteneinteilung und die Randabstände eingeben lassen. Außerdem kann noch festgelegt werden, wie groß der Spaltenabstand sein soll und ob es sich um ein einseitiges oder doppelseitiges Dokument handeln soll. Bei doppelseitigen Dokumenten sind die Innenstege einander zugekehrt, während sich bei einseitigen Dokumenten der Innensteg immer auf der linken Seite befindet. Wird *Autom. Textrahmen* aktiviert, so erscheint im Dokument zusätzlich ein Textrahmen mit der eingegebenen Spalteneinteilung und den eingegebenen Randabständen. Wenn Sie in QuarkXPress eine neue Doppelseite anlegen, erstellt das Programm eine zweiseitige Musterseite und eine Dokumentseite, welche die Designeinstellungen und Elemente der Musterseite übernimmt. Nach dem Bestätigen der Einstellungen befinden Sie sich in der Dokumentseite. Über das Menü *Seite → Anzeigen → Muster A* gelangen Sie zur Musterseite. Im Unterschied zur Dokumentseite befindet sich in der linken oberen Ecke der Musterseite ein Verkettungssymbol. Wenn Sie *Autom. Textrahmen* angewählt haben, ist es geschlossen, andernfalls wird es im geöffneten Zustand dargestellt.

Typografische Vorgaben
Die meisten Standardeinstellungen, die man unter *Bearbeiten → Vorgaben → Typografie* einstellen kann, sind für „Die Woche" beibehalten worden. Für die Kapitälchenhöhe ist die Grundeinstellung von 75 % auf 85 % erhöht worden. Der Startpunkt des Grundlinienrasters liegt zwei Grundlinienzeilen über der oberen Satzspiegelkante.

Design- und Rastererstellung in QuarkXPress

Musterseite 1, Grundlinienraster

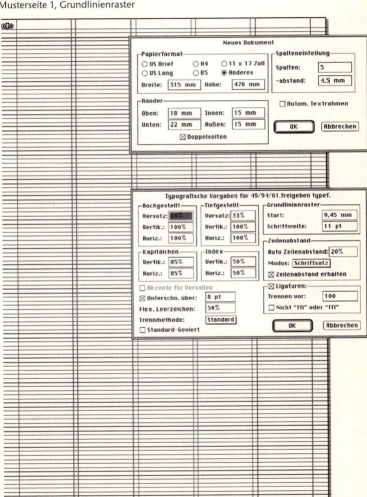

Zeitungslayout: Die Woche
Numerisches Festlegen der Designelemente

Beim Darstellungsmodus der rechtsseitigen Abbildung wurde *Hilfslinien verbergen* aktiviert. Deshalb sind bis auf die Designelemente alle Rastereinstellungen unsichtbar.

Musterseite 1, feste Designelemente

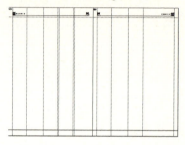

Feste Designelemente
Grafische Elemente, die sich an einer bestimmten Position auf den Dokumentseiten wiederholen sollen, werden auf der Musterseite angelegt. Für „Die Woche" gibt es einen Zeitungskopf, der sich auf fast allen Zeitungsseiten wiederfindet. Dazu gehören als feste Designelemente das Pegasus-Pferd, eine horizontale Linie, der Rubriktitel und die Seitenzahl, die sich immer auf einer quadratischen Fläche befindet.

Numerische Eingaben
Am genauesten lassen sich die Positionen von Seitenelementen über numerische Eingaben festlegen. Wenn Sie beispielsweise die Rubriklinie in der rechtsseitigen Abbildung exakt mit dem Zahlenkästchen abschließen lassen wollen, so werden Sie dies durch bloßes Verschieben nach Augenmaß kaum erreichen. Der Bildschirm ist zudem aufgrund seiner niedrigen Auflösung kaum in der Lage, die Position von Elementen hundertprozentig genau wiederzugeben. Spätestens bei der Ausgabe über einen höher auflösenden Drucker werden Sie dies bemerken. Ein weiterer Vorteil von numerischen Eingaben liegt darin, daß Sie nach einer kurzen Zeit der Gewöhnung wesentlich schneller arbeiten können. Die numerischen Eingaben können über die Maßpalette vorgenommen werden, deren Inhalt sich ändert, je nachdem ob Sie Bilder, Texte oder Linien angeklickt haben. Sie können dieselben Einstellungen auch über das Dialogfenster *Objekt → Modifizieren* vornehmen. Auf der rechten Seite können Sie sehen, daß sich die Koordinaten und Längenmaße für die Rubriklinie im *Modifizieren*-Dialogfenster und in der Maßpalette gleichermaßen eingeben lassen.

Automatische Seitennumerierung
Damit sich die Seitenzahlen der Dokumentseiten automatisch verändern, müssen Sie auf den dazu erstellten Textrahmen der Musterseite die Tastenkombination ⌘+⇧+3 eingeben.

312

Design- und Rastererstellung in QuarkXPress

Musterseite 1, feste Designelemente

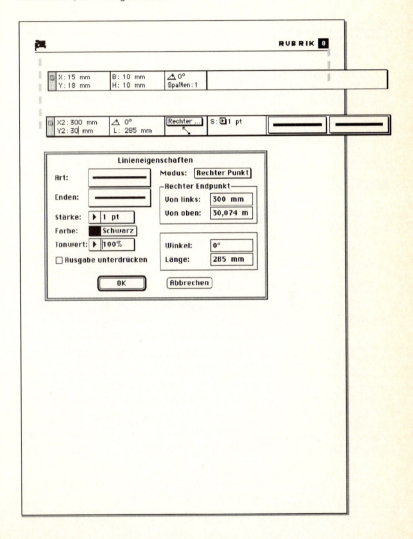

Zeitungslayout: Die Woche
Arbeiten mit der Seitenlayoutpalette

Befinden Sie sich auf der Dokumentseite, sind fast alle Befehle des Seitenmenüs anwählbar. Wollen Sie nachträglich die Spalteneinteilung, Randabstände etc. verändern, müssen Sie *Musterseite einrichten* wählen.

Bis auf die Option *Musterseite einrichten* können Sie alle Befehle, die sich im Menü *Seite* befinden, auch über die Seitenlayoutpalette ausführen. Im oberen Bereich der Seitenlayoutpalette befinden sich die Musterseiten, im unteren Bereich werden die Dokumentseiten angelegt. In der Seitenlayoutpalette können Sie Dokument- und Musterseiten löschen, hinzufügen und verschieben. Standardmäßig werden in der Seitenlayoutpalette zu einem neuen Dokument eine Musterseite (Muster A) und eine rechte Dokumentseite angelegt. Weitere Musterseiten werden durch das Hinunterschieben von leeren Musterseiten erzeugt. Nachdem die Designelemente auf einer Musterseite angelegt worden sind, wird diese in den Dokumentbereich geschoben. Dadurch fügen Sie Dokumentseiten hinzu, auf denen sich die Designvorgaben der betreffenden Musterseite befinden. Über das Duplizieren-Symbol können Sie eine Musterseite mit ihren Designvorgaben duplizieren. Durch Anklicken des Löschen-Symbols können Muster- und Dokumentseiten gelöscht werden. Möchte man mehrere Dokumentseiten hintereinander einfügen, so muß beim Ziehen der Musterseite in den Dokumentbereich die Wahltaste gedrückt werden. Es erscheint ein Dialogfenster, in dem die Seitenanzahl eingegeben werden kann.

Design- und Rastererstellung in QuarkXPress

Leere einseitige Musterseite
 Leere zweiseitige Musterseite
  Duplizieren-Symbol
   Löschen-Symbol

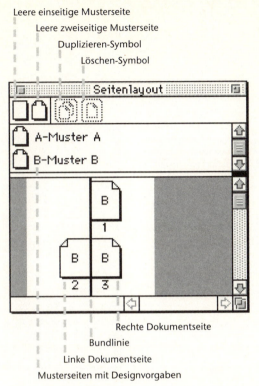

Rechte Dokumentseite
Bundlinie
Linke Dokumentseite
Musterseiten mit Designvorgaben

Es gibt drei verschiedene Seitendarstellungen. Seiten ohne eingeknickte Ecken stellen einseitige Dokumentseiten dar. Außerdem gibt es rechts- und linksseitig eingeknickte Ecken für rechte und linke Dokumentseiten. Rechte Dokumentseiten befinden sich immer rechts von der Bundlinie und umgekehrt. Doppelseitige Musterseiten werden durch zwei eingeknickte Ecken zu beiden Seiten dargestellt.

Wenn Sie die Reihenfolge der Dokumentseiten verändern möchten, müssen Sie auf das Symbol der Dokumentseite klicken und diese an die gewünschte Stelle schieben. Mit der gedrückten Umschalttaste können Sie mehrere Dokumentseiten nacheinander aktivieren und verschieben. Wenn Sie eines der Seitensymbole in der Seitenlayoutpalette doppelklicken, erscheint die betreffende Seite auf der Schreibtischoberfläche.

Sie können 127 verschiedene Musterseiten und bis zu 2000 Dokumentseiten in einem Dokument anlegen, wobei Sie aus Gründen der Übersichtlichkeit diese Möglichkeiten lieber nicht ausschöpfen sollten.

Zeitungslayout: Die Woche
Arbeiten mit der Seitenlayoutpalette

Wenn Sie im *Neu*-Dialogfenster *Doppelseiten* angewählt haben, wird der untere Bereich, in dem sich die Dokumentseiten befinden, durch eine Bundlinie in zwei Hälften getrennt. Auf der linken Hälfte befinden sich ausschließlich linksseitige, auf der rechten Hälfte dementsprechend rechtsseitige Dokumentseiten. Die Designvorgaben der rechten Hälfte der Musterseite werden nur von den Dokumentseiten übernommen, die rechts von der Bundlinie liegen (trauriges Gesicht), und umgekehrt (lachendes Gesicht).

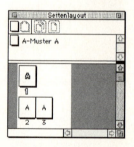

Haben Sie im *Neu*-Dialogfenster *Doppelseiten* nicht angewählt, können Sie nur leere einseitige Musterseiten erstellen. Diese Einstellung ist vor allem für Seiten, die geheftet werden sollen, aber auch für Faltblätter sinnvoll. Für ein Faltblatt können Sie mehrere Dokumentseiten nebeneinander anordnen. Im Dokumentbereich befindet sich keine Bundlinie mehr.

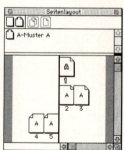

Im dritten Bildbeispiel beziehen sich die Dokumentseiten auf dieselbe zweiseitige Musterseite wie im ersten Bildbeispiel. Es wird deutlich, daß sich alle linksseitigen Dokumentseiten nur auf die linke Hälfte der Musterseite beziehen und umgekehrt. Die einzelnen Dokumentseiten müssen sich dabei nicht immer im Bund gegenüberstehen. Wenn Sie mit zweiseitigen Musterseiten arbeiten, können Sie auch einseitige Musterseiten ins Dokument ziehen.

Design- und Rastererstellung in QuarkXPress

Musterseiten und ... Dokumentseiten in der Ansicht „Miniaturen"

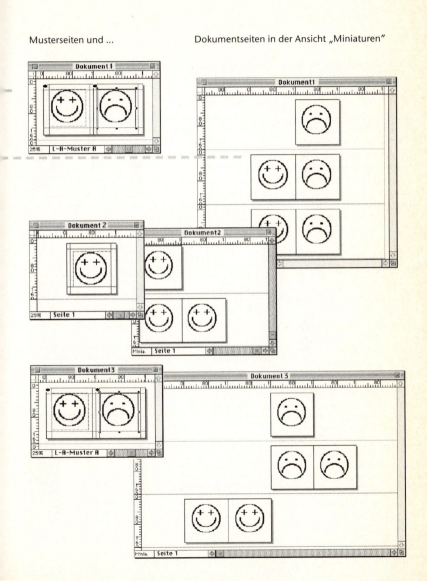

Zeitungslayout: Die Woche
Musterseiten hinzufügen

Designvorgaben für die Titelseiten einer Rubrik

Eine Musterseite (A) ist für „Die Woche" bereits fertiggestellt worden. Auf ihr befinden sich neben dem einfachen Raster die festen Designelemente des Zeitungskopfes. Der Zeitungskopf taucht mit unterschiedlichen Rubriktiteln wie Wirtschaft, Politik, Modernes Leben auf fast allen Seiten auf. Für die Anfangsseite jeder Rubrik wird allerdings ein etwas modifizierter Kopfteil verwendet.

Musterseiten duplizieren

Da sich die Rastervorgaben und viele Designelemente auf der neuen Musterseite wiederholen, wird von der Musterseite A durch Anklicken des Duplizieren-Symbols ein Duplikat erstellt. Der Rubrikkopf der neuen Musterseite B wird entsprechend verändert, und anschließend können von dieser neuen Musterseite Dokumentseiten angelegt werden, die dann mit den aktuellen Nachrichten gefüllt werden.

Musterseiten und Dokumentseiten nachträglich überschreiben

Wenn Sie Designvorgaben von Dokumentseiten nachträglich korrigieren oder austauschen möchten, können Sie auf zwei Arten vorgehen:

1. Sie schieben eine neue Musterseite B auf die betreffenden Dokumentseiten. Dadurch werden die Designvorgaben auf den Dokumentseiten durch die Einstellungen der neuen Musterseite B ausgetauscht.

2. Sie können die Designvorgaben der Musterseite A direkt überschreiben, indem Sie Musterseite B auf Musterseite A schieben. Darauf erscheint eine Warnmeldung: "Soll Musterseite A wirklich komplett durch Musterseite B ersetzt werden?" In diesem zweiten Fall werden die Designelemente und Rastereinstellungen aller Dokumentseiten, die sich auf Musterseite A beziehen, durch die Einstellungen von Musterseite B ausgetauscht.

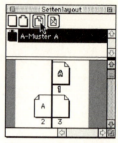
Musterseite duplizieren

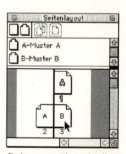
Dokumente überschreiben

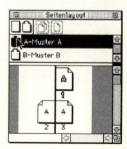
Musterseiten überschreiben

Design- und Rastererstellung in QuarkXPress

Musterseite B für die Titelseiten einer Rubrik

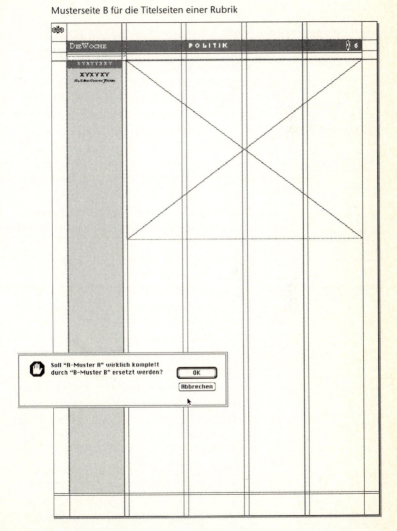

Zeitungslayout: Die Woche
Stilvorlagen anlegen

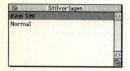

Die Standardeinstellung

Neue Stilvorlagen für „Die Woche"

Sich wiederholende Arbeitsschritte in der Schrift- und Absatzformatierung können als Stilvorlage zusammengefaßt werden. Anschließend ist es möglich, die gesicherte Stilvorlage durch einen für sie vergebenen Namen oder über eine Tastenkombination abzurufen. Stilvorlagen stellen eine außerordentliche Arbeitserleichterung dar. In der Zeitung „Die Woche" werden Stilvorlagen außerdem dazu verwendet, das Erscheinungsbild und Schriftgrößenverhältnisse systematisch bis ins Detail festzulegen. Besonders eindrucksvoll ist, daß in der links abgebildeten Stilvorlagenpalette die diversen „Sublines" in ihren Proportionen auf die „Headlines" abgestimmt worden sind. Auf der rechts abgebildeten Zeitungsseite wird für den Titel „General-Mobilmachung" die „Headline 4-Sp." angewendet. Der Einlauftext oder Untertitel ist mit der Stilvorlage „Subline 22 pt" formatiert worden. Im digitalen Zeitungslayout braucht man nur die aufeinander abgestimmten Stilvorlagen aufzurufen, um zu angenehmen Maßverhältnissen zu kommen. In der Standardeinstellung gibt es eine Stilvorlage „Normal". Alle Texte, die Sie in einem neuen Dokument erstellen, erscheinen zuerst in dieser Stilvorlage. Für einen noch „von Hand" formatierten Text müssen Sie zuerst „Kein Stil" anwählen, um ihn anschließend mit einer Stilvorlage formatieren zu können.

Design- und Rastererstellung in QuarkXPress

Sie rufen unter *Bearbeiten* → *Stilvorlagen* das Dialogfenster *Stilvorlagen* auf.

Im Dialogfenster *Stilvorlagen für Dokument XY* können Sie neben der Stilvorlage „Normal" eine neue Stilvorlage anlegen oder eine bereits erstellte und gesicherte Stilvorlage nachträglich bearbeiten. In beiden Fällen öffnet sich ein zweites Dialogfenster, in dem Sie einen Namen und eine Tastenkombination vergeben können, mit der dann die Stilvorlage aufgerufen werden kann. Durch Anwählen des Buttons *Anfügen* kann eine in einem anderen Dokument erstellte Stilvorlage importiert werden. Mit *Duplizieren* können Sie eine Stilvorlage verdoppeln. Diese wird anschließend über *Bearbeiten* geöffnet, geringfügig modifiziert und unter einem neuen Namen abgespeichert. Mit Hilfe von *Vorlage* im zweiten Dialogfenster können die Einstellungen einer bestehenden Stilvorlage als Grundlage für die Definition einer neuen Stilvorlage gewählt werden. Wenn Sie Formatierungen der Vorlage verändern, die von der neuen Stilvorlage übernommen wurden, werden diese ebenfalls verändert. Wenn Sie festlegen möchten, daß die Absatzformatierung des folgenden Absatzes auf einer bestimmten Stilvorlage beruhen soll, so wählen Sie den betreffenden Stil im Klappfenster neben der Option *Nächster Stil* aus. Die wichtigsten Einstellungen, die Sie für eine Stilvorlage getroffen haben, werden im unteren Bereich des Dialogfensters angezeigt.

322

Design- und Rastererstellung in QuarkXPress

Typografie

Schrift: ▶ I Janson Text Ital
Größe: ▶ 9,5 pt
Farbe: Schwarz
Tonwert: ▶ 100%

Stil
☒ Standard ☐ Unterstrichen
☐ Fett ☐ Wort unterstr.
☐ Kursiv ☐ Kapitälchen
☐ Konturiert ☐ Versalien
☐ Schattiert ☐ Hochgestellt
☐ Durchgestr. ☐ Tiefgestellt

Größe: Horizontal 100%
Spationieren: 5
Grundlinienversatz: 0 pt

[OK] [Abbrechen]

Formate

Linker Einzug: 0 mm
Erste Zeile: 0 mm
Rechter Einzug: 0 mm

Zeilenabstand: 11 pt
Abstand vor: 0 mm
Abstand nach: 0 mm

☒ Am Grundlinienraster ausrichten
☐ Hängende Initialen

☐ Mit nächstem ¶ zusammenhalten
☐ Zeilen zusammenhalten

Ausrichtung: Linksbündig
S&B: Standard

[OK] [Abbrechen]

Linien

☐ Linie oben
☐ Linie unten

[OK] [Abbrechen]

Tabulatoren

|20 40 60 90 100 120 140|

Ausrichtung: ſ Links
Position:
Füllzeichen:

[OK] [Abbrechen]

In dem Kapitel „Schriftgestaltung in QuarkXPress" wurde das Stilmenü als Schaltzentrale beschrieben, in der alle Zeichenattribute und Absatzformate festgelegt werden können. Über die Dialogfenster *Typografie*, *Formate*, *Linien* und *Tabulatoren* können Sie alle diese Einstellungsmöglichkeiten kombinieren und als Stilvorlagen sichern.

Wenn Sie eine Stilvorlage nachträglich bearbeiten, übernimmt der bereits mit dieser Stilvorlage formatierte Text diese Veränderungen. Wenn Sie dies vermeiden wollen, müssen Sie für den Text die Stilvorlage „Kein Stil" vergeben. Der Text behält dann weiterhin die Formatierungen und wird nicht mehr über das erneute Bearbeiten der Stilvorlage mitverändert.

Zeitungslayout: Die Woche
Stilvorlagen anwenden

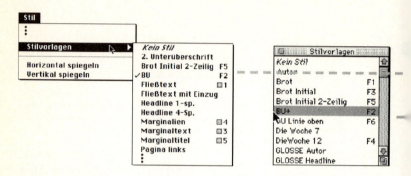

Stilvorlagen anwenden
Es stehen drei Möglichkeiten zur Verfügung, eine Stilvorlage auf einen Text anzuwenden.
1. Sie können die Stilvorlage im Seitenfenster des Menüs *Stil* abrufen.
2. Sie klicken auf die betreffende Stilvorlage in der Stilvorlagenpalette, die Sie im Menü *Ansicht* finden.
3. Sie geben den für die Stilvorlage festgelegten Tastenbefehl auf der Zehnertastatur ein.
In dem oben gezeigten Anwendungsbeispiel findet die zuvor definierte Bildunterschrift (BU) auch für ganz andere Textbereiche Verwendung. Die Kurzbeschreibung der Titelthemen verwendet nämlich dieselben Zeichenattribute.

Stilvorlagen überprüfen
Um zu überprüfen, ob sich ein Text auf eine Stilvorlage bezieht und gegebenenfalls auf welche er Bezug nimmt, müssen Sie die Einfügemarke in den Text setzen. Wenn er über eine Stilvorlage formatiert worden ist, so wird die angewandte Stilvorlage in der Stilvorlagenpalette hervorgehoben. Stilvorlagen beziehen sich immer auf ganze Absätze. Erst nach einem „weichen" oder „harten" Zeilensprung können Sie eine andere Stilvorlage anwählen. Um einen Absatz mit einer Stilvorlage zu formatieren, genügt es deshalb auch, die Einfügemarke in diesen Absatz zu setzen und dann die Stilvorlage anzuwählen.

Formatierungen als Stilvorlagen sichern
Die einfachste und sinnvollste Methode, Stilvorlagen anzufügen, besteht darin, daß man zuerst den Text nach seinen Vorstellungen formatiert. Wenn man mit dem Ergebnis zufrieden ist, setzt man die Einfügemarke in den formatierten Absatz, für den man eine Stilvorlage sichern möchte. Im Menü *Bearbeiten* wird *Stilvorlagen* angewählt. In dem sich öffnenden Dialogfenster sind die Absatzformatierungen des angewählten Textes bereits aufgenommen worden. Es müssen nur noch ein Name und optional eine Tastenkombination für die Stilvorlage vergeben werden.

Design- und Rastererstellung in QuarkXPress

Zeitungslayout: Die Woche
Alternativen in der Arbeitsorganisation

Farbpalette

In der Zeitung „Die Woche" werden den Rubriken bestimmte Farbbereiche zugeordnet. Die Farbe Violett für den Bereich Kultur erscheint im Rubriktitel und wird beispielsweise in einer helleren Variante als Hintergrund für Randmeldungen in der gleichen Rubrik verwendet. Der Leser lernt nach einigem Gebrauch, die Rubriken aufgrund ihrer spezifischen Farbakkorde voneinander zu unterscheiden.

Bibliotheken

In der Zeitung „Die Woche" befinden sich Kurznachrichten, Tabellen, Adressen, Auskünfte in separaten Textrahmen mit bestimmter farblicher Unterlegung. Für solche Textelemente empfiehlt es sich als alternative Methode zum Arbeiten mit Stilvorlagen, sie in die Bibliothekspalette zu ziehen. Von dort können sie an die gewünschte Stelle in das Dokument gezogen werden. Der bereits formatierte Blindtext muß nur noch mit aktuellen Nachrichten überschrieben werden.

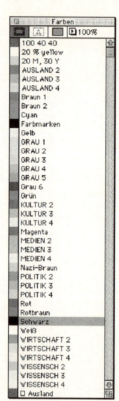
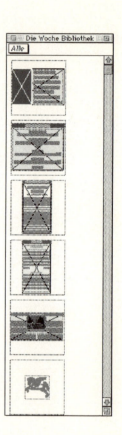

Design- und Rastererstellung in QuarkXPress

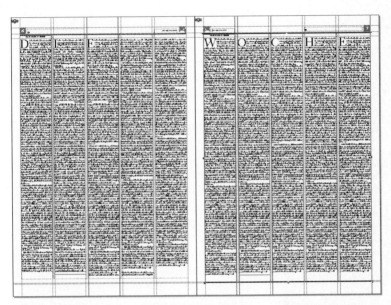

Arbeitsalternativen
Wie in anderen Programmen, gibt es auch in QuarkXPress mehrere Möglichkeiten, die Arbeit zu vereinfachen und zu beschleunigen. Von Fall zu Fall muß überprüft werden, welchen Weg man wählen sollte. Wenn Sie zuerst ein Layout mit Blindtext anlegen und dann dem Texter sagen, wieviel er schreiben soll, so können Sie bereits Blindtext auf der Musterseite einsetzen, den Sie dann auf den Dokumentseiten für Ihr Layout verwenden. Wenn Sie selbst den Text eingeben, können Sie nach der eben beschriebenen Methode verfahren und den Blindtext überschreiben. In vielen Fällen sind bereits erstellte Texte vorgegeben, die Sie in Ihr Layout einfügen müssen. Die vorbestimmten Textmengen können Sie direkt über *Text laden* in Ihr Layout einfügen, ohne zuvor noch auf Blindtext zurückzugreifen.

In der obigen Abbildung sehen Sie eine Musterseite, in der Blindtext für Layoutzwecke eingesetzt wurde.

Marlboro-Designkatalog
Einfaches und effektives Seitendesign

Der fertige Katalog hat einhundertzwölf Seiten. Diese Seiten werden allerdings nicht nacheinander gedruckt, sondern es werden 4, 8, 16, 32 oder 64 Seiten auf eine Druckform montiert. Dadurch lassen sie sich kreuzweise falzen. (Zehn Seiten kann man zum Beispiel nicht kreuzweise falzen.) Der Katalog ist also in sieben Dokumente unterteilt worden, damit die Seiten von jedem Dokument jeweils zu einem Druckbogen zusammenmontiert werden können.

Für das Layout des Marlboro-Designkatalogs ist ein verhältnismäßig einfaches, aber effektives Raster verwendet worden. Die Randeinstellungen der Musterseite sind sehr schmal gehalten. Sie sind nur für den Rubriktitel „Marlboro-Design" und für das Ende des unteren Textrahmens mit der Fax- und Telefonnummer verbindlich. Auf der Musterseite befinden sich neben dem Rubriktitel drei weitere Textrahmen und zwei Bildrahmen. Da auf allen Seiten im Dokument in die Rahmen Texte und Bilder eingesetzt werden, ist es naheliegend, sich das Aufziehen dieser Rahmen im Dokument zu ersparen. Einmal auf der Musterseite angelegt, tauchen sie an gleicher Stelle im Dokument auf, um dort mit dem entsprechenden Inhalt gefüllt zu werden. Zwei vertikale Hilfslinien sind aufgezogen worden, um das genaue Positionieren von Rahmen im Dokument zu erleichtern. Weitere Designfestlegungen auf der Musterseite waren nicht nötig. Sie hätten das Raster unübersichtlicher gemacht und die Gestaltungsfreiheit unnötig eingeschränkt.

Lassen Sie, wie in diesem Beispiel, alle monotonen und zeitraubenden Wiederholungen durch den Computer ausführen. Die Fähigkeit, die eigene Arbeit zu rationalisieren, verringert die Wahrscheinlichkeit ganz erheblich, selbst wegrationalisiert zu werden.

Bildbeispiele

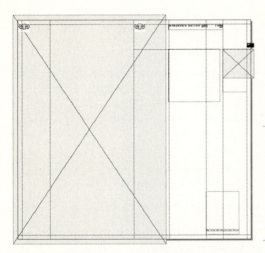

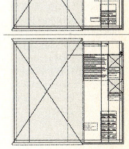

Die obere Abbildung zeigt die Musterseite. Die rechtsstehenden Abbildungen zeigen vier Dokumentseiten, die sich auf diese Musterseite beziehen. Bei den Rahmen, die innen zwei Diagonalen aufweisen, handelt es sich um die Bildrahmen. Die Bilder sind von der Grafikerin nicht eingesetzt worden. Sie werden erst kurz vor dem Belichten in das Dokument eingefügt. Verwendete man die hochauflösenden Bilder schon während der Entwurfsphase, würden durch die großen Datenmengen der Bildschirmaufbau und damit das Arbeiten unnötig verlangsamt werden.

Marlboro-Designkatalog
Einfaches und effektives Seitendesign

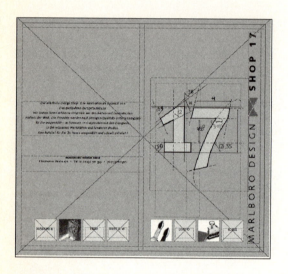

Die obige Abbildung zeigt die Vorder- und Rückseite des Umschlagentwurfs zum Marlboro-Designkatalog. Über die komplette Musterseite mit ihren schmalen Randabständen ist ein farbiger Bildrahmen aufgezogen worden. Der Bildrahmen ist an allen Seiten etwas größer als die eigentliche Musterseite. Farbige Flächen, die bis zum Seitenrand gehen, werden um mindestens drei Millimeter über den Rand hinaus vergrößert, damit beim späteren Beschnitt keine weißen Kanten am Seitenrand zu sehen sind. Bilder, die über den Seitenrand hinausgehen, werden randabfallend genannt. In Zeitungen stehen einem diese Möglichkeiten des Bildlayouts nicht zur Verfügung, da sie nicht nachträglich wie Katalog- oder Zeitschriftenseiten beschnitten werden. Wenn ein Bild oder eine farbige Fläche über den Bund einer Seite läuft, ist kein Beschnitt nötig. Allerdings sollte man bedenken, daß durch die Bindung Verschiebungen entstehen können. Texte in kleineren Schriftgraden sollte man deshalb möglichst nicht über den Bund laufen lassen, es sei denn, es liegt in der Absicht des Gestalters, sie unlesbar zu machen.

Bildbeispiele

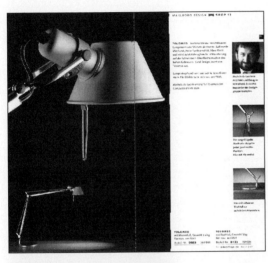

Zwei Katalogseiten, die auf dem zuvor gezeigten Raster beruhen

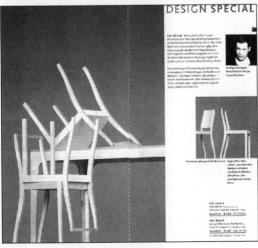

Marlboro-Designkatalog
Abwandlung der Designvorgaben

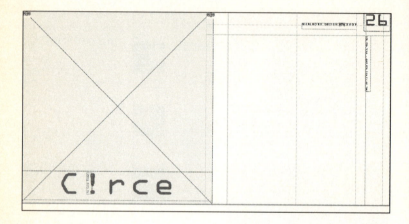

Für den Marlboro-Designkatalog wurde, nachdem fast zwanzig Ausgaben erfolgreich gelaufen waren, nach neuen Designlösungen gesucht. Wie in den vorherigen Katalogreihen hat man sich auf wenige Design- und Standvorgaben beschränkt. Die Breite der Seiten wurde verdoppelt. Als Schriften werden die OCR-A für größere Schriftgrade und die Rotis für den Lesetext verwendet. Das Seitenlayout liegt auf dem gleichen hohen Formniveau wie die präsentierten Produkte. Diese kongeniale Designlösung ist ein wenig zeitaufwendiger in ihrer Umsetzung als die zuvor entwickelte Gestaltung, da Formsatz statt der linksbündigen Textausrichtung verwendet wird. In QuarkXPress wird dazu der Textrahmen in ein veränderbares Polygon umgewandelt. Anschließend wird der Text in dieses Polygon geladen. Für einen einheitlichen Gesamteindruck sorgen neben dem Layoutstil, in welchem Formsatz mit freigestellten Bildelementen korrespondiert, auch die festen Designvorgaben auf der oberen rechten Seite. Für die Designkataloge zeichnet die Frankfurter Werbeagentur Trust verantwortlich.

Bildbeispiele

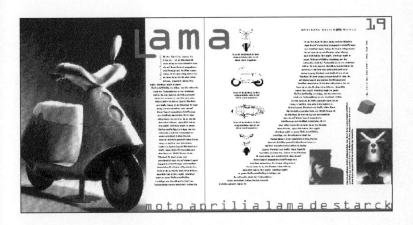

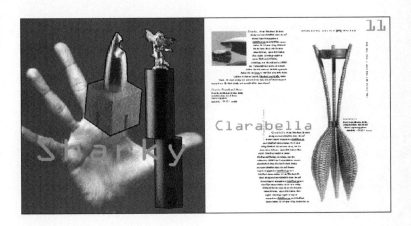

Signetgestaltung

Signetgestaltung

336... Von der Brandmarke zum Markenzeichen

Beurteilungs- und Gestaltungskriterien

338... Produktnähe, Originalität, Fomqualität,
Aktualität

Entwurfsmethoden

342... Mit Strukturen und Rastern

344... Mit Grundformen

346... Durch Vereinfachung

348... Mit Buchstaben

350... Der Standardbrief

Gestaltungsbeispiele

352... Medienhochschule Köln

354... Corporate Identity von C-pur

356... „Das Briefpapier vom Wolf"

Von der Brandmarke zum Markenzeichen

Die frühesten Vorläufer des Markenzeichens waren die „Brandmarken". Mit ihnen zeichnete man Schafe, Ziegen und Rinder als Eigentum des jeweiligen Besitzers aus. Wurden diese Tiere später auf den Markt gebracht, konnten diese Brandmarken über ihre Eigenschaft als „Besitzzeichen" hinaus auch zu einem „Qualitätszeichen" werden, wenn mit ihnen gesunde Tiere oder ein besonders guter Züchter verbunden wurde. Um Verwechslungen vorzubeugen und auf den Inhalt einer Ware hinzuweisen, verwendeten auch Händler für ihre Waren im Im- und Export sogenannte Händlermarken.
In ihnen finden sich häufig noch symbolische und christliche Zeichenformen.
Allmählich haben sich aus diesen Händlermarken die „Markenzeichen" oder „Signets" mit ihrem werblichen Charakter entwickelt.

Das Markenzeichen und andere Zeichenformen

Ein Signet kann Signalwirkung haben, unterscheidet sich allerdings vom „Signal" insofern, als es nicht auf unmittelbares Reagieren des Betrachters im Sinne einer Anweisung oder eines Verbotes abzielt. Es kann die Eigenschaft eines Pictogrammes besitzen, insofern es dem Kunden eine Orientierung im modernen Markt mit seinen vielfältigen

Signal

Pictogramm

Angeboten ermöglicht. Es ist aber nicht, wie ein Pictogramm, Teil eines geschlossenen Zeichensystems. In gewisser Weise können Marken auch einen entfernt emblematischen Charakter haben, wenn mit ihnen beispielsweise die Zugehörigkeit zu einer bestimmten Verbraucherschicht verbunden wird. Die Firmen MCM oder Rolex sind nicht nur Markenzeichen, sondern sie sind zugleich „Statuszeichen" geworden. Einige Signets haben darüber hinaus auch eine symbolische Bedeutung. Im Signet von Greenpeace findet sich ein Regenbogen. In der christlichen Ikonografie bedeutet der Regenbogen Harmonie, Eintracht und Gleichgewicht. Für Greenpeace wird durch diese symbolische Form das programmatische Ziel, das ökologische Gleichgewicht wiederherzustellen, unterstrichen.

Das Markenzeichen steht in einem engen Wirkzusammenhang mit dem, was es bezeichnet. Aus dem Firmenimage wird ein Zeichenimage. Ein subtiler Aspekt in der Zeichenentwicklung besteht deshalb darin, es möglichst „bedeutungsoffen" anzulegen, damit sich in ihm die hoffentlich positiven Projektionen sammeln können. Ein Beispiel in diesem Sinne ist der Mercedes-Stern, der den Status eines Zeichens angenommen hat, das nicht mehr nur repräsentiert, sondern sich selbst präsentiert.

Emblem

Symbol

Beurteilungs- und Gestaltungskriterien
Produktnähe und Originalität

1. Produktnähe oder Übereinstimmung von Zeichen und Bezeichnetem

Zur Produktnähe gehören Verständlichkeit, richtige Anmutung und Angemessenheit. Ein Signet *kann* eine bestimmte Tätigkeit oder ein bestimmtes Produkt zeichenhaft darstellen und es dadurch dem Betrachter verständlich machen. Wichtig ist jedoch vor allem, daß es zu keinen falschen Assoziationen und Mißverständnissen in der Zeicheninterpretation kommt.

Zu einem produktnahen Signet gehört ebenfalls, daß es sich stilistisch am Produkt orientiert. Ein Signet für eine elegante Kleidermarke hat zwangsläufig eine andere Anmutung als ein Signet für eine Maschinenfabrik. Ein weiterer wichtiger Aspekt ist, daß ein Signet keine falschen Erwartungen weckt. Große Firmen geben sich häufig ein anonymes, internationales Auftreten. Wenn Sie etwa den Drucksachen eines kleinen Unternehmens dasselbe „Auftreten" geben, wirken sie unglaubwürdig.

Das untere Signet beruht auf der gleichen einfachen Grundform, ist jedoch origineller als die beiden oberen Bildbeispiele.

2. Originalität oder Differenzierung von anderen Zeichen

Ein Signet sollte sich von anderen Markenzeichen durch eine originelle Gestaltung oder Gestaltungsidee abheben. Negativ formuliert: Der Gestalter ist einem vermehrten „Innovationszwang" und „Originalitätsstreß"

Formqualität

ausgesetzt. Positiv gesagt: Die Entwicklung eines Identitätsbildes gehört zu den Bereichen, in denen Sie Ihre Kreativität unter Beweis stellen können. Es ist außerdem vorteilhaft, wenn Signets so einfach und markant sind, daß man sich gut daran erinnern und sie sofort identifizieren kann. Systematische Reduktion und Abstraktion in der Markenentwicklung der sechziger und siebziger Jahre haben zu Marken geführt, die einander immer ähnlicher wurden. Die Unterschiede zwischen den Zeichen wurden so gering, daß sie angesichts der allgemeinen Zeicheninflation kaum mehr wahrgenommen wurden. Seit den achtziger Jahren ist man dazu übergegangen, der Phantasie und Spontaneität wieder mehr Raum zu lassen.

3. Formqualität oder innere Stimmigkeit der Zeichenform

Selbst wenn ein Zeichen erfolgreich ein bestimmtes Produkt- und Firmenimage vermittelt und sich in der täglichen Konfrontation mit anderen Zeichen behaupten kann, ist es doch unerläßlich, daß es auch formal gelungen ist. Formal geglückte Signets besitzen immer eine klare gestalterische Idee, häufig einen interessanten Kontrast oder eine grafisch reizvolle Struktur. Sie besitzen keine überflüssigen Details, und jede Einzelform ist in ihrem Aussehen genau auf die

Seifenfabrik, Japan

Diskothek, BRD

Im Vergleich mit dem oberen Signet wirkt das untere ein wenig plump und überladen. Es besitzt einige überflüssige und willkürliche Details, wie zum Beispiel die weiße Linie am S.

Beurteilungs- und Gestaltungskriterien
Aktualität

Das Signet für die Firma Pelikan ist im Laufe seiner langen Geschichte mehrmals überarbeitet worden. Die abgebildeten Signets stammen aus den Jahren 1878, 1922 und der Gegenwart.

anderen Formen innerhalb des Signets abgestimmt. Weniger gelungene Signets wirken zumeist überladen und beliebig in ihren Einzelformen. Oft weisen die ersten Entwürfe diese Merkmale auf, und es bedarf fast immer noch einer intensiven Auseinandersetzung, um einem zuerst formal wenig überzeugenden Signet eine stringente Form abzugewinnen.

4. Aktualität

Bei der Entwicklung grafischer Zeichen müssen konkurrierende Forderungen nach zeitgemäßem und zeitlosem Aussehen in Einklang gebracht werden. Zeitlos wirkende Zeichen befinden sich häufig auf einem hohen Abstraktionsniveau. Sie können und wollen Zeitströmungen gar nicht reflektieren, und sie sind langfristig angelegt. Bei kleineren Marken ist ein zeitgemäßes oder modernes Aussehen durchaus angebracht, um die Zeichenattraktivität zu steigern und Aufmerksamkeit zu erregen. Wenn sich ein Zeichen in breitem Maße etabliert hat, scheint es stilistisch dem Alterungsprozeß enthoben zu sein. Das Posthorn der deutschen Post ist dafür ein treffendes Beispiel. Problematisch sind Anleihen an vergangene Stilepochen wie Jugendstil, Art déco oder Expressionismus, wenn sie in persönlichen Vorlieben und nicht in der Sache gründen.

Entwurfsmethoden

Entwurfsmethoden für Markenzeichen

In diesem Kapitel werden einige Gestaltungsansätze aufgezeigt, wobei Linien, Flächen, Grundformen und Strukturen das grafische Material zur Gestaltung von Signets abgeben. Wie in den vorgehenden Abschnitten zum Seitenlayout und zur Entwicklung der Schrift wird prinzipiell zwischen Strukturen und Grundformen bei der Signetentwicklung unterschieden. Eine weitere Möglichkeit, zu einem Signet zu gelangen, besteht darin, einen vorgefundenen Gegenstand zu seiner einfachen Zeichengestalt zu abstrahieren oder zu stilisieren. Der vierte Ansatz in der Signetentwicklung geht von der Wortmarke beziehungsweise dem „Logo" oder einem Monogramm aus. Monogramme werden häufig verwendet, wenn eine Wortmarke zu lang gerät. Wort- und Bildmarken treten häufig in Kombination auf. Wenn ein neues Produkt oder eine Firma sich über die Wortmarke mit beigefügter Bildmarke auf dem Markt etabliert hat, kann anschließend auf die Wortmarke verzichtet werden. Wort- und Bildmarke sind dann zumeist so angelegt, daß sie problemlos getrennt werden können.

Alle drei Zeichen sind auch ohne beigefügte Wortmarke sofort identifizierbar.

Formfindung mit Strukturen
Strukturen, Raster und Formationen

Am Anfang der Arbeit von Schrift- und Seitengestaltern steht in aller Regel ein Raster. Ähnlich verhält es sich auch bei der Zeichengestaltung. Bei dem Entwurf von Pictogrammen schränkt die gerasterte Fläche den Spielraum der Formgebung ein, damit die Pictogramme nicht zu sehr voneinander abweichen. Zeichensysteme brauchen eine grundlegende Struktur als gemeinsamen Nenner. Mit „ResEdit" und einer Reihe weiterer Programme lassen sich „Icons" für den Computer erstellen. Dem Gestalter stehen 999 Rasterquadrate zur Verfügung, die er mit einem digitalen Zeichenstift unterschiedlich ausfüllen kann. In der später verkleinerten Darstellung sind die einzelnen Pixel kaum mehr zu sehen.

Im Mittelalter hatten die unterschiedlichen Steinmetzgilden Raster entwickelt, auf die eine Fülle grafisch interessanter Steinmetzzeichen zurückzuführen ist. Selbst sehr einfache Raster bergen eine unendliche Menge möglicher Zeichenformen in sich. Sehr ausführlich wird dieses Phänomen in dem Buch „Der Mensch und seine Zeichen" von Adrian Frutiger beschrieben. Versuchen Sie es einmal selbst: Erstellen Sie ein einfaches Rastersystem, und füllen Sie einzelne Flächen aus. Die oben abgebildeten Signets beruhen entweder auf einem solchen einheitlichen Gestaltungsraster, oder sie wurden mit Hilfe einer geregelten Anordnung sich wiederholender Grundformen entwickelt.

Nicht nur in der grafischen Gestaltung, sondern auch im ornamentalen Rapport der Teppichkunst, bei den sich reihenden Bildmotiven in Andy Warhols Siebdrucken bis hin zu den Werken der „seriellen" Kunst in unserer jüngeren Vergangenheit findet sich derselbe eigentümliche Reiz, der in der Wiederholung liegt.

Entwurfsmethoden

1. Buchverlag, BRD
2. Beratungsfirma, Japan
3. Hotel, USA
4. Stickerei, Schweiz
5. Herrenkosmetik, BRD

Mittelalterliche Steinmetzzeichen, die auf geheimgehaltenen Rastern beruhen

Icons, die am Macintosh entstanden sind

Formfindung durch Grundformen
Quadrat, Kreis, Dreieck und abgeleitete Grundformen

Durch die Verbindung der Grundformen Kreis, Dreieck und Quadrat lassen sich Signets von großer Prägnanz und Eindringlichkeit entwickeln. Zwischen diesen Formen kommt es zu den größten Kontrasten.
In vielen Fällen bildet eine Grundform den Ausgangspunkt in der Signetgestaltung, wie beispielsweise bei dem oben abgebildeten Signet für eine Videofirma. Andererseits können Entwürfe auch in eine Grundform eingebunden werden, wie beispielsweise bei den Signets für die Lufthansa oder für die Deutsche Bank. Die Grundform hat dann zumeist eine „rahmende Funktion". Jede dieser drei Grundformen hat im Laufe ihrer Geschichte ganz bestimmte Bedeutungen zugewiesen bekommen, die zu einem großen Teil aus dem spezifischen Formeindruck abgeleitet worden sind. Da der Kreis eine durchgehende Umrißlinie ohne Anfangs- und Endpunkt besitzt, ist er kulturgeschichtlich immer wieder als Symbol für den Kreislauf der Wiedergeburten verwendet worden. Kreisformen können mit Hilfe kleiner Veränderungen ganz unterschiedliche Eindrücke vermitteln. Es gibt rahmende, schützende, sich ausdehnende oder „strahlende" Kreisformen, durch die man sich an Licht oder Sonne erinnert fühlt. Die stabile und geschlossene Form des Quadrats wird häufig mit Schutz und Geborgenheit assoziiert. Das Signet der deutschen Bank befindet sich in einem Quadrat. Die einfache Zeichenform scheint dem Betrachter zu bedeuten, daß im Schutze dieser Bank seine Konten stetig wachsen (wegen der ansteigenden diagonalen Linie).
Die Stellung und die Position eines Zeichens sind ebenfalls bedeutsam für den Zeicheneindruck: Gewöhnlich vermittelt ein auf dem Schenkel liegendes Dreieck den Eindruck der Ruhe und Gelassenheit. Setzt man es jedoch auf die Spitze, wirkt es aggressiv und beunruhigend. Viele Warn- und Verkehrsschilder besitzen eine dreieckige Grundform, die auf der Spitze steht.

Entwurfsmethoden

1. Metallfabrik, USA
2. Minoru Morita, USA
3. Deutsche Bank, BRD
4. Mailänder Messe, Italien
5. Corgan, Architekten, USA
6. Videofirma, USA

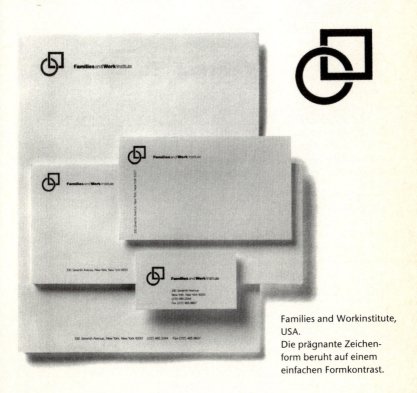

Families and Workinstitute, USA.
Die prägnante Zeichenform beruht auf einem einfachen Formkontrast.

Formfindung durch Vereinfachung
Abstraktion und Stilisierung

Eine weitere Möglichkeit, zu einem Zeichen zu gelangen, das als Signet verwendet werden kann, besteht im Vereinfachen und Stilisieren einer vorgegebenen Form. Das fertige Zeichen muß dann einerseits genauso gut wie eine detailgetreue Darstellung zu erkennen sein. Andererseits soll es sich durch seine vereinfachte Form dem Betrachter wesentlich besser einprägen als die Vorlage. Wie stark Sie auch eine vorgegebene Form vereinfachen, in den meisten Fällen werden Sie zu einer ganz neuen und unverwechselbaren Lösung kommen. Dieses läßt sich zusätzlich befördern, indem man sich von vornherein für einen bestimmten „Stil" ent-

schließt. Wie soll die spätere Anmutung des Zeichens sein? Sollen die Konturen des Zeichens markant, eckig oder rund werden? Und natürlich ist bei allen Gestaltungsaufgaben nicht verboten, sich von anderen Arbeiten anregen und inspirieren zu lassen. Nicht alle vorgegebenen Formen lassen sich gleichermaßen leicht vereinfachen. Einige Tiere, wie etwa eine Giraffe oder ein Elefant, lassen sich problemlos auf ihre spezifischen Merkmale reduzieren. Die zeichenhafte Wiedergabe eines Fisches dürfte auch niemanden vor unüberwindliche Probleme stellen. Ein individuelles Gesicht läßt sich hingegen nur sehr schwer vereinfachen. Mit einigen präzis gesetzten Strichen kommt man in diesem Fall weiter als mit einer systematischen Schematisierung. Die besten Vereinfachungen von Gesichtern findet man deshalb auch in Comicheften.

Wenn eine Landschaft zu einem Zeichen abstrahiert wird, spricht man übrigens von einer Vignette.

Die stilisierten Augen der nebenstehenden Abbildung zeigen, daß die Abstraktion eines Auges zu ganz verschiedenen Ergebnissen führen kann.

Formfindung mit Buchstaben
Wortmarken und Monogramme

Travis Construction Company, Baufirma, Großbritannien

Die Buchstabenmarke der Telekom

Eine letzte wichtige Möglichkeit, zu einem Signet zu gelangen, ist, auf den Firmennamen oder den eigenen Namen zurückzugreifen. Es gibt Namen, die bereits durch ihre einfache, seltene oder markante Buchstabenabfolge einen zeichenhaften Charakter besitzen. Dazu gehören Produktnamen wie „LEE", „NIVEA" „ATTA" oder die Zeitschriften „art" und „taz". Wenn der Name zu lang ist, so kann man ihn im Falle eines Eigennamens durch ein Monogramm abkürzen. Ein Firmenname läßt sich durch eine Buchstabenkombination oder einen einzelnen Buchstaben ersetzen. Die Firma Beiersdorf hat ihren Namen nachträglich zu „BDF" abkürzen lassen, um besonders in der dritten Welt ein bessere „zeichenhafte Marktpräsenz" zu bekommen. Im Zuge der Privatisierung hat auch die Telekom begonnen, den Anfangsbuchstaben T vor ihrem eigentlichen Namen zu favorisieren. Dem T der Telekom ist ein helles Magenta zugeordnet worden, um es von anderen Firmenzeichen, die ebenfalls ein T benutzen, farblich abzuheben.
Bei der Gestaltung von Wort- oder Buchstabenmarken werden die Buchstabenformen gern einem einheitlichen Formprinzip unterworfen: Die Buchstaben sind beispielsweise allesamt betont rund, eckig, schmal. Häufig findet man eine Vereinheitlichung des Wortbildes durch „fließende" Zeichenübergänge oder das Wortbild umfassende Buchstabenschwünge wie in der nebenstehenden Abbildung. Viele große Firmen wollen nicht mit einer bestimmten Ästhetik in Verbindung gebracht werden. Um dies zu vermeiden, setzen sie ihren Firmennamen am liebsten in der Helvetica ab.

Entwurfsmethoden

Zu den kreativsten und originellsten Entwerfern von Signets und Wortmarken gehört Jay Vigon. Die nebenstehenden Entwürfe sind für eine Firma entstanden, die in Japan italienische Herrenmode vertreibt.

Bundesbahn

Bundespost

Deutsche Bank

Hoechst

BASF, AEG

Lufthansa

Durch ihre massive Präsenz prägen sich auch diese wenig originellen Wortmarken dem Betrachter ein.

349

Der Standardbrief
Maßangaben für den DIN-Brief und Adressensatz

Für die Gestaltung der Adresse gilt gleichfalls: Erlaubt ist, was gefällt, solange man es lesen kann. Will man eine Adresse setzen, die auch typografischen Ansprüchen gerecht wird, dann sollte man sein Augenmerk auf die folgenden Punkte lenken:

1. Für den Adressensatz reichen 8 pt bis 11 pt.

2. Er kann als grauwertige Fläche zur Wirkung kommen, wenn er nicht durch unnötige Zeilensprünge zergliedert wird.

3. Versalien und Zahlen können im Schriftgrad etwas kleiner gehalten werden, dadurch wirkt das Satzbild ausgeglichener und ruhiger. Noch besser sind Zahlen mit Ober- und Unterlängen.

4. Der Zeilenabstand im mehrzeiligen Adressensatz sollte nach optischen Gesichtspunkten ausgeglichen werden.

Wer einmal in einem Sammelband mit Gestaltungsbeispielen zu Briefpapieren und Briefköpfen geblättert hat, wird wissen, daß alles erlaubt und fast alles möglich ist. Wenn das Briefpapier jedoch später in einem langen Briefumschlag mit Sichtfenster versendet werden soll, ist es ratsam, die festgelegten Maßangaben für das Sichtfenster und die Falzmarken im Entwurf zu berücksichtigen. Der Bereich für die Absenderangaben ist auf 5 mm Höhe beschränkt, da der Absender innerhalb des Sichtfensters nicht im Vordergrund stehen soll. Die Größe der Absendereingaben liegt zwischen 6 und 9 Punkt. Der Bereich für die Adresse ist mit 40 mm × 85 mm groß genug, um selbst Adressen, die „noch" mit der Schreibmaschine getippt werden, aufzunehmen. Die Falzmarken im Abstand von 105 mm dienen als Orientierungshilfe beim Falzen oder Falten des Briefes. Ihre Position sollte – wenn überhaupt – mit feinen und kurzen Linien gekennzeichnet werden. Da Briefe im Geschäftsverkehr häufig in einem Ordner verwahrt werden, sollte auf der linken Seite ein Abstand von mindestens 20 mm für die Heftung vorgesehen werden. Der Abstand zur rechten Seite kann geringer ausfallen.

Bildbeispiel

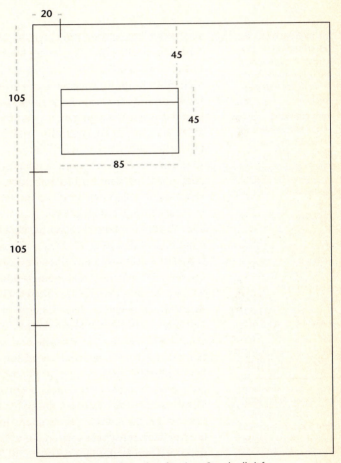

Die wichtigsten Maßangaben für einen Standardbrief

Signet und „konzeptioneller Anspruch"
Medienhochschule in Köln

Die radikale Position der Düsseldorfer Gestalter wird durch Absagen an die konventionelle Zeichengestaltung unterstrichen:

Verweigerung

„Das neue Zeichen verweigert sich jeder symbolischen Deutung ... Es zitiert keine Postmoderne, tangiert keine Gestaltneurose und dreht sich nicht um. Nach dem Zeitgeist."

Zeitzeichen

„Da das Zeichen schon immer da war, ist es auch in Zukunft populär. Es referiert weder Zeitgeist noch Mode, weist keinen Schnörkel und kein Ornament auf. Es schmückt nicht, dekoriert nicht, verkauft nicht. Als ,Schraube ohne Anfang' (Lichtenberg) entspricht es dem Selbstverständnis und den Zielen der Institution, die es markieren soll: Entdeckung neuer Bildwelten. Überwindung traditioneller Ansichten. Annäherung als Absicht. Das Zeichen signalisiert Prozeß und läßt keine endgültige Deutung zu."

Zu den erfolgreichsten Projekten der letzten Jahre gehört die Entwicklung des Erscheinungsbildes der Kunsthochschule für Medien in Köln. Im Rahmen eines begrenzten Wettbewerbs wurde nach einem Corporate-Design-Konzept gesucht, das die „Identität der neuen Institution in der Öffentlichkeit unterstreicht" und in welchem neben den klassischen Medien auch moderne Kommunikationsmittel wie Computergrafik, Video und Holografie berücksichtigt werden sollen.

Die Wahl fiel auf das rechtsseitig abgebildete Quadrat mit den zwei scharfen und zwei unscharfen Kanten. Diesem einfachen Zeichen hat die Düsseldorfer Arbeitsgemeinschaft eine um so umfangreichere theoretische Begründung beigelegt. Die moderne physikalische Weltsicht von Heisenbergs Unschärferelation bis Chaostheorie und Fuzzy-Logik (fuzzy: unscharf) wird zur Begründung der Zeichengestalt herangezogen, die sich in der dem Projekt beigelegten Minibroschüre als „Geisteshaltung für alle noch zu produzierenden Bildwelten" in der Medienhochschule verstanden wissen möchte. Dem formulierten Anspruch, „Störung, Irritation, optische Täuschung" sein zu wollen, wird die Zeichengestalt jedenfalls gerecht.

352

Bildbeispiele

„Chaos aus
Prinzip"
aus: PAGE 10/91

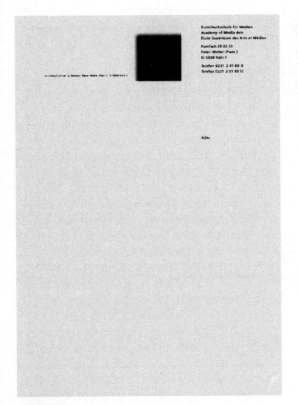

„Arbeitsgemeinschaft für
visuelle und verbale Kom-
munikation Düsseldorf"

Signet und „Corporate Identity"
Signet für eine Computerfirma

Die widersprüchliche Forderung nach originell-zeitgemäßen und einfach-zeitlosen Formen wird dadurch gelöst, daß die Kernbereiche der unternehmerischen Selbstdarstellung – das Signet, der Briefkopf und die Visitenkarte – relativ zurückhaltend gestaltet sind und somit problemlos Stilmoden überdauern können.

C-pur ist ein Unternehmen, das Computersysteme verkauft. Im Unterschied zu Firmen, die es sich zum Beispiel nicht nehmen lassen möchten, einen kompletten Rechner in ihrem Briefkopf unterzubringen, sollte bei der Entwicklung des Identitätsbildes für C-pur einem „humaneren" Ambiente der Vorzug gegeben werden. Die Gestaltung ist differenzierter und weicher angelegt als die üblichen technoiden Selbstdarstellungen von Elektronikfirmen. Es finden sich in der Umgebung der zeitlos wirkenden Wortmarke Anspielungen und Adaptionen moderner Stilformen, die C-pur als ein aufgeschlossenes und zeitgemäßes Unternehmen ausweisen. Zu diesen modernen Layoutformen gehört, daß einzelne Seitenelemente kollidieren und sich ineinanderschieben. Es entstehen interessante Form-Flächen-Spannungen und Zeichenkonfigurationen. Der Gesamteindruck solcher Layouts ist subtil und mehrschichtig und läßt sich durch die traditionellen manuellen Layouttechniken kaum erreichen. Insofern ist der Computer als kreatives Werkzeug auch in diesen Firmendrucksachen in indirekter Form präsent.

Bildbeispiele

Trust, Corporate Design
für C-pur

Signets und „kreative Ignoranz"
„Das Briefpapier vom Wolf"

Ein bekannter Schauspieler hatte auf seiner Visitenkarte lediglich die beiden Anfangsbuchstaben seines Namens stehen, in der Meinung, daß sowieso jeder wissen müßte, um wen es sich dabei handelt. In seltenen Fällen kann also auch „kreative" Arroganz zu ungewöhnlichen Lösungen führen.

Wenn man bei den Entwürfen zu einem Signet meint, es genau richtig zu machen, wenn man alle Punkte beachtet, die hier aufgeführt worden sind, macht man etwas falsch. Zumindest fehlt möglicherweise das Unerwartete oder Besondere. Die Haltung oder Eigenschaft, die dieses provoziert, nennt Klaus Linneweh in seinem Buch „Kreatives Denken" sehr treffend „kreative Ignoranz". Leider kann man diese Eigenschaft kaum lernen. Es ist eine Einstellung gegenüber dem angeeigneten und verinnerlichten Stoff, in welchem dieser scheinbar vergessen wird, um den eigenen Ideenfluß nicht einzuschränken und zu behindern. In dem rechtsseitig abgebildeten Briefkopf scheint diese „kreative Ignoranz" am Werk gewesen zu sein. Das Signet steht in einem unerwarteten kausalen Wirkzusammenhang mit dem Nachnamen des Eigentümers. In gewisser Weise haben auch solche Einfälle „Methode": In der Werbung für die Sixt-Autovermietung findet sich ein Anzeigentext zum Mietporsche: „Neid und Mißgunst für 99 DM"; eine andere Headline ließ verlauten: „Um die neueste Sixt-Station in München wurde ein toller Flughafen herumgebaut". Im ersten Fall wird für den Wagen seine Wirkung eingesetzt, im zweiten Fall werden Wirkung und Ursache miteinander vertauscht.

Bildbeispiele

Agentur: Scholz & Friends
Auftraggeber und
Creative Direction:
Ewald Wolf

Screendesign

360...	Vom Grafik- zum Screendesigner
362...	Produkt- und Arbeitsplanung
364...	Flußdiagramme
366...	Metaphern und andere Orientierungshilfen
368...	Bildschirmlayout
370...	Bildschirmtypografie
372...	Projektbeispiele
376...	**Anhang**
	Vermittlung von Gestaltung
382...	**Index**

Vom Grafik- zum Screendesigner
Neues Anforderungsprofil für Gestalter

Weil das Informationsangebot stetig steigt
und sich der Verbraucher diesen andrängen-
den Datenmengen nicht passiv ausgeliefert
wissen möchte, werden interaktive und
multimediale Anwendungen in Zukunft eine
immer bedeutsamere Rolle spielen. Mit Multimedia lassen sich Daten schneller, sinnli-
cher und vor allem eigenständiger erschlie-
ßen. Statt einer linearen Wissensvermittlung
soll dem Anwender nun eine dialogische und
individuell bestimmbare Aneignung der Information ermöglicht werden. Für den
Screendesigner bedeutet dies, daß er sich mit
differenzierten Methoden der Informations-
aufbereitung und -vermittlung auseinandersetzen muß. Zu einer gelungenen grafischen
Oberfläche gehört deshalb nicht nur ein
ansprechendes Design, das zur Benutzung
motivieren soll. Das Screendesign sollte
einen durch inhaltliche Fragestellungen
bestimmten Aufbau der Information und der
Navigationsinstrumente aufweisen, die dem
Benutzer eine intuitive Orientierung ermöglichen und die zu vermittelnden Inhalte
transparenter machen.
Es gibt allerdings auf dem Gebiet der visuellen Konzeption und Umsetzung kein Regelwerk und keine gesicherte Vorgehensweise,
an die man sich halten kann. Als Screendesigner muß man sich häufig mit noch unbe-

Screendesign

kannten Problemstellungen und neuen interaktiven Programmstrukturen in experimentierender Weise beschäftigen. Dies hat den Vorteil, daß man noch nicht auf ausgetretenen Pfaden wandelt und sich bisweilen als Abenteurer in noch unentdeckten Gebieten fühlen darf.

Die Komplexität der meisten multimedialen Anwendungen macht eine kollektive Produkt- und Arbeitsplanung erforderlich. Dies wird anhand eines Beispieles kurz skizziert. Der Screendesigner kann die zu vermittelnden Daten überschaubar halten, indem er mit Flußdiagrammen arbeitet. Die drei wichtigsten Grundmodelle werden vorgestellt. Zuletzt wird in diesem Kapitel auf einige grundlegende typografische und gestalterische Erfordernisse im Screendesign eingegangen, die man beachten sollte.

Produkt- und Arbeitsplanung
Von der Produktvision zu ersten Prototypen

Recherche
Zu Beginn steht eine intensive Zielgruppen-analyse und Produkt-recherche.

Konzept und Exposé
In schriftlicher und skizzierter Form werden, häufig nach einem „Brainstorming", die wichtigsten Ideen fest-gehalten.

Erste Prototypen
Anhand einiger Bilder wird dem Kunden die Konzeption, Strategie und Benutzeroberfläche deutlich gemacht.

Mood- und Flow-charts
In Mood-charts werden die Stimmung und der Stil der Anwendung optisch eingefangen. Flow-charts sind Flußdiagramme, die den Aktionsspielraum des Anwenders definieren.

Testings
In fast allen Phasen der Entwicklung werden Tests gemacht, um die Anwen-dung oder Teile davon in ihrer Verständlichkeit für den Anwender und in ihrer Programmierung zu überprüfen.

Multimedia-Agenturen wie „Pixelpark" in Berlin oder „Kabel New Media" in Hamburg lassen den ersten sondierenden Kunden- und Konzeptgesprächen „Brainstormings" folgen. In diesen Meetings besteht das kreative Team zumeist aus einem Konzeptioner, Kontakter, Programmierer und Screendesigner. Der Konzeptioner oder der Kontakter treten häufig als Projektleiter auf. Während dieser gemeinsamen Sitzung wird assoziativ nach Ideen gesucht. Bei Kabel New Media sollten innerhalb dieser Sitzung zirka fünf brauchba-re Ideen zum Charakter und Aufbau des Produktes enstehen, die dem Auftraggeber präsentiert werden können. Ein zentraler Begriff in den Projektgesprächen von Kabel New Media ist dabei die „Produktvision": „Das Ziel ist, eine konkrete Vision vom spä-teren Endprodukt zu entwickeln. Dazu gehört, daß Auftraggeber und -nehmer sich von Anfang an die Frage stellen, wer genau die neue Anwendung wann, wo und warum nutzen kann und soll. Um eine präzise Vor-stellung vom potentiellen Nutzer zu gewin-nen, ist es sinnvoll, Szenarien mit möglichst wirklichkeitsnahen Personen durchzuspielen. Dies hilft zudem dabei, dem Auftraggeber klarzumachen, welchen „‚Mehrwert' – und damit Kaufanreiz – eine multimediale New-Media-Anwendung bietet".
(Kirsten Brühl, Screen 3/95)

"Kommissar Rex"

Im Hauptmenü vollziehen alle Elemente kleine Bewegungen, um den Anwender zur Betätigung zu animieren.

"Produktvision" und "Mehrwert"

Ein Beispiel für diese marktorientierte Produktvision ist die von Kabel New Media produzierte CD-ROM für die Fernsehserie „Kommissar Rex", die der anvisierten Zielgruppe der Journalisten einen deutlichen Mehrwert gegenüber den traditionellen Pressemappen bietet. Nach einer eingehenden Recherche des Arbeitsalltags der Zielgruppe wurde der imaginäre Journalist „Klaus Schneider" geschaffen. Nach einem positiven Ergebnis der Umfragen, ob „Klaus Schneider" Zugriff auf ein CD-ROM-Laufwerk hat, ob er mit dem Medium umgehen kann und ob es einen Mehrwert gegenüber den klassischen Pressemappen gibt, wurde die CD-ROM konkret auf diesen „Otto Normaljournalisten" zugeschnitten. Der deutliche Mehrwert dieser CD liegt in dem lebendigen und umfassenden Eindruck, den der Journalist durch abrufbare Videos und Zusatzinformationen von der Filmhandlung und den Schauspielern bekommt. Außerdem kann er sich Texte zur Serie auf seine Festplatte kopieren und über eine Adressenkartei direkt Kontakt zu potentiellen Ansprechpartnern von SAT.1 aufnehmen. Wer mit einigen interaktiven CD-ROMs schon Bekanntschaft machen durfte, weiß, daß viele keinen Produktvorteil gegenüber traditionellen Medien bieten und daß das durch die CD vermittelte Vergnügen ganz auf seiten der Hersteller lag.

Flußdiagramme
Orientierungshilfen im Produktionsprozeß

Drei Grundmodelle
Die Struktur interaktiver Anwendungen wird in Flußdiagrammen bzw. Flow-charts festgehalten. Jedes Einzelbild der Anwendung bekommt nach Möglichkeit eine eigene Bezeichnung. Innerhalb dieser „Screens" werden die vorgesehenen Benutzerpfade durch Pfeile gekennzeichnet. Man kann sich dadurch einen Überblick über die Aktionsmöglichkeiten des Benutzers verschaffen. Falsche Verknüpfungen können besser erkannt werden. Der Screendesigner kann anhand eines Flußdiagramms feststellen, auf welchen Screen er welche Navigationselemente plazieren muß. Flußdiagramme lassen sich in drei Grundmodelle gliedern:

Das Leitermodell
Wenn es um eine Wissensvermittlung geht, in welcher einzelne Lerneinheiten „Stufe für Stufe" aufeinander aufbauen, wird häufig das Leitermodell verwendet. Die Einschränkung des interaktiven Spielraums in diesem Modell macht Sinn, weil es dadurch weniger Ablenkungsmöglichkeiten gibt und ein definiertes Lernziel schneller erreicht werden kann. Anwendungen mit Leiterstruktur sind weniger aufwendig in der Konzeption und Umsetzung.
Die „Macintosh Intro", die mit jedem neuen System mitgeliefert wird, orientiert sich an der Leiterstruktur. Bei diesem einfachen Lernprogramm wird der Anwender linear durch die einzelnen Lektionen geführt.

Das Baummodell
Dieses Strukturmodell verästelt sich ausgehend von einem Hauptmenü in mehrere Untermenüs. Baumdiagramme werden verwendet, wenn zu einer Hauptinformation Nebeninformationen angeboten werden oder wenn der zu vermittelnde Inhalt bereits selbst hierarchisch in Haupt- und Unterthemen gegliedert ist. Für den Anwender ist es etwas schwieriger, sich in diesen verzweigten Strukturen zurechtzufinden und die Orientierung zu behalten als in geradlinigen Leiterstrukturen.

Drei Grundmodelle

Das Netzwerkmodell
Bei diesem Grundmodell werden alle Screens miteinander in einer Weise verknüpft, die es dem Benutzer ermöglicht, bequem in allen Richtungen zu navigieren. Die gewünschte Information kann dadurch oft schneller und auf frei wählbaren Verknüpfungswegen erreicht werden. Für geübte Anwender bietet dieses aufwendig vernetzte System die Möglichkeit, selbständig durch die Information zu navigieren. Für unerfahrene Benutzer ist es einfacher, erst einmal vordefinierten Lernpfaden zu folgen. Das seit 1988 mit dem Macintosh optional erhältliche Programm „Hypercard" ermöglicht es dem Anwender, Informationseinheiten, sogenannte Hypercardstapel, in der soeben beschriebenen Form nonlinear miteinander zu verknüpfen.

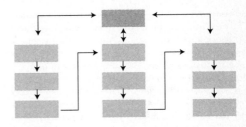

Leitermodell

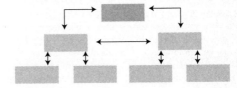

Baummodell

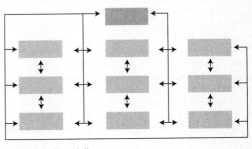

Netzwerkmodell

Metaphern
Orientierungshilfen für den Anwender

Metaphern

Zu den Gründen, die dem Macintosh zu Beginn der achtziger Jahre zum Durchbruch verhalfen, gehörte, daß sich seine grafische Oberfläche als „Schreibtisch" präsentierte, auf dem Ordner abgelegt werden konnten. Diese einfache und geniale „Metapher" hat vielen den Einstieg in das Arbeiten mit dem Computer ermöglicht. Für interaktive Anwendungen lassen sich viele Formen aus unserer Umwelt als Metaphern verwenden, um uns das Zurechtfinden erheblich zu erleichtern. Bekannte Metaphern sind Bücher, Steuer- und Bedienungselemente technischer Geräte, aber auch simulierte Gebäude, die zum Erkunden einladen. Einige Anwendungen greifen auf vertraute Programmoberflächen als Metapher zurück und verwenden zum Beispiel Menüleisten oder die grauen, eckigen Windows-Buttons zur Navigation, weil dem Anwender ihre Funktion bekannt ist. Dies hat zur Folge, daß einige Multimediaprodukte ausgesprochen langweilig und uninspiriert aussehen. Ein gelungenes Screendesign besteht aus Metaphern, die eine visuell interessante Umsetzung zulassen und geeignet sind, die zu vermittelnden Inhalte leicht zugänglich und transparent zu machen.

Navigationsanzeigen

Jedes Buch ermöglicht seinem Leser eine haptische und visuelle Kontrolle der zurückgelegten und der noch zurückzulegenden Lesestrecke. Fast jeder weiß aus eigener Leseerfahrung, wie wichtig diese halbbewußten, permanenten Statusmeldungen der Hand und des Auges über die augenblickliche Leseposition sind. Bücher werden beiseite gelegt, wenn sie zu dick sind, und sie werden anders gelesen, wenn sie sehr dünn sind. Das gelegentliche Aufschlagen bereits gelesener oder noch zu lesender Passagen gehört gleichfalls zu den ganz selbstverständlichen Angewohnheiten und Bedürfnissen während der Lektüre. In interaktiven Anwendungen sollten deshalb solche Möglichkeiten zur Kontrolle und Orientierung vorkommen. Sehr aufwendig, aber hilfreich ist es, dem Anwender seine letzten „Navigationen" anzuzeigen.

Lesezeichen

In einigen Anwendungen kann der Benutzer Lesezeichen anbringen, die ihm das spätere Auffinden der betreffenden Stellen erleichtern. Eine weitere Möglichkeit der Orientierung stellen miniaturisierte Ablaufdiagramme dar, die den Aufbau der Information nachvollziehbar machen. Anwendungen mit großer Informationstiefe sollten einen Index besitzen.

1. Ebene

2. Ebene

3. Ebene

4. Ebene

"Kommissar Rex"

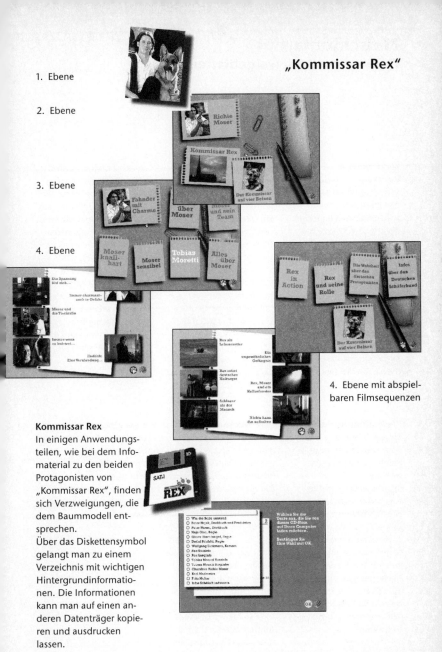

4. Ebene mit abspielbaren Filmsequenzen

Kommissar Rex

In einigen Anwendungsteilen, wie bei dem Infomaterial zu den beiden Protagonisten von „Kommissar Rex", finden sich Verzweigungen, die dem Baummodell entsprechen.

Über das Diskettensymbol gelangt man zu einem Verzeichnis mit wichtigen Hintergrundinformationen. Die Informationen kann man auf einen anderen Datenträger kopieren und ausdrucken lassen.

367

Bildschirmlayout
Wo wird gelesen, wo geblättert?

Regeltransfer
Viele Regeln aus dem Satzbereich und Methoden im Seitenlayout lassen sich auf das Screendesign übertragen. Sie müssen allerdings entsprechend den veränderten Rahmenbedingungen dieses neuen Mediums teilweise modifiziert werden. Die beiden folgenden Doppelseiten behan- deln einige der wichtigsten satzbezogenen und gestalterischen Aspekte, die man im Screendesign beachten sollte.

Information und Interaktion
Für den Benutzer ist es hilfreich, wenn eine klare Entscheidung getroffen wird, wie der Informations- und der Interaktionsbereich einer Anwendung miteinander verbunden werden sollen. Im allgemeinen werden beide Bereiche deutlich voneinander getrennt. In Hypercard kann man mit Hilfe von Hot-Words direkt aus dem Inhalt heraus navigieren. In der letzten Zeit sieht man

immer häufiger Anwendungen, in denen der Navigationsbereich soweit als möglich in den Hintergrund gestellt wird. Eines der gelungensten Beispiele in dieser Richtung ist die CD-ROM „Doors of Perception" der Amsterdamer Firma „Mediamatic". Bei diesem Produkt tauchen die Steuerungselemente teilweise erst bei einem Mausklick auf die grafische Oberfläche auf.

Navigationsinstrumente
Bei der Gestaltung und Wahl der Bedienungselemente ist alles erlaubt, was Sinn macht.
In Standardanwendungen findet man die hinlänglich bekannten Start-, Stop-, Vorwärts- und Rückwärtstasten, mit denen sich die Information abspulen läßt. Viele Anwendungen arbeiten mit Bildern, die angeklickt werden wollen, um zu der gewünschten Information zu gelangen.

Max-Werbe-CD
Auf dieser CD lassen sich mit einem „Navigationswürfel" drei verschiedene Inhaltsebenen ansteuern. Der Agentur-Service und der Essayteil sind durch entsprechende Buchstaben gekennzeichnet. Mit der Drehung des Würfels dreht sich die angewählte Ebene „nach oben". Auf dieser kann man „horizontal" durch die einzelnen Themen scrollen. Zwei kleine weiße Pfeile auf dem Würfel dienen zum „Durchblättern" des

angewählten Themas. Durch das Anklicken von einem der Buchstaben auf dem Navigationswürfel kann man schnell zu einer der anderen beiden Inhaltsebenen „zurückzappen".

Max-Werbe-CD/Kabel New Media

Der verfügbare Platz für Information und Interaktion ist auf 14 Zoll begrenzt. Aus diesem Grund wird bei den einzelnen Screens der Schwerpunkt jeweils auf die Navigation, Bilder oder Texte gelegt.

Bildschirmtypografie
Was tun gegen Pixel und Überstrahlung?

Welche Schriftart ?

Antiquaschriften sind in Grundschriftgröße weniger für den Bildschirm geeignet als Groteskschriften. Möchte man Antiquaschriften verwenden, sollte man darauf achten, daß nicht zu dünne Serifen und Abstriche vorkommen.
Wenn Sie das Kontrollfeld *Darstellungen*, das sich im Systemordner befindet, aufrufen, können Sie einen Zeichensatz für die Schreibtischoberfläche des Macintosh auswählen. Dies ist eine brauchbare Möglichkeit, die Bildschirmtauglichkeit von Schriftzeichen zu erproben. Sie werden merken, daß die im System befindlichen Schriften wie die „Courier", „Geneva" oder die „New York" so angelegt sind, daß sie sich am Bildschirm gut lesen lassen. Die Stadt Bremen hat eine Infothek in Auftrag gegeben, für welche eine gut lesbare Schrift eigens entwickelt worden ist. Sie heißt „Coinn" und wurde von dem Bremer Studenten Jan Redding aus dem Fachbereich Visuelle Kommunikation entworfen. Die Buchstabenformen der Schrift wurden aus einer einfachen Bitmapmatrix abgeleitet. Für die spätere Bildschirmdarstellung der Coinn wurden an den kritischen Rundungen und Übergängen Graustufen angesetzt. (Page 11/94).

Welcher Schriftgrad?

Auf einem Bildschirm werden Schriften wesentlich schlechter dargestellt. Gedruckter Text hat eine Auflösung von 1200 oder 2400 Bildpunkten pro Inch. Ein Bildschirm kann Schrift in der Regel nur mit 72 Bildpunkten auf einen Inch darstellen. Dies bedeutet, daß Schriften ab 6 pt so grob aufgelöst sind, daß man sie kaum lesen kann. Die Größen für Bildschirmtext sollten deshalb zwischen 10 pt und 14 pt liegen.

Welcher Schriftschnitt?

Weiße Flächen auf einem Bildschirm sind wesentlich heller als ein weißes Blatt Papier. Dies führt dazu, daß die Randbereiche der Schrift überstrahlt werden, wodurch sie dünner erscheint, als sie eigentlich ist. Um diesem Überstrahlen von Bildschirmtext entgegenzuwirken, kann man die Strichstärken etwas dicker machen. Eine weitere Möglichkeit besteht darin, den Hintergrund etwas abzudunkeln.

Welche Textmenge?

Bildschirmtexte sind anstrengend zu lesen. Deshalb sollte man auf längere Texte verzichten. Im Zeitschriftenlayout wird Text auch aus ökonomischen Gründen eng und seitenfüllend gesetzt. Im Bildschirmlayout spielt dieser Kostenfaktor keine bedeutende Rolle. In diesem Sinne und um den Leseanreiz zu erhöhen, sollten Texte großzügig und mit weiten Zeilenabständen angelegt werden.

Die „Coinn"

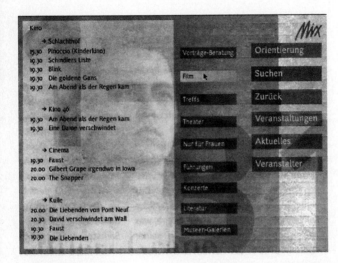

Vorlage

Entwurf

Outlineschriften
Outlineschriften liegen als separat gespeicherte Dateien vor. Der Vorteil dieser Schriften liegt darin, daß sie sich wie in einem Textverarbeitungsprogramm bearbeiten lassen und daß sie in allen Schriftgrößen konturenscharf dargestellt werden. Wegen ihrer leichten Editierbarkeit und ihres geringen Speicherplatzbedarfs sind sie besonders für größere Textmengen und aufrufbare Datenbanken geeignet.

Bitmapschriften
Bei exponierten Schriftelementen im Screendesign wie Logos und Überschriften sollte man die Outlineschriften in Bitmapschriften umwandeln. Der Vorteil von Bitmapschriften ist, daß sich die Buchstaben mit Hilfe von Bildbearbeitungswerkzeugen wie „Weichzeichnungsfiltern" oder „Blendeneffekten" besser in das visuelle Konzept einer Anwendung einarbeiten lassen.

Hot-Words plazieren
In Multimediaprogrammen wie „Hypercard", „Macromind" und „Toolbox" lassen sich „Hot-Words" erstellen. Dabei wird ein wichtiger oder kommentarbedürftiger Begriff zumeist farblich unterlegt. Klickt man ihn an, wird eine zusätzliche Information eingeblendet, eine Animation ausgelöst oder die Informationsebene gewechselt. Hot-Words können die Funktion von Bedienertasten übernehmen.

Portraits von Alfred Steffen
Ausstellungskatalog mit Macromind Director

Für eine Ausstellungsserie des renommierten Fotografen Alfred Steffen, die 1995 in mehreren europäischen Städten zu sehen war, wurde von Kabel New Media ein Ausstellungskatalog auf CD-ROM entwickelt. Die CD enthält rund 50 Fotografien prominenter Gesichter, zu denen sich Biografien und Texte verschiedener Journalisten aufrufen lassen. Dem Benutzer wird der fotografische Inhalt zuerst in Form einer Diashow mit musikalischer Untermalung und animierten Titeleinblendungen präsentiert. Durch Klicken auf eines der vorbeiziehenden Fotos wird ein Bedienerfeld mit einem Häkchen und einem Pluszeichen eingeblendet. Das Häkchen setzt die Präsentation fort; per Mausklick auf das Pluszeichen können Informationen zum Porträtierten (zum Beispiel Julie Delphy) abgefragt werden. Klicken auf *Inhalt* führt den Benutzer erst zum eigentlichen Hauptmenü, von dem aus er über das Scrollen der Dias oder gezielt über ein Register Information abfragen kann. Über O-Ton kann sich der Benutzer Kommentare verschiedener Art-Direktoren zu Alfred Steffen anhören. Das Anwählen der Bilder und Bedienertasten ruft das Auslösegeräusch eines Fotoapparates hervor; selbst das Register, das an einen Leuchttisch für ungerahmte Diapositive erinnert, nimmt metaphorisch auf den Inhalt Bezug. Der Benutzer wird nicht durch unverständliche Navigationsinstrumente abgeschreckt und ist sofort mitten im Geschehen. Wenn er „spielend einfach" im Hauptmenü angelangt ist, hat er das Konzept der Anwendung bereits intuitiv begriffen. Insofern ist die CD-ROM vorbildlich in ihrem klaren Aufbau und ihrer durchdachten Benutzerführung. Sie zeigt, daß der Inhalt auch mal so rund und handlich sein kann wie das Trägermedium selbst.

Kabel New Media

Schneewittchen
Jörg Böckem über Julie Delpy

Alfred ist aufgeregt als ich, als er erfährt, daß ich Julie Delpy treffen werde ■ Er erzählt, daß sie vor 7 Jahren im Hause ihrer Eltern fotografiert habe ■ Damals war Julie 17 und nicht nur wunderschön, sondern auch sehr souverän ■ Sie habe alle bewirtet und unterhalten ■ Alfred erinnert sich noch an den Tee, den sie gekocht hat ■ Der sei sehr gut gewesen ■ „Sie ist eine klasse", beteuert Alfred mich tagelang. Ich bin neugierig. ■
Durch die Fenster des Café Sweet am Boulevard du Montparnasse gleißt die Wintersonne ■ Julie sitzt auf einem Tisch, sieht konzentriert in eine BBC-Kamera

Schneewittchen
Jörg Böckem über Julie Delpy

und sagt kluge Dinge über die Filmbranche und die Lebenssituation in Polen, wo ihr neuer Film spielt ■ Die Augen der Aufnahmeleiterin leuchten vor Begeisterung ■ Das Reden und Trinken hat Julies Lippenstift weggewaschen, trotzdem ist ihr Mund voll und rot ■ Durch die Maschen ihres engen Häkelpullis schimmert ihre Haut weiß und ich denke an Schneewittchen ■ Julies Haare sehen aus, als sei sie soeben aus dem Glassarg geklettert ■ Unter dem Tisch, da, wo die Kamera nicht hinsieht, schlenkern ihre Beine vor und zurück ■ Sie trägt schwere Boots an den Füßen. Ihr Rhythmus hypnotisiert mich. Ich denke an Pippi Langstrumpf ■

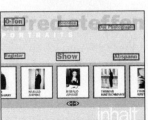

„Maus" von Art Spiegelman
Comic-Dokumentation in Hypercard

Der CD-ROM ging eine fast zwanzig Jahre während intensive Beschäftigung mit dem Thema der Judenverfolgung und -vernichtung im Dritten Reich voraus. Mehr als zehn Jahre interviewte Art Spiegelman seinen Vater, der Auschwitz überlebt hatte. Es entstanden unzählige Vorzeichnungen und Tonbandprotokolle. In den achtziger Jahren erhielt Art Spiegelman für „Maus. A Survivor's Tale", zwei Comicbände über den Holocaust, den Pulitzer-Preis.

Die CD enthält nicht nur die beiden Bände, sondern dokumentiert den gesamten Hintergrund. Die Interviews, Vorzeichnungen, konzeptionellen Überlegungen, stilistischen Vorbilder, historischen Recherchen und die Stammbäume der von den Nazis verfolgten Familie Spiegelman sind in die CD mit aufgenommen worden. Auf dieses umfangreiche Material kann dank der in Hypercard einfach zu programmierenden Menü- und Dialogfenster schnell zugegriffen werden. Über die *Go-to-* und *Find-*Optionen im *Maus-*Menü kann man bequem von jedem Ort der Anwendung jeden anderen Ort sekundenschnell erreichen. Über das *Contents-*Menü behält man ständig die Übersicht über den Aufbau der Anwendung. Hypercard ist ein ideales Programm, um große Informationsmengen zu verknüpfen und sie einsichtig und sofort verfügbar zu machen. Im Unterschied zu Macro-

mind Director hat man allerdings nicht ganz soviel Spielraum bei der Gestaltung der grafischen Oberfläche. Ausgefallene Navigationsinstrumente wie der dreidimensionale Würfel der Max-Werbe-CD, lassen sich ebenfalls besser zusammen mit Macromind Director umsetzen.

The Voyager Company

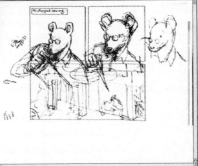

Vermittlungsweisen von Gestaltung
Dialektik assoziativer und organisierender Formfindung

Im Marxismus wurde die dialektische Methode verwendet, um der spätkapitalistischen Gesellschaft den Untergang zu prognostizieren, und in der Rhetorik bewährt sie sich immer noch, wenn es darum geht, die These des Gegners zu einem Teil des eigenen Standpunkts zu machen. In den sechziger und siebziger Jahren wurde die Dialektik, bezogen auf die moderne Waren- und Konsumgesellschaft, zu einem der Schlüsselbegriffe einer kritischen Gegenaufklärung, wie sie die Frankfurter Schule vertrat. Das hat mit dazu geführt, daß dieser Begriff im Laufe der konsumfreundlichen achtziger Jahre allmählich in Mißkredit geriet.

Bevor Dialektik als Vermittlungsmethode zwischen freien und organisierenden Arbeitsformen in der Gestaltung beschrieben wird, vorweg ein paar Worte zur Geschichte dieses Begriffs: Vor bald zweihundert Jahren unternahm der Berliner Philosoph Friedrich Hegel den Versuch, die Welt in ihrer Totalität vornehmlich dialektisch zu begreifen. Das Entstehen der Dinge und auch das Fortschreiten der Vernunft vollzieht sich sozusagen dialektisch. Dialektik heißt, daß auf die Bejahung einer Sache die Verneinung oder zumindest ihr Gegenteil folgt, wobei diese beiden konträren Setzungen in einem weiteren Erkenntnis- oder Entwicklungsschritt miteinander zu einer neuen Einheit verbunden werden. In dieser Einheit oder Synthese ist die vorhergehende Gegensätzlichkeit allerdings nicht restlos aufgehoben. Hegels philosophischer Zeitgenosse Arthur Schopenhauer wetterte gegen dieses „heillose Geklappere von Thesis, Antithesis und Synthesis", weil sie keineswegs in der Lage wären, Sinn und Sein der Welt aufzuhellen. Die dialektische Methode hat die philosophischen Aussagen Hegels überdauert, und wahrscheinlich ist sie schon sehr viel älter, nur daß sie vor ihm noch nicht in dieser Deutlichkeit als Grundstruktur und Motor schöpferischer und intelligibler Prozesse betont worden ist.

Gliederung in Raster und Grundformen

Viele „grafische Arbeiten" haben in gewisser Weise einen dialektischen Aufbau, da oft mit Kontrasten und Gegensätzen gearbeitet wird. Die kontrastierenden Elemente steigern und ergänzen sich in ihrer Wirkung, wobei die Herausforderung an den Gestalter darin besteht, diese antithetischen Elemente zu einem überraschend neuen und schlüssigen Gesamteindruck (Synthese) miteinander zu verbinden.

Es ist durchaus hilfreich, auch den „Ablauf der eigenen Gestaltungsarbeit" dialektisch zu organisieren. In diesem Buch gibt es dafür zwei Kapitel, in denen zwei entgegengesetzte Arbeitsweisen nacheinander beschrieben werden. Die erste, freie und kompositorische Vorgehensweise findet sich im Kapitel „Gestalten mit Grundformen", die zweite, eher systematische Methode wird im Kapitel „Gestalten mit Rastern" vorgestellt. Die grafische Umsetzung einer Idee wird erst spannend und interessant, wenn in ihr eine Vermittlung zwischen diesen beiden Methoden stattfindet: Arbeiten, in denen sich Einfälle beliebig aneinanderreihen, wirken bestenfalls gefällig. Andererseits wirken Arbeiten, bei denen sich der Gestalter gehorsam und rigide einem vorgegebenen Raster unterordnet, meistens ausgesprochen langweilig.

Natürlich kann sich eine Auseinandersetzung oder ein Konflikt, der nach einer dialektisch vermittelten Lösung verlangt, aus ganz anderen Konstellationen bilden, etwa einem Gegenstand und der Notwendigkeit, ihn zu abstrahieren, der Konvention und dem Bemühen, sie zu überwinden, der Erwartungshaltung einer Zielgruppe und dem Anspruch, sie zu irritieren.

Vermittlungsweisen von Gestaltung
Die Zeichen und ihre Zusammensetzung

Das erste vollständige Großbuchstabenalphabet um 800 v. Chr. Die Buchstaben lassen sich auf geometrische Grundformen zurückführen.

Die Karolinger Minuskel um 700 n. Chr. In ihr waren fast alle Kleinbuchstaben unseres heutigen Alphabets vollständig ausgebildet. Der Text erscheint zugleich als Struktur, in welcher Wörter durch die spezifische Abfolge iher Ober- und Unterlängen erkannt werden.

Die beiden Gestaltungsmethoden, in welchen einmal Raster und dann Formen die Hauptrollen spielen, lassen sich in folgende Gegensatzpaare gruppieren:

Organisation	**Komposition**
Systematik	**Spontaneität**
Statik	**Bewegung**
Einheitlichkeit	**Vielfalt**
Rational	**Emotional**
Rasterformen	**Grundformen**

Jede Einteilung und Systematisierung birgt natürlich in sich die Gefahr, der Vielfalt des Wirklichen nicht gerecht zu werden. Sie ist in diesem Fall nur dadurch zu rechtfertigen, daß sie beim Gestalten hilfreich ist.
Raster werden in diesem Buch als Strukturen betrachtet, die beim systematischen Ordnen von Informationen hilfreich sind. Andererseits können Strukturen auch als reines Ausdrucksmedium verwendet werden. In dem z. B. von Jackson Pollock entwickelten „Action Painting" stellen sie den abstraktexpressiven Niederschlag vorwiegend unbewußter Abläufe dar. Grundformen werden in diesem Buch mehr dem freien Gestalten zugeordnet. Im Bauhaus hingegen wurden sie als elementare Bauformen betrachtet, mit denen klare und strenge geometrische Ordnungen erzeugt werden konnten.

Zeichengestaltung durch Raster und Grundformen

Auch in der Zeichengestaltung spielen die beiden Gestaltungselemente Raster und Grundformen eine Schlüsselrolle.

1. Schriftzeichen als Form und Struktur

Wenn wir uns fragen, weshalb Wörter von uns so mühelos gelesen werden können, lassen sich dafür zwei Bedingungen finden. Wir erkennen Wörter als eine bestimmte Abfolge von Grundformen, und wir sehen in ihnen Teilbereiche einer fortlaufenden Struktur, die durch ihre spezifischen Ausschläge nach oben und unten markante Wortkonturen entstehen läßt.

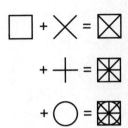

Aus den oben aufgeführten Grundformen hat Adrian Frutiger ein Raster zusammengesetzt, aus dem sich unendlich viele Zeichen ableiten lassen.

2. Das Zeichen als Form und Struktur

Fast allen Pictogrammen und einigen Signets liegt eine bestimmte Struktur zugrunde, oder sie bestehen aus einer Formation sich wiederholender Elemente. Ein großer Teil der werblichen oder der Orientierung dienenden Zeichen beruht weiterhin auf einfachen Grundformen und Formkontrasten. Zeichen, ob es nun Embleme, Pictogramme oder Signets sind, lassen sich also überwiegend aus Grundformen und Strukturen entwickeln. In seinem Buch „Der Mensch und seine Zeichen" zeigt Adrian Frutiger, daß sich ein Gestaltungsraster aus Grundformen zusammensetzen läßt, aus dem wiederum unendlich viele Zeichen abgeleitet werden können.

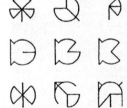

Diese Zeichen sind allesamt in dem oben abgebildeten Raster enthalten.

379

Vermittlungsweisen von Gestaltung
Zwischen Rasterpurismus und Formspielerei

In der ersten intuitiven Arbeitsmethode geht es bevorzugt um das Experimentieren mit Kontrasten sowie Form- und Flächenspannungen.

Die zweite, betont analytisch-rationale Methode bemüht sich um einen sachlichen und logischen Aufbau von Texten mit Hilfe von Rastersystemen.

3. Form und Raster im Seitenlayout

Über die prinzipielle Unterscheidung wurde in diesem Anhang bereits gesprochen. Beiden Methoden ist jeweils ein Kapitel gewidmet. In der konkreten Entwurfsarbeit könnten sich beide Methoden phasenweise abwechseln. Dies könnte z. B. so aussehen, daß Sie zuerst ein einfaches Raster anlegen, das aus den Grundlinienrasterzeilen und einem Satzspiegel mit seinen Randbegrenzungen besteht. Sie schaffen also ein einfaches System, das es Ihnen ermöglicht, zügig zu arbeiten und der Gestaltung ein geordnetes Aussehen zu geben. Anschließend setzen Sie Bilder, grafische Formen und Texte ein. Ihr Einfallsreichtum und Sinn für Proportionen entscheidet über die Verteilung der Information, wobei Sie vielleicht in Konflikt mit Ihrem vorgegebenen Raster geraten. In diesem Fall ändern Sie entweder das Raster oder die Anordnung des Textes und der Bilder. Sie können das Raster ausbauen, indem Sie z. B. die Position für die Titelzeilen und Fußnoten festlegen, ohne sich sklavisch auf alle Festlegungen zu verpflichten. Aus diesem Zusammenspiel von Selbstdisziplinierung und sporadischer Befreiung von den Designvorgaben entstehen oft die besten Lösungen, wobei sich der Frontverlauf beider Methoden nicht zuletzt im Ergebnis allmählich verwischt.

Seitengestaltung durch Raster und Grundformen

Die obere Abbildung zeigt eine Werbeanzeige, die von Neville Brody für die Firma Nike entworfen wurde. Sie stellt eher ein „komponierendes" Vorgehen mit verschiedenen Formelementen dar.

Bei April Greiman verselbständigt sich das Arbeiten mit verschiedenen Rastern zu einer ganz eigenen „Rasterästhetik".

Von A bis Z

Index

A

Absatz 56, 154ff
Abstand vor/nach.....145ff
AFM-Dateien 84,188
Akzidenz Grotesk..........40
Andruck......................304
Anführungszeichen 106
Antiqua.....18, 28, 68, 370
Anzeigen 6, 248ff
Arcadia 48
Auflösung...................370
Ausgleich..........................
    84ff, 89ff, 111, 152, 168
Ausrichtung..............114ff
Auszeichnung...................
    ....68, 102ff, 222

B

Bankleitzahlen.............108
Baskerville 34
Bauhaus 42
Bembo..........................32
Benutzeroberfläche ....
    ....360, 368
Berechnungsbefehle ....
   179
Beschnitt 330
Bibliothek (Quark) 326
Bildlegende 284, 292
Bildrahmen (Quark)...128
Bitmapschriften 52, 371
Blindtext.....................232
Blocksatz 96, 114, 164ff
Blur...............................52
Bodoni....................36, 56
Brainstorming.....200, 362
Brotschrift...................66

C

Buchstabenabstand..........
    ....74ff, 144ff
Bündigkeitszone.........170

Canyou.........................50
Caslon 34
Cicero 64
Clarendon 44
Concorde......................34
Condensed 24
Corporate ASE 254
Corporate Identity............
    ....256 ,352, 354

D

Designvorgaben..............
    ....258, 312, 328
Dialogfenster..............139
Dickte 83, 187
Didot 36
Didotpunkt 64ff
DIN-A-Reihe 266
DIN-Brief 351
DIN-Schriften 30
Divis 98
Dokumentenseiten..........
    ....314 ff, 359
Druckerschriften............52
Durchschuß........90ff, 146

E

Einzug 112, 160ff, 234
Emigre 52
Excelsior 44
Extended 24

F

Face 48
Faksimile-Text.............232
Falz 351
fett 24, 102
Filter (Photoshop)...211ff,
Filter (Quark) 126
Flattersatz...................116
flexibles Leerzeichen ....
    ....173, 192
Flow-Charts 362ff
Formata 38
Formatedialogfenster.......
    ....139ff
Formen 13, 80, 206,
    ....238ff, 339, 344
Formsatz.....................127
Formulare (Quark) 127
FreeHand....................253
Frutiger........................38
Fuse.............................50
Fußnote 284, 290
Futura 42, 88, 256

G

Garamond 32, 58
Gedankenstrich 106
gesperrt 88
Gestaltungsleitlinien ....
    ....198, 336
Gestaltungsraster ....
    268ff, 282, 294, 300, 310
Geviert..........76, 144, 182
Gill 38, 194
goldener Schnitt.........266
Grauwert 94, 208, 236
Größen 70, 214

382

Grotesk 28, 68, 370
Grundlinienraster ....
................154,192, 272
Grundlinienversatz...........
........................151, 192
Grundschrift 66

H

hängende Initialen ....
........................110, 176
hängender Einzug......162
Helvetica................40, 77
Hilfslinien 134, 328
hochgestellt........192, 290
Hurenkinder 158
Hypercard 374

I

Icons 252, 342
Illustrator (Adobe) 78
Impressum 44
Inhaltsverzeichnis.............
........................367, 373
Inhaltswerkzeug.........130
Initiale 110ff, 176ff
Insignia 48

K

Kapitälchen ..26, 102, 192
Kapitelüberschrift.............
........151, 157, 288, 320
Keedy 52
Kerning 84ff, 188ff
Klebemontage............302
Kolumne....................286
Kolumnentitel 286
kompreß 90, 97
Konsultationsgrößen........
..........................66, 76
Kontonummern..........108
Kontrast............................
..88, 207, 209, 213, 256,
........................218
Kreativität............................
.........200, 203, 339, 356
kursiv 24, 102

L

Laufweite.............74, 182ff
Layout 198ff
Layoutelemente 204ff
Layoutprinzipien 216ff
lebender Kolumnentitel ...
........................286
Leerzeichen 173, 192
Legende......284, 292, 322
Ligaturen 194
Linien.................210, 252
linksbündig 116, 120
Logo 256, 348
Long-Kerning 188
Lubalin Graph 46

M

Macromind Director...372
Majuskel......................16
manueller Blocksatz ...174
manuelles Umfließen ....
........................178
manuelles Unterschneiden
........................84ff, 146
Marginalien........284, 290
Maßeinheiten..................
..................64,182, 188
Maßpalette.......................
.................134, 146, 152
Mediäval 26
Menüs 132
Meta...........................54
Metaphern 366
Miniaturen (Quark)....317
Minuskel......................16
Mittellänge..................90
Montagefläche 128
Mood-Charts 362
Multimedia................360
Muster 212, 342
Musterseiten ....
............258, 312ff, 133ff

N

Nachbreite............187, 82
normal........................24

O

Oberlänge 73, 90
Objektmodus 129
Objektwerkzeug.........130
OCR..............................54
Outlineschriften....52, 370

P

PAGE (Zeitschrift).............
................171, 355, 370
Palatino 32, 88
Paletten 134ff, 326
Papierformate.............266
Photoshop ....
.......178, 206ff, 220, 370
Pica 64
Pictogramm........336, 342
Point 64
Polygon 131, 332
Postscript..............52, 370
Proofs 304
Proportionen 112, 216
Punkt 64
Punze....................74, 76

Q

QuarkXPress ....
84,128ff, 215, 254ff, 272,
......282, 288, 294, 308ff

R

Raster ....
264ff, 284, 298, 342, 376
Rasterzellen ....
................280, 282, 294
Rauhsatz.....................116
Register halten ....
................156, 272, 279
Remedy 52
Rhythmus ....
.........100, 180, 220, 256
Rockwell 46
Rotis 54
Rubriken....................286

S

Saccaden 20
Satzausrichtung........144ff
Satzspiegel 268ff, 310
Schaugrößen 66, 76
Schreibschriften............30
Schriftauszeichnung.........
.............................102ff
Schriftbreite 24
Schriftfamilie 24ff
Schriftgrad.................66ff
Schriftgrundlinie 90
Schrifthöhe 72, 90
Schriftkegel.................77
Schriftklassifikation.....28ff
Schriftschnitt 24ff, 304
Schusterjunge 158
Screen (Zeitschrift) 362
Screens 364
Seitenstege 268
Serifen 14, 19, 370
Signet 336ff
Sonderzeichen.............26
Spaltenabstand 276
Spaltenbreite 96, 276
Spationieren.....84ff, 144ff
Spationierung bearbeiten
...........................182ff
State 50
Stege 268
Stildialogfenster 139ff
Stilmenü 138
Stilvorlagen 320
Strukturen.....18, 212, 342
Symbol 337

T

Telefaxnummern 106
Telefonnummern........106
Template Gothik...........52
tiefgestellt...........151, 192
Times 34, 88
Titelzeilen ....
.........66, 101, 226ff, 288
Tonwerte ....
...........94, 208, 236, 293
toter Kolumnentitel ....
.............................286
Trennbereich 167
Trennstrich ....
98, 106, 116, 166ff, 173
Trennvorschlag...........172
Typografie 62, 100, 350
Typografische Vorgaben ..
143, 144, 148, 154, 173,
................................192
Typometer 72

U

Überschriften...................
...66, 88, 101, 226ff, 288
Umbruch ..114ff, 158, 234
Umfließen...........120, 178
Univers 40
Unterlänge 73, 90ff
Unterschneidung ....
..............84ff, 144ff, 189
Unterschneid. bearbeiten
.............................186ff
Unterschneidungstabellen
........................84ff, 188

V

verankern 180
Versalien ...72, 90, 96, 102
Vorbreite..............82, 187

W

Waisen 158
Walbaum...............36, 56
weicher Trennstrich ...173
weicher Zeilenumbruch ...
.............................174
Weißraum ....
......68, 80, 85, 104, 204,
....................224ff, 234
Werkschrift 66
Werkzeugpalette 130
Witwe.........................158
Wortabstand 74ff, 165
Worttrennungen 172ff

Z

Zahlensatz 108
Zeichenabstand ....
..............74, 80ff, 144ff,
Zeilenabstand ....
.............90ff, 148ff, 260
Zeitung 6, 44, 308ff
Zentimeter...................64
zentriert.....................118
Zoll 64